Patrice Franceschi, Jahrgang 1954, hat schon viele Extrem-Reisen unternommen, darunter auch eine fünfmonatige Expedition zu den Macuje in den kolumbianischen Urwald. In diesem Buch schildert er eine Expedition zu den Pygmäen im Kongo, die fast zu einer Reise ohne Wiederkehr geworden wäre.

Patrice Franceschi lebt in Paris und verdient sein Geld als Buchautor – er hat für eines seiner Bücher den Preis der Académie Française erhalten – und als Auslandskorrespondent für verschiedene Zeitungen und Zeitschriften.

„Aaiouee, aaiouee . . ."
Das ist *Aka*, das Klagelied der Frauen, deren Männer in die Ferne aufgebrochen sind. Dieser Gesang, dessen Wörter nur aus kunstvoll aneinandergereihten Vokalen bestehen, drückt unendliche Trauer aus. Die Frauen singen im Sitzen, die Augen zum Mond erhoben, in dessen bleichem Licht ihre spitz zugefeilten Zähne seltsam schimmern.

Auf der anderen Seite reichen sich die Männer lange Zigaretten aus einheimischem Tabak von Hand zu Hand. Selbst vier- bis fünfjährige Kinder ziehen genüßlich an dem scharfen Kraut.

Nach diesem Klagelied stimmen Männer und Frauen gemeinsam einen Gesang an, der den Teufel zum Tanz einladen soll. Mit schrillen Schreien und rhythmischem Klatschen begleiten die Frauen die dumpfen, tiefen Töne der Männerstimmen.

PATRICE FRANCESCHI

Vier Männer gegen den Dschungel

Expedition zu den Pygmäen

Deutsch von Dorothee Kyrantonis

ABENTEUER-REPORT

CIP-Kurztitelaufnahme der Deutschen Bibliothek

Franceschi, Patrice:
Vier Männer gegen den Dschungel: Expedition zu d. Pygmäen / Patrice Franceschi. Dt. von Dorothee Kyrantonis. – 1. Taschenbuchaufl. – München: F. Schneider, 1986.
(Abenteuer-Report)
Einheitssacht.: Au Congo jusqu'au cou <dt.>
ISBN 3-505-09349-1

ABENTEUER-REPORT
Herausgegeben von Susanne Härtel

8000 München 46 · Frankfurter Ring 150

1. Taschenbuchauflage 1986

Übersetzung aus dem Französischen: Dorothee Kyrantonis, München
Originaltitel: AU CONGO JUSQU'AU COU

Titelfoto/Fotos: Expédition Babing-Pongo
Karten: Gert Köhler
Reisetips: Gabriele Herzog, Patrice Franceschi
Redaktion: Angela Djuren
Herstellung: Josef Loher
Satz und Druck: Augsburger Druck- und
Verlagshaus GmbH, Augsburg
ISBN: 3 505 09349-1
Bestell-Nr.: 9349

Inhalt

Dieser Bericht schildert die Expedition von vier zwanzigjährigen Studenten zu den Pygmäen im äquatorial-afrikanischen Urwald. Die Lichtverhältnisse im Urwald, vor allem aber die lebensgefährlichen Strapazen dieses Unternehmens, haben sich – natürlicherweise – auf die Qualität der Fotos ausgewirkt.

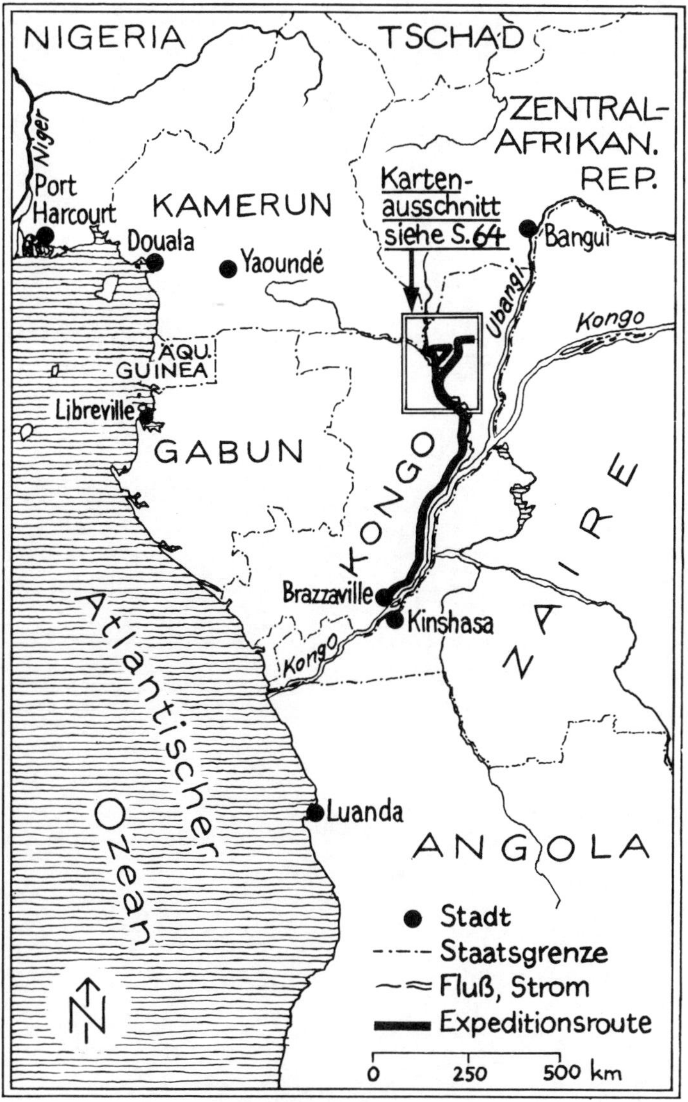
NIGERIA
TSCHAD
ZENTRAL-
AFRIKAN.
REP.
Niger
Port
Harcourt
KAMERUN
Karten-
ausschnitt
siehe S. 64
Bangui
Douala
Yaoundé
Ubangi
Kongo
ÄQU.
GUINEA
Libreville
GABUN
KONGO
ZAIRE
Brazzaville
Kinshasa
Kongo
Atlantischer
Ozean
Luanda
ANGOLA
Stadt
Staatsgrenze
Fluß, Strom
Expeditionsroute
N
0
250
500 km

Lockende Ferne

In einer Zeit, in der die Menschen dabei sind, den Weltraum zu erobern, glaubt man leicht, daß jeder Fußbreit unserer Erde bereits in allen Richtungen gründlich durchforscht wurde. Und doch gibt es heute noch Landstriche, zu denen seit Menschengedenken noch niemand vorgedrungen ist.

Auf mich haben diese „weißen Flecke,", insbesondere in Afrika, seit langem einen ganz eigenartigen Reiz ausgeübt, und deshalb beschloß ich Ende 1974, eine Expedition in das am wenigsten bekannte Gebiet des nördlichen Kongo zu wagen.

In dieser etwa 50 000 Quadratkilometer großen, von Urwald und Sümpfen bedeckten Region lebt eines der seltsamsten Völker des Schwarzen Kontinents: die Pygmäen.

Als Nomaden, die unter Windschirmen in Form von Iglus hausen, folgen sie den Fährten des Jagdwilds. Seit dem frühen Altertum bekannt – Aristoteles nannte sie „eine Elle lang", und die Ägypter bezeichneten sie als „Tänzer Gottes" –, leben sie noch immer in Zentralafrika und insbesondere im Gebiet des nördlichen Kongo.

Die Babingas, wie sich die Pygmäen dieser Gegend selbst nennen, sind das völlige Gegenteil des Bantu-Volkes, nicht nur aufgrund ihrer körperlichen Merkmale (kleiner Wuchs, starke

Behaarung, braunrote Hautfarbe usw.), sondern auch aufgrund ihrer einfachen, harten Lebensweise, die fast ausschließlich aus der Jagd und dem Sammeln von Nahrung besteht.

Da sie weder Ackerbau noch Fischfang, noch Tierzucht kennen, sind sie den Bantus und ihren etwas weiter entwickelten Gesellschaftsformen unterlegen. Oft werden sie von den Bantus geknechtet, um nicht zu sagen versklavt.

Es war also sehr verlockend, das sportliche Abenteuer mit einer völkerkundlichen Studie zu verbinden. Um so mehr, als niemand wußte, ob in dieser unbekannten, schwer zugänglichen Gegend überhaupt Pygmäen lebten.

Es fiel mir leicht, meine drei Kameraden, Hughes Tissandier, Jean-François Theisse und Philippe Rolland, für das Projekt zu begeistern. Auch über den Verlauf der Expedition waren wir uns sehr bald einig: drei Monate bei den Pygmäen der Regionen, die an das Gebiet, das uns interessierte, angrenzen, anschließend der Versuch, dieses Gebiet zu durchqueren und auf diese Weise durch das Landesinnere von den Ufern der Sangha zu denen des Ubangi zu gelangen. Vielleicht würden wir dort auf unbekannte Pygmäen stoßen ... Als Basislager bestimmten wir einen See im Grenzgebiet, den Telle-See.

Wir hatten auch schon einen Namen für unsere Expedition: „Babinga-Pongo-Expedition". (Babinga = Pygmäe; pongo = kämpfen, überleben, sowie der Name für den Gorilla).

Von einer kleinen Studentenbude im herbstlich grauen Paris sollte unsere Expedition ihren Ausgang nehmen. Wir mußten uns an die Arbeit machen, um die 60 000 Francs zusammenzubekommen, die wir an Bargeld und Material für unser Abenteuer benötigten.

Ich glaube, wir haben während der folgenden acht Monate in Paris mehr Kilometer zurückgelegt als im Laufe der ganzen Expedition.

Aber diese Arbeit bedeutete den einzigen Trost in dieser eintönigen Zeit ohne Höhepunkte, in der das Gefühl des Überdrusses immer mehr von uns Besitz ergriff. Auf unseren früheren Reisen hatten wir die Faszination des Lebens kennengelernt, das wir künftig führen wollten. Wir waren der Verlockung des Abenteuers erlegen, wir sehnten uns nach der großen Weite, nach der Begegnung mit anderen Menschen, anderen Horizonten.

So ist das eben. Es gibt Menschen, und zu denen gehören wir, die mit der Landkarte auf Reisen gehen können, die die Unruhe packt, wenn nur der Name einer fernen Gegend erwähnt wird, und die jede Erzählung, klingt sie auch nur irgendwie nach Reisebericht, mit gespannter Aufmerksamkeit verfolgen.

Aus diesem Impuls, dieser Sehnsucht heraus wollten wir das menschliche Experiment, das Leben mit den Pygmäen, wagen; aus dem tiefen Bedürfnis, etwas anderes zu sehen als die vier Wände, die uns umgeben, aus dem unstillbaren Wunsch, den afrikanischen Urwald und seine Bewohner kennenzulernen, aus der Lust an Entdeckungen, am Abenteuer.

Wir arbeiteten also acht Monate an der Vorbereitung unserer Expedition. Ziemlich bald standen wir vor Problemen, die uns unüberwindlich erschienen. Vier zwanzigjährige Studenten ohne Geld flößten nicht gerade Vertrauen ein.

Wir mußten uns bis zum Äußersten für unser Vorhaben einsetzen, und wir setzten uns ein. Allmählich begannen sich Stiftungen und Gesellschaften mit dem Projekt zu beschäftigen ... seine Risiken interessierte sie.

Wenige Tage vor unserer Abreise hatten wir alle nur möglichen und denkbaren Mittel zur Finanzierung der Expedition erschöpft. Nichts war dem Zufall überlassen, unser Budget ausgeglichen, der überwiegende Teil aller offiziellen Reisestipendien gewährt.

Nun lege ich den Bericht über dieses Abenteuer vor. Möge er allen jungen Menschen, die den Stumpfsinn des täglichen Lebens nicht mehr ertragen, zeigen, daß es noch faszinierende Möglichkeiten gibt, ihr Dasein zu bereichern. Möge er ihnen die Lust wiedergeben, Entdeckungen zu machen, Abenteuer zu erleben, zu fernen Horizonten aufzubrechen.

Paris, 20. April 1976

Brazzaville, ein Start mit Hindernissen

Our destiny is in our own hand.

Brazzaville, 24. Juni 1975, 21 Uhr

An das roh behauene Holzgeländer auf der Terrasse der großen Mission von Brazzaville gelehnt, lausche ich mit unsäglicher Freude den Geräuschen der tropischen Nacht; den Grillen, die die Luft mit ihrem Zirpen erfüllen, dem dumpfen Aufschlag der grauen Eidechsen, wenn sie von der Zimmerdecke fallen...

Eine leichte Brise, frisch und angenehm, fächelt sanft über diese in Grün getauchte Stadt. Im Nebenraum ruht sich Philippe aus. Hughes und Jean-François liegen in einem anderen Zimmer bereits in tiefem Schlaf. Nach den hektischen Monaten strahlt diese Nacht eine fast übernatürliche Ruhe aus. Ich bin völlig in ihrem Bann.

Das Flugzeug ist etwas Außergewöhnliches. Mit einem Flügelschlag, in wenigen Stunden, bringt es uns in ein anderes Jahrhundert, von der Wirklichkeit in den Traum, von der Eintönigkeit ins Abenteuer. Doch bei einer Unternehmung, wie wir sie vorhaben, geschieht niemals alles genau nach Wunsch. Und das ist vielleicht auch besser so...

Aus reinem Zufall sind wir hier, in den weißen Mauern der Mission, gelandet. Zugegeben, wir haben dem Zufall etwas nachgeholfen. Als wir auf dem Flugplatz Maya-Maya niemand zu unserer Begrüßung vorfanden, haben wir einfach einen Missionar, der in der großen Halle auf und ab spazierte, gefragt, ob er uns für die Nacht aufnehmen könnte.

Aber alles hat schlecht angefangen. Noch bevor wir den Zoll erreichten, waren die mißtrauischen Blicke des Beamten bereits auf unseren großen Seesack gefallen. Wir mußten den Inhalt vor ihm ausbreiten. Als er die ungezählten Filmrollen, die imponierende Größe der Foto-Objektive und die Kameras sah, wurde er vollends stutzig und beschlagnahmte das Ganze. Wie alte Busch-Kenner sagen, muß man nach Afrika immer zwei Koffer mitnehmen, den einen gefüllt mit Geduld, und den anderen gefüllt mit noch mehr Geduld. Ist das eine Philosophie der Weißen? Sicherlich ein wesentlicher Unterschied in der Kultur, dem Lebensrhythmus und der Bedeutung, die den Dingen beigemessen wird.

Ich frage mich langsam, ob nicht jedes große Abenteuer mit kleinen Mißgeschicken beginnt.

Die Kultur-Abteilung der französischen Botschaft, das U.T.A.-Büro und der Vizepräsident des Rotary-Klubs, die wir am nächsten Tag um Unterstützung für unsere Expedition bitten, erklären sich gern dazu bereit und verweisen uns an die einzelnen kongolesischen Ministerien, wo wir unsere Anträge auf Jagdwaffenscheine und auf Drehgenehmigung einreichen.

Anschließend suchen wir den Leiter des biologischen Labors der naturwissenschaftlichen Fakultät auf.

Wie den meisten Franzosen, denen wir begegnen, verraten wir ihm, daß wir an den Telle-See wollen, wo wir Pygmäen vermuten. Mit den Kongolesen ist das viel komplizierter, denn sie betrachten die Existenz der Pygmäen, dieses von der Zivilisation noch so wenig berührten Volkes, als Schandfleck.

„Sie wollen also zum Telle-See", meint der Professor. „Nehmen Sie sich in acht. Das ist eine gefährliche Gegend, über die man sich geheimnisvolle Geschichten erzählt, und sie gilt als tabu. Vor einiger Zeit wollte ein Hydrologe vom Likouala-Fluß aus in das Gebiet vordringen. Nachdem ihn seine Träger nach mehreren Tagesmärschen verlassen hatten, fuhr er auf einem großen Motorboot weiter, um den See über die winzigen Flüßchen zu erreichen, die ihn mit dem Likouala verbinden. Man hatte ihm gesagt, daß ihn der Blitz treffen würde, weil dort böse Geister herrschten. Er ließ sich davon nicht abschrecken, aber die Vorhersage bewahrheitete sich. Der See war noch ziemlich weit entfernt, als ein Unwetter ausbrach und ein Blitz auf sein Boot niederging. Trotz seiner schweren Verbrennungen gelang es ihm mit seinem tragbaren Funkgerät einen SOS-Ruf auszusenden, und so konnte er gerettet werden. Damit hat sich natürlich die Legende bestätigt, und ich glaube, es wird für Sie nicht einfach sein, Ihr Basislager ausgerechnet in der Nähe des Sees zu errichten."

Kann man für eine aufregende Geschichte noch mehr erwarten? Die Gegend gewinnt für uns immer größeren Reiz.

Am Abend können wir uns endlich etwas in der Stadt umsehen und ihre Seele zu entdecken versuchen. Man muß nur den offiziellen Fremdenführern aus dem Weg gehen, aufs Geratewohl herumspazieren und auf Begegnungen warten, die sich von selbst ergeben. Das ist die einzig mögliche Methode, um die Bevölkerung wirklich kennenzulernen. Hotel, Restaurant, Auto – das alles hält den Reisenden von dem Milieu fern, in dem er sich befindet. Damit vergrößert er gewollt oder ungewollt den Graben, der die beiden Kulturen voneinander trennt.

Und so begegnen wir auf unserem Streifzug Roger, einem Jungen, der lange in Frankreich gelebt hat. Vielleicht ahnt er, daß wir nicht zu den üblichen Touristen gehören, denn er führt uns in das typischste aller Viertel von Brazzaville, nach Poto Poto (Schlamm).

Verbindungen zu den anderen Geschäfts- oder Wohnvierteln lassen sich kaum herstellen. Armselige Laternen erleuchten spärlich eine lange, völlig gerade Hauptstraße, die von Holz- und Lehmhäuschen mit Blechdächern im Schatten großer Palmen gesäumt ist. Aus allen Cafés klingt afrikanische Musik, der dumpfe Ton der Tamtams. Draußen, mitten auf dem Bürgersteig aus festgestampfter Erde, braten Fleischspieße und Hühner. Und direkt vor den Haustüren fritieren in riesigen, mit Palmöl gefüllten Kesseln die köstlichen *beignets* (eine Art ungesüßter Krapfen), die man überall in Westafrika bekommt.

Wir lassen uns am wackeligen Holztisch eines Cafés nieder, das den sonderbaren Namen *La Fiesta* trägt. Zwischen zwei Gläsern Primus, dem herben Bier der Gegend, stellen wir unserem neuen Freund tausenderlei Fragen. Auch er erzählt uns vom Telle-See und von den Leopardenmenschen, die angeblich in dieser Gegend herumgeistern. Wir sind völlig gefesselt von Rogers Geschichten, aber er kann uns ebenfalls nicht genau sagen, wo sich die Pygmäen aufhalten.

„Ein ganz eigenartiger See", bestätigt uns auch Kapitän Mathé, den wir auf einer Einladung der französischen Kulturabteilung kennenlernen. „Und deshalb habe ich ihn einmal mit dem Hubschrauber überflogen. Als ich in die Senkrechte ging, spielten alle meine Instrumente verrückt. Ich versuchte dann, aus niedriger Höhe ein paar Aufnahmen zu machen, insbesondere weil ich im Norden des Sees Pfahlhütten zu sehen glaubte. Na, und stellen Sie sich vor, als ich den Film zum Entwickeln brachte, war überhaupt nichts darauf! Einfach unglaublich, was . . .? Hier meinen alle, daß irgendwann ein Meteorit in den See gestürzt sein muß. Das würde auch diese magnetischen Phänomene erklären."

Vielleicht. Aber das Geheimnis bleibt.

Am übernächsten Tag finden wir mit Hilfe eines liebenswürdigen weißen Paters im Gymnasium „Rote Fahne" ein endgültiges Domizil für unseren Aufenthalt in Brazzaville. Es handelt sich um ein großes Zimmer mit vier Strohsäcken als Lagerstatt. Doch wir ziehen es vor, in unseren Hängematten im Garten zu schlafen. Zusammen mit dem Moskitonetz und einer wasserdichten Plane bilden sie die idealen Urwald-Betten.

Nach der Erledigung zahlreicher, genauso nervenaufreibender wie unnützer Formalitäten gelingt es uns schließlich, unser Material beim Zoll auszulösen. Wir deponieren es beim Leiter der kongolesischen Handelsbank, Herrn Colliaux, damit es bis zum Tag unserer Abreise in Sicherheit ist.

Kurz nach unserem Einzug ins Gymnasium nehmen wir Kontakt mit einem Franzosen auf, der seit 20 Jahren im Kongo lebt. Ein Franzose mit etwas gelichteten grauen Haaren und einem sympathischen kleinen Schnurrbart, Michel Lecerf.

Er empfängt uns mit seiner charmanten Frau und seiner sehr reizvollen Tochter in einer wunderschönen Villa inmitten eines recht beeindruckenden Affen-, Vogel- und Hundezoos. Sie zeigen uns verschiedenste Pygmäen- und Bateke-Stücke, sowie Köpfe und Hände von Gorillas. Die Mayombe-Wälder und die Kristallberge sind von diesen 2,20 Meter großen Gorillas mit ihrem wenig einladenden Aussehen bevölkert. Im Norden lebt die etwas kleinere Art, die als Flachland-Gorilla bezeichnet wird, aber der man trotzdem nicht gerne an einer Wegbiegung begegnen möchte.

Nach dem Essen wird uns zu unserer größten Freude ein Film vorgeführt, den Michel Lecerf über eine Pygmäengruppe gedreht hat. Er zeigt verschiedene interessante Aspekte auf, die unsere Kenntnisse über dieses Volk erweitern.

Wir werden wohl während unseres kurzen Aufenthalts in Brazzaville noch viele freie Stunden mit diesen liebenswürdigen und hilfsbereiten Menschen verbringen.

2 9349-20

Samstag, 28. Juni

Durch Michel Lecerf machen wir die Bekanntschaft von Mangin, einem Original, der den Busch wie seine Westentasche kennt und sein ganzes Leben – er dürfte um die 40 sein – in Zentralafrika verbracht hat. Er ist eine Kämpfernatur, geht oft auf Elefantenjagd im Norden und weiß also in dieser Gegend Bescheid. Nach einer langen Unterhaltung mit ihm beschließen wir, unsere Pläne zu ändern und nicht mit dem schwierigsten Teil, dem Telle-See, zu beginnen. Den wollen wir uns für den Schluß aufbewahren, wenn wir mit dem Urwald besser vertraut sind.

Wir liegen bäuchlings auf dem Kachelboden unseres Zimmers im Gymnasium und studieren aufmerksam die Karte. Die Route, für die wir uns schließlich entscheiden, führt durch das Gebiet zwischen Quesso und Impfondo. Und so sieht unser Plan aus: flußaufwärts mit dem Boot – das noch aufgetrieben werden muß –, auf Kongo und Sangha bis zum Holzlager von Pokola 40 km südlich von Quessa, und von dort durch den Urwald zum Djaka-See, wo die Pygmäen leben, wie Mangin annimmt.

Wir wollen zwei Monate bei ihnen verbringen, bevor wir uns an den zweiten Teil unserer Expedition machen, nämlich mit leichtem Gepäck bis in das „Kabunga-Land" und anschließend zum Telle-See vordringen, um herauszufinden, ob es tatsächlich Pygmäenstämme gibt, die jeden Kontakt mit den Bantus ablehnen.

Jetzt ist alles geklärt. Wir brauchen nur noch auf unsere Abreise zu warten.

Im Hof der Schule haben wir uns auf die Lauer gelegt. Auf die Lauer, um den tragischen Kampf zwischen der Ameise und dem Kuskus zu beobachten, einem Insekt, das in seinem Schlupfwinkel am Ende eines Trichters, den es in den Sand gegraben hat, auf die

Ameise wartet wie die Spinne in ihrem Netz auf die Fliege.

Wir haben uns mit Fotoapparat und Makroobjektiv an einen dieser winzigen Trichter herangepirscht. Eine Ameise krabbelt heran, kommt an die Öffnung des Kraters, rutscht ab und fällt in die Falle. Verzweifelt strampelt sie sich ab, um sich aus dem Sand zu befreien, der unweigerlich unter ihr weggleitet. Und der fast unsichtbare Kuskus versucht, sich an ihr festzuklammern. Ein schreckliches Ringen beginnt, ein Kampf der Natur, grausam, unvermutet, anonym, eigenartig und faszinierend, wie Millionen andere, die jede Sekunde im Urwald ausgetragen werden. Ein Kampf mit einem fast immer sicheren Ausgang. Wir warten auf den letzten Akt der Tragödie . . .

Doch diesmal warten wir vergebens. In einem fast unvorstellbaren Kraftakt befreit sich die Ameise aus der tödlichen Umarmung und flieht von Furcht getrieben, so schnell sie ihre kurzen Beinchen tragen können.

Ein bedeutungsvolles Vorspiel für unseren „Auftritt" im Urwald?

Montag, 30. Juni

Warten. Die Erledigung der Formalitäten nimmt ihren Lauf. Wir kommen uns vor wie eine Schnecke am Anfang einer langen, geraden Strecke, die sich in fernen Nebeln verliert. Das Kreuz aller Reisenden – und anderer –, die Bürokratie, macht uns verrückt, zermürbt uns.

Heute bekommen wir endlich die Drehgenehmigung, jetzt brauchen wir nur noch auf den Schein für die Waffe zu warten, die wir uns erst einmal besorgen müssen.

Am nächsten Tag erhalten wir eine ziemlich mysteriöse Aufforderung, uns in der Botschaft zu melden. Seit einigen Tagen machen unsere Pläne, das Gebiet zwischen der Sangha und dem

Ubangi zu erforschen, bei den Franzosen in Brazzaville die Runde, und das beunruhigt uns ein bißchen.

Unsere Befürchtungen waren nicht grundlos, wie wir feststellen, denn die Aufforderung der Botschaft steht in direktem Zusammenhang mit unserer Expedition. Wir werden in ein großräumiges Büro mit kahlen, kalten Wänden im dritten Stock geführt.

Drei Männer empfangen uns, der Kulturattaché, der Militärattaché und der Erste Sekretär in Abwesenheit des Botschafters.

Wir vier setzen uns auf eine Bank, und die drei Männer nehmen uns gegenüber Platz. Der Erste Sekretär ergreift das Wort.

„Sie fahren morgen ab, soviel ich weiß?"

„Ja, das stimmt."

„Gut. Es wird tatsächlich Zeit, daß ich mit Ihnen rede."

Pause. Er nimmt seine Brille ab, fixiert uns eine Weile und fährt dann fort: „Ich möchte, daß Sie uns noch einmal genau erläutern, welche Gebiete Sie aufsuchen wollen. Ihre Expedition scheint ungenügend vorbereitet, Sie verfügen nicht über ausreichende Geldmittel und . . ."

Tief empört unterbreche ich ihn: „Ich will hier sofort klarstellen, daß wir uns für unsere Vorhaben mit dem entsprechenden Geld versorgt haben, und was die Vorbereitung angeht, glaube ich, daß wir das selbst am besten beurteilen können."

„Schon gut", wiegelt der Militärattaché ab. „Also, erläutern Sie uns jetzt bitte Ihren Plan."

Das tue ich, und auf den Karten, die sie vor uns ausgebreitet haben, zeige ich ihnen die beiden Etappen unserer Expedition, Djaka-See, Telle-See.

„Sehr schön", meint daraufhin der Militärattaché. „Wir wollten Sie nur davor warnen, das Gebiet des Telle-Sees zu betreten. Das grenzt, schlicht gesagt, an Wahnsinn, an puren Selbstmord: einige hundert Quadratkilometer Urwald stehen völlig unter

Wasser. Wenn Sie wenigstens ein Funkgerät und einen Hubschrauber zur Verfügung hätten, der Sie zur Not da herausholen könnte, würde ich ja nichts sagen ... aber ..."

„Dazu kann ich nur sagen", erwidert Jean-François, „daß die Annahme, ein Hubschrauber könnte uns selbst mit einem Kabel aus dem Urwald herausholen, etwas utopisch ist, bei dem dichten Pflanzenwuchs und der Höhe der Bäume. Und mit einem Funkgerät möchten wir uns nicht auch noch belasten, wir haben schon genug zu schleppen."

Ich schließe mich der Argumentation von Jean-François an, und wir verfallen in einen immer respektloseren Ton.

Die Stimme des Ersten Sekretärs klingt scharf, als er erklärt: „Eine Lösung gibt es in jedem Fall. Glauben Sie mir, wenn ich die kongolesischen Behörden bitte, Sie nicht fortzulassen, dann bleiben Sie hier. Als ..."

Der Knabe hat uns in der Hand. Und prompt ändern wir unsere Taktik. Warum sollen wir eigentlich ihnen gegenüber auf unseren Plänen bestehen? Wer könnte denn nachprüfen, wohin wir gehen, wenn wir erst einmal im Urwald sind?

„Na gut, wir begnügen uns mit dem Djaka-See", geben wir nach. „Dann werden wir ja sehen, wie es läuft."

„Sehr vernünftig", meint der Militärattaché. „Und niemand wird Ihnen nachsagen, daß Sie Angst vor der eigenen Courage bekommen haben. Dickköpfigkeit ist ein Zeichen von Dummheit, das versichere ich Ihnen."

Ich frage mich, wie unsere Welt wohl aussehen würde, wenn der Mensch immer diesen Rat befolgt hätte. Amerika wäre vielleicht bis heute noch nicht entdeckt.

Wir erheben uns, denn wir betrachten das Gespräch als beendet. Sie werden bei den kongolesischen Behörden nichts gegen uns unternehmen, und darauf kommt es uns an. Sie schütteln uns lächelnd und unserer Botmäßigkeit völlig sicher die Hand.

„Und nichts für ungut", fügt der Erste Sekretär hinzu.

„Klar, nichts für ungut", antworten wir im Chor.

Draußen hält uns der Kulturattaché einen Augenblick zurück. „Und bei Ihrer Rückkehr veranstalten wir ein kleines Fest", verspricht er uns.

Wir grinsen, danken für die freundliche Geste und verabschieden uns.

Wieder ist es Michel Lecerf, der uns mit der Holzverwertungsgesellschaft in Kontakt gebracht hat, die das Abbaugebiet von Pokola besitzt. Deren Leiter sichert uns seine Unterstützung zu und erlaubt uns, mit dem nächsten Schubboot, das in vier Tagen flußaufwärts nach Pokola startet, mitzufahren.

„Ich will auch gleich Dejouy, dem Leiter des Lagers, per Funk Bescheid sagen", verspricht er uns. „Vielleicht kann er euch Fährtensucher und Träger für euren Marsch zum Djaka-See besorgen."

Fast wären wir vor Freude in die Luft gesprungen. Nichts kann unseren Aufbruch jetzt mehr verhindern. Wir müssen nur noch ein Gewehr auftreiben, Patronen und Nahrungsmittel für die ersten Tage unserer Expedition kaufen.

Wir laufen den ganzen Tag durch die Stadt. Am Abend sieht unser Zimmer wie eine Rumpelkammer aus. In einem wüsten Durcheinander stapeln sich eine riesige Büchse Trockenmilch, Zucker, den wir stückweise in den Straßenbuden erstanden haben, Kaffee, 25 Kilo grobes Salz, unfermentierte Tabakblätter für den Tausch mit den Pygmäen usw. Außerdem befinden sich 300 Backshot-Patronen, Schrot und Brenneke-Geschosse zur Verteidigung im Gepäck.

Mittwoch, 2. Juli

Das Gymnasium „Rote Fahne" liegt auf einem kleinen grünen Hochplateau. Eine schmale, von Brachland gesäumte Teerstraße überquert die Eisenbahnstrecke nach Pointe Noire und führt anschließend abwärts zu den Randbezirken von Poto Poto, wo schon die ersten Cafés stehen.

Dorthin gehen wir oft, um Lebensmittel einzukaufen und mit den Kongolesen Obst, Fritiertes und Erdnüsse zu essen.

Philippe und ich setzen uns heute morgen in ein Café, um diesen Tag der Ruhe zu genießen.

Ein paar kleine Kinder umlagern uns, denn Philippe und seine Zauberkunststücke sind in dem Viertel berühmt geworden. Der Wirt zahlt uns eine Runde, dreht das Radio lauter, und um uns herum dröhnt das Trommeln eines Tamtams.

„Los, M'dele (Weißer), zaubere uns was vor!"

Philippe läßt sich nicht lange bitten, schiebt die Kinder beiseite und stellt sich in eine Ecke des Raums, wo ein unbekannter Künstler auf die Wand eine Frau mit naivem Ausdruck gemalt hat.

Er holt eine Münze aus der Tasche.

„Da, schaut mal her."

Eine Drehung nach links, eine Drehung nach rechts, und die Münze ist verschwunden.

Die Zuschauer verharren in staunendem Schweigen. Philippe geht zu einem kleinen Mädchen, macht eine schnelle Bewegung und zieht ihm die Münze aus dem Ohr. Wie auf Kommando ertönt aus allen Mündern gleichzeitig ein überraschtes „Oh!"

Die neue Attraktion hat sich schon bald herumgesprochen, und eine dichte Menschenmenge strömt in das Café. Der Wirt teilt einen Fußtritt nach dem anderen aus, um ein bißchen Ordnung zu schaffen. Die Gäste schreien und schimpfen. Doch Philippe macht unerschütterlich weiter, und es dauert nicht lange, da beherrscht anstelle der ärgerlichen Stimmung lautes Gelächter den Raum.

Als die Vorstellung beendet ist, setzen sich ein paar Jugendliche an unseren Tisch, die wissen wollen, wie Philippes Tricks funktionieren. Doch der verrät seine Geheimnisse nicht. Vor einigen Jahren hatten wir das gleiche in den kleinen Dörfern in der Umgebung von Dakar vorgeführt. Die Wirkung war dieselbe, und wir fanden überall offene Türen.

Die noch vom Animismus geprägte afrikanische Mentalität ist sehr empfänglich für alles, war nur im entferntesten an Zauberei erinnert. Mit Taschenspielereien findet man deshalb sehr leicht Aufnahme und Anerkennung in der einheimischen Bevölkerung.

Am nächsten Tag regeln wir die letzten noch offenen Probleme. Der Leiter des Übersee-Büros für wissenschaftliche und technische Forschung, General Bouquet, empfängt uns in seinem Büro und zeigt uns seine Einrichtungen. Er erklärt sich bereit, uns für die Dauer der Expedition ein Gewehr zu leihen.

Auch den Waffenschein sollen wir erhalten. Das Innenministerium hat ihn genehmigt, aber kann ihn uns erst in einer Woche ausstellen. Doch um die Zeit sind wir bereits auf der Sangha. Was tun?

Wieder hilft uns Michel Lecerf aus der Klemme mit dem Vorschlag, den Schein abzuholen, wenn er vorliegt, und ihn uns mit dem nächsten Boot der Holzgesellschaft nach Pokola nachzuschicken.

Als wir sehen, daß sich die Schwierigkeiten auf einmal fast von selbst lösen, fühlen wir uns unserem Ziel sehr nahe. Endlich werden wir die Früchte von zehn Monaten aufreibender Arbeit ernten können.

Samstag, 5. Juli

Als wir heute früh im Morgengrauen aufwachen, herrscht eine eisige Kälte, die uns durch Mark und Bein geht. Lecerf hat dafür gesorgt, daß unsere gesamte Ausrüstung zur Landestelle der Holzgesellschaft, wo sich auch ein großes Sägewerk befindet, geschafft wird. Überall stapeln sich ganze Berge von Brettern und Stämmen. Ihr angenehmer Geruch erfüllt die Luft.

Am Fuß eines Erdhügels liegt das Boot vertäut, das uns mitnehmen soll. Ich gebe zu, daß mich sein Aussehen ziemlich überrascht. Es handelt sich nämlich um eine Art winzigen Schlepper mit einer Länge von etwa 15 Metern, der jedoch die beiden großen Stahlkähne, die zu ihm gehören, nicht etwa zieht, sondern vor sich her schiebt. In diese Kähne werden im allgemeinen die Stämme verladen. Die drei Teile sind fest miteinander verbunden und bilden das Schubboot, das den charmanten Namen *Katia* trägt.

Die „Katia" auf dem Kongo, unser Zuhause für die nächsten Tage

Mit der „Katia" den Kongo und die Sangha hinauf

Geh in der Natur zur Schule.
Leonardo da Vinci

11 Uhr

Mit einem erstaunlichen Lärm, der klingt, als ob alte Töpfe mit aller Kraft gegeneinander geschlagen werden, bemühen sich die Motoren der *Katia,* die großen Kähne aus dem Schlamm der Böschung zu ziehen.

Am Ufer steht eine unbewegliche Gestalt. Michel Lecerf beobachtet uns, stocksteif, ohne eine Bewegung. Mein Herz krampft sich zusammen, ich fühle, daß er uns gerne begleitet hätte, mit uns zusammen auf die Reise ins große Abenteuer gegangen wäre. Wir winken kräftiger; er soll ein letztes Mal erkennen, welche Bedeutung seine Freundschaft für uns hat.

Es dauert seine Zeit, bis wir die Mitte des Flusses erreichen. Das Wetter ist grau, und der Nebel verhüllt den Horizont. Wir holen trotzdem unsere Kameras und Fotoapparate hervor, um endlich mit der Arbeit anzufangen.

Die Besatzung, mit der wir bald Bekanntschaft machen, besteht aus sechs Männern. Paul, der Kapitän, ein großer, starker Bursche mit asketischen Zügen, sieht aus, als habe er sein Gesicht kunstvoll mit Sommersprossen verziert. Doch es sind nur Jod-Flecken, eine Folge der Behandlung nach einem unglücklichen Sturz vom

Fahrrad wenige Tage vor der Abfahrt. Außer ihm hat nur noch der Erste Offizier Frau und Kinder an Bord.

Dieser trägt den kuriosen Namen Fidel und beobachtet mit vergnügter Neugier die verblüffenden Gegenstände, die unsere Koffer füllen. Dominique und der träge Camille ziehen mit Hilfe von Hugues, dem Mechaniker, eine große, löcherige Plane über einen der Kähne, dazu bestimmt, uns vor Sonne und Regen zu schützen.

Wir schlagen unser kleines Lager unter diesem provisorischen Dach auf, und unsere neuen Freunde lassen es sich nicht nehmen, sich schon bald mit eigenen Augen von unseren eigenartigen Schlafgewohnheiten zu überzeugen.

Es ist das erste Mal, daß sie Hängematten sehen, und man merkt ihnen an, wie gerne sie auch einmal da hineinklettern möchten. Nur, um sie auszuprobieren.

Sie hängen jetzt unter dem groben Segeltuch, und wir schaukeln sie hin und her. Die Männer biegen sich vor Lachen, scheinen aber wenig geneigt, dieser Möglichkeit, sich in Morpheus' Arme zu begeben, zu vertrauen.

Philippe besiegelt die Freundschaft, indem er wieder ein paar Tricks aus seiner Zauberkiste holt. Großes Staunen – und der Erfolg ist ihm wie üblich sicher. Von nun an muß er ihnen jeden Tag etwas Neues vormachen.

Die *Katia* verfolgt ihren Kurs, laviert zwischen den Eisenbojen, die gefährliche Sandbänke anzeigen. Der Kongo ist übersät von pflanzenbestandenen Inseln, die winzige Sandklippen und lange weiße Strände umgeben. Nur hie und da wird die ungeheuere Breite des Flusses sichtbar, denn diese flachen Inseln verdecken meistens seine Ausdehnung.

Am Nachmittag taucht ein halbes Dutzend Pirogen hinter einer Insel auf. Sofort stoppt die *Katia* die Motoren und dreht in ihre Richtung.

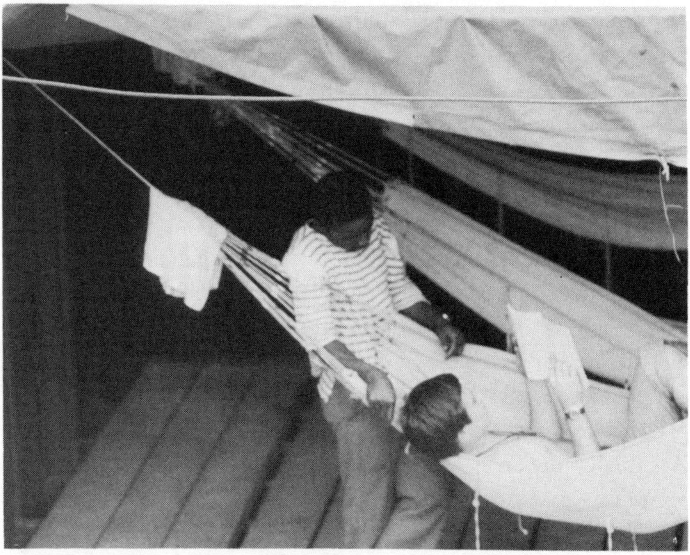

Unsere Hängematten rufen große Heiterkeit bei den Bantus hervor

Auch die Männer in den Pirogen haben aufgehört zu paddeln. Unbeweglich, als ob sie auf dem schimmernden Wasser stünden, beobachten sie unsere Ankunft.

Als wir mit ihnen auf gleicher Höhe sind, beugen sie sich wie ein Mann über ihre großen Paddel. Schweigend und genau im Takt manövrieren sie ihre Pirogen an die Stahlwandungen der Kähne. Unter der plötzlichen Anstrengung treten ihre Muskeln deutlich hervor, ihre Haut glänzt von Schweiß. Dumpfes Keuchen entringt sich jeder Brust.

Mit unglaublicher Geschicklichkeit haben sie in wenigen Sekunden an der *Katia* festgemacht. Dazu benutzen sie lange biegsame Lianen. Dann klettern sie an Bord. Die Besatzung legt beim Verladen des Inhalts der Pirogen mit Hand an, und bald breiten sich die unterschiedlichsten Gegenstände vor uns an Deck aus: große flache Behälter, getrocknete Fische, Flaschen, Waffen, Fischernetze. In dem Haufen entdecken wir etwas Interessantes, nämlich große, am Ende spitz zulaufende Paddel für das Harpunieren von Fischen.

Wir haben die Abwicklung des Geschäfts genau verfolgt und diese schweigsamen Szenen auf Film festgehalten. Trotzdem stellen wir einige Fragen nach dem Grund, weshalb die Leute mitgenommen werden. Mit einem breiten Grinsen geben uns die Bootsmänner Auskunft.

„Die fahren weiter bis zu den Dörfern in der Nähe von Iduani. Wir dürfen die an sich nicht so einfach an Bord holen. Aber das bringt uns ein bißchen Geld ein. Der Kapitän verdient 45 000 CFA (ca. 300,– Mark) im Monat, und wir kriegen 15 000 CFA (ca. 100,– Mark). Das ist nicht viel. Wir machen das so auf der ganzen Fahrt, und für die ist es nicht teuer."

Das „nicht teuer" entspricht recht häufig zwei bis drei Arbeitstagen, um ein paar hundert Kilometer an Deck anstatt am Paddel zurückzulegen.

Aber angesichts der vielen Neuankömmlinge fällt mir ein, was man uns vor unserer Abreise gesagt hat. Paßt auf dem Boot auf, daß euch nichts gestohlen wird. Wir meinen nicht die Besatzung, sondern, na ja . . .

Jetzt wissen wir, was das „sondern" bedeutet. Über zwanzig Menschen befinden sich an Bord, und unsere fast krankhafte Angst, eine Kamera oder einen Fotoapparat einzubüßen, veranlaßt uns, egal wo wir gerade sind, ununterbrochen in Richtung unseres Lagers zu schielen. Der Verlust auch des kleinsten Stückes hätte für uns katastrophale Folgen.

Später am Abend verändert das Ufer sein Aussehen. Die *Katia*

Alltag an Bord der „Katia"

fährt an kleinen grünen Hügeln entlang, auf denen verstreut gewaltige Felsblöcke aus grauem, glanzlosem Gestein liegen, die sich verzweifelt an die Abhänge zu klammern scheinen wie Affenbabys an das Fell ihrer Mütter.

Die Nacht ist mit der am Äquator immer wieder verblüffenden Plötzlichkeit hereingebrochen und mit ihr die Stille. Als ob sie sich von dem Frieden, der über der Landschaft liegt, peinlich berührt fühlten, drosseln auch die Motoren ihren Eifer und ihren Lärm.

Ein Lichtkegel durchbricht die Dunkelheit. Die Mannschaft hat den Scheinwerfer eingeschaltet, um die Reise flußaufwärts in der Fahrrinne, die von den Richtungsschildern an der Uferböschung angezeigt wird, fortsetzen zu können.

Wie in einem leuchtenden Käfig tanzen Tausende von Insekten wirbelnd im Lichtstrahl.

In unseren Hängematten lassen wir uns von der Brise streicheln, die langsam aufkommt. Wir unterhalten uns leise und essen dabei von der Feuchtigkeit weichgewordene Kekse.

Für zur Untätigkeit Verdammte ist der Tag schnell vergangen. Tausenderlei neue Dinge umgeben uns, und ich fühle, wie mich langsam der Entdeckerrausch überkommt. Aber wir haben noch kaum das Leben der Bootsleute, der Fischer und Jäger, die während der Fahrt an Bord gekommen sind, kennengelernt. Alles um uns herum ist für uns neu. Jetzt gilt es nicht mehr, sich körperlich anzustrengen, sondern über die Menschen und die Dinge nachzudenken. Und das heißt für uns auch Abenteuer.

Am Abend haben sich Mannschaft und Passagiere in der nächtlichen Kühle um das Transistorradio versammelt, das sie mit der „Stimme der kongolesischen Revolution" berieselt.

Auf dem Deck zwischen Mehlsäcken und Gasflaschen, zwischen Geflügelkäfigen und geräucherten Äffchen lauschen sie, zusammengekrümmt wie Inka-Mumien, der Stimme, die ihnen auf ihre Weise die Welt öffnet.

In Afrika steht das Transistorradio an der Spitze aller unbedingt notwendigen Dinge. Zugegeben, sein Nutzen ist unbestreitbar. Aufgrund des fast völligen Fehlens von Tageszeitungen, einer noch immer ziemlich hohen Analphabetenquote und der Abgelegenheit der meisten Dörfer ist diese anonyme Stimme das einzige Mittel, das gesamte Land jeden Tag über die Ergebnisse eines Wettbewerbs, die Daten der Schulferien oder die Schließung eines Geschäfts zu informieren.

So gibt das Transistorradio dem bäuerlichen Leben einen neuen Stil und trägt zur Schaffung einer anderen Atmosphäre bei.

Am nächsten Morgen legen wir in einem der unzähligen Dörfer an den Ufern des Kongo, in Iduani, an.

Die *Katia* schiebt ihren Steven in den weißen Sand, und wir springen alle an Land. Vom ersten Augenblick an haben wir ein ungemütliches Gefühl. Es ist der Eindruck einer mit Mißtrauen vermischten Feindseligkeit. Sie liegt überall in der Luft, und wir bemühen uns vergeblich, den Grund dafür zu finden.

Schon nach wenigen Augenblicken beschließen wir, lieber wieder an Bord zu gehen, und Philippe versucht sein Glück.

Er stellt sich an den Rand eines Kahns, holt sein ganzes

Philippe Rolland, der Zauberkünstler

3 9349-20

Zaubergerät hervor und fängt an, sich einen Pingpongball nach dem anderen aus dem Mund zu holen.

Ich sause zur Kamera, Jean-François hält bereits den Fotoapparat im Anschlag. Gerade noch rechtzeitig, denn der Zirkus geht schon los. Die Kinder trampeln mit den Füßen vor Vergnügen, die Erwachsenen kreischen vor Lachen und schlagen sich begeistert auf die Schenkel. Das Eis ist gebrochen.

Doch wir bleiben nur so lange, bis unsere Marschverpflegung an Bord ist, und dann fahren wir bei immer noch bedecktem Himmel weiter.

Den ganzen Vormittag lang legen Pirogen an und ab. Ich stelle mir vor, daß die *Katia* von weitem wie ein riesiger Eskimoschlitten aussehen muß, der in umgekehrter Richtung fährt, mit den Pirogen als Hunden, die wir mit langen Lianen hinter uns herziehen.

Auf dem Deck herrscht inzwischen ein unbeschreibliches Chaos, ein kunterbuntes Gemisch aus Gegenständen, Männern, Frauen und Ziegen. Der Geruch getrockneten Fisches umfängt uns überall. Angesichts der allgemeinen Freundlichkeit hat uns unsere Angst, bestohlen zu werden, etwas verlassen, und wir bleiben bei den Mahlzeiten nicht mehr ausschließlich unter uns.

Mittags lädt uns die Mannschaft zum Essen in den Bootsraum ein, wo sich ihre Unterkünfte befinden. Dort bleibt zwischen den Strohsäcken und der niedrigen Decke gerade genug Platz, um sich für die Mahlzeit auf den Boden zu setzen. Eine mit Öl gefüllte Konservenbüchse, in der ein Docht schwimmt, verbreitet spärliches Licht. Überall riecht es erdrückend nach Dieselöl.

Hughes und François bieten uns eine weiße, gallertartige Teigmasse an, die Beilage zum getrockneten Fisch.

Wir müssen diese Speise wohl etwas mißtrauisch betrachtet haben, denn sie erklären uns lachend: „Das ist *Fou-fou*. Wir vermischen Maniokmehl mit kochendem Wasser, das wird dann

Ein kleines Plätzchen für Patrice Franceschi

ganz stark geknetet, und das ist es. Es gibt so viele Arten von Maniok, und deshalb kann man ihn auf die verschiedenste Weise zubereiten. *Monguele*, zum Beispiel, ist *Fou-fou* gedämpft. Für *Touca* legt man die Maniok-Knollen drei Tage lang ins Wasser, wickelt sie in Blätter und kocht sie in der Holzglut gar. *N'gota* ist nur im Wasser gekochter Maniok und so weiter. Maniok, das ist unser Brot, müßt ihr wissen."

Nach so vielen nützlichen Erklärungen haben wir keine Hemmungen mehr, kräftig zuzulangen. Es schmeckt alles andere als schlecht, und später sollte es noch Zeiten geben, wo wir uns nach einem so reichlichen Mahl sehnten.

Um 18 Uhr 30 geht die Sonne unter. Der kleine Wald, der das Ufer säumt, erglüht unter ihrem Schein: ein herrliches Schauspiel, das wir nun jeden Tag bewundern können. Ohne Gewissensbisse sinken wir in unsere Hängematten. Der Scheinwerfer leuchtet auf, während uns die Wellen des Kongo in den Schlaf wiegen.

22 Uhr

Ich wache auf. Das Wasser zischt langsam gegen die Wandung. In den zwei Tagen habe ich gelernt, was das bedeutet: die *Katia* gleitet mit gestoppten Motoren.

Ich springe aus der Hängematte, klettere über die rostige Eisenleiter aus unserem „Behälter" und laufe zum Bug. Wir sind noch etwa zwanzig Meter vom Ufer von Zaire entfernt.

„He! Was ist los?" rufe ich dem Kapitän zu.

„Können heute nacht nicht weiterfahren. Wir übernachten hier."

„Sandbänke?"

„Und wie! Jede Menge."

Der Lichtstrahl des Scheinwerfers tastet über das Ufer. Vorne am Bug lotet François das Flußbett, um zu verhindern, daß wir auflaufen.

Hinter mir höre ich jemanden husten. Eine der Frauen ist krank und bittet mich um Tabletten.

„Sie dürfen hier nicht draußen im Wind bleiben", sage ich zu ihr ohne rechte Überzeugung, denn wo sollte sie sonst hingehen?

Ich klettere hinunter in unser Lager, um ein paar Aspirintabletten zu holen, und wecke meine Freunde auf, denn ich glaube, sie werden von diesen geheimnisvollen nächtlichen Geräuschen des Urwalds genauso begeistert sein wie ich.

Die Frau verzieht angewidert das Gesicht, als sie die Tabletten schluckt, was die Wirksamkeit unserer Medizin in ihren Augen sicherlich nicht schmälert.

Die *Katia* ist jetzt an den Bäumen des Ufers vertäut. Der Zeitverlust enttäuscht uns alle vier, aber wir trösten uns mit dem Gedanken, daß er viel größer wäre, wenn das Boot auf eine Sandbank laufen würde.

Vorsichtig decken wir die Moskitonetze über die Hängematten, und das Summen der Insekten lullt uns schnell wieder ein.

In der Morgendämmerung werden die Motoren wieder angeworfen. Beim Aufwachen schmerzen mir die Glieder. Der Grund ist mir sehr schnell klar: Die mittleren Schnüre meiner Hängematte haben sich zu stark gespannt und dadurch das Tuch in zwei Säcke geteilt, was mir eine nicht gerade angenehme Nachtruhe verschaffte.

Ich muß grinsen, als die anderen ihre Köpfe aus den Hängematten stecken. Gestern haben wir uns an Deck die Haare geschnitten. Schneiden ist eigentlich nicht das richtige Wort. Rasieren würde besser passen. Aus früheren Erfahrungen wissen wir, daß man im Urwald um so besser zurechtkommt, je weniger Haare man auf dem Kopf und im Gesicht trägt.

Wir müssen uns also mit dem „Kahlschlag" abfinden. Ein paarmal Schnipp-Schnapp, und schon flatterte unsere Haarpracht im Wind. Wir sehen schlimm aus mit unserem Hausmacher-Schnitt. Aber was kümmert's uns? Schönheitskonkurrenzen stehen erst wieder nach unserer Rückkehr auf dem Programm.

Unsere Igel-Frisuren haben noch einen weiteren Vorteil: sie bringen alle Leute zum Lachen, einschließlich mich, als ich am Morgen die Köpfe meiner Freunde sehe. Das ist ein gutes Zeichen.

Doch etwas anderes macht uns jetzt im Zusammenhang mit unseren neuen Frisuren etwas Sorge; François hat uns überhaupt darauf gebracht.

Kurz nach dem großen „Ereignis" schlenderten wir gemütlich über das Deck, als er mit einem Grinsen auf uns zukam, das Unruhe ausdrückte.

„Dahinten, dafür ist das nicht gut."

„Wo dahinten?"

„Pikounda, Quesso, dahinten halt."

Wir wußten nicht recht, worauf er hinauswollte.

„Nun sag schon, warum soll das da nicht gut sein?"

Ein Satz, und wir sehen klar. „Na, die Polizei. Weiße mit wenig Haaren, das sieht aus wie Söldner!"

Zu spät, um darüber nachzudenken. Schon bei der ersten Polizeikontrolle können wir Ärger bekommen. Dieser Gedanke macht uns zu schaffen, aber uns bleibt ja der Trost, daß wir noch unsere guten alten Buschhüte haben, unter denen wir unsere empfindlichen Schädel verbergen können. Und außerdem, was soll's? Bei solchen Abenteuern muß man eben die Dinge auf sich zukommen lassen. Wozu sich also jetzt den Kopf zerbrechen?

Von der Mannschaft haben wir erfahren, daß wir morgen in Mossaka, der letzten großen „Stadt" vor der Mündung der Sangha, ankommen. Es wird Zeit, daß wir am Heck der *Katia* große Wäsche machen.

Pirogen kommen an und legen ab

Der Tag vergeht ruhig; Pirogen kommen an und legen ab – unentwegt. Unser Obstvorrat ist praktisch aufgebraucht. Aber wir haben ja noch unsere Reserven an Reis, den wir mit getrocknetem Fisch anreichern.

Es herrscht eine so hohe Luftfeuchtigkeit, daß wir ständig unsere Fotoausrüstung säubern müssen, eine absolut notwendige Vorsichtsmaßnahme, denn mit diesem empfindlichen Material kann man sonst die unangenehmsten Überraschungen erleben.

Am Abend verdüstert sich der Himmel. Dicke Wolkenbänke türmen sich auf, und als der Scheinwerfer aufleuchtet, fällt feiner Sprühregen auf das Deck.

Ich werfe einen Blick auf die große Plane, die unser Lager bedeckt, und halte es dann doch für klüger, die wasserdichten Plastiktücher über unsere Hängematten und die beiden gut verschlossenen Kisten zu ziehen.

Wie gestern hat die *Katia* an einem Uferbaum festgemacht, sicherlich wegen des Unwetters, das auf einmal losbricht. Alles rast, um Zuflucht in den notdürftig zusammengebastelten Unterschlüpfen zu finden.

Das Unwetter hat die schwüle Hitze, die über dem Fluß lastet, nicht verscheuchen können. Ich wälze mich in der Hängematte hin und her, aber der Schlaf will sich nicht einstellen. Der Regen trommelt auf die Plane über uns. An den Löchern bilden sich kleine Rinnsale, die in steten Tropfen auf den Boden fallen und mich langsam einschläfern.

Ein Geräusch wie ein riesiger Wasserfall läßt mich mitten in der Nacht hochfahren: Unter dem Gewicht des Wassers ist die Plane gerissen.

Ich taste alles um mich herum ab und lege mich dann beruhigt wieder aufs Ohr. Nichts ist feucht geworden. Die Plastiktücher, die unseren Hängematten das Aussehen von schwebenden Zelten geben, haben ihre erste Bewährungsprobe bestanden.

Dienstag, 8. Juli

Die ganze Nacht hat die Natur Großputz gemacht und den Himmel von dem Grauschleier befreit, der ihn in den letzten Tagen bedeckte. Wir erleben einen strahlenden Sonnenaufgang; alles leuchtet wieder in der gewohnten farblichen Intensität.

Das ist ein Licht, das uns dazu verlockt, alles bis auf unsere Badehosen auszuziehen. Die Sonne brennt uns auf der Haut, und wir geraten in eine regelrechte Ferienstimmung.

Dabei müssen wir uns doch in erster Linie auf unsere Ankunft in Mossaka und eine eventuelle Polizeikontrolle vorbereiten. Am meisten bedrückt uns, daß wir keinen Beweis für die Genehmigung des Gewehrs in der Hand haben. Deshalb verstecken wir die Waffe ganz unten in einer Kiste und bedecken sie mit dem, was von unserem Material am schwersten wiegt. Zum Erfolg gehört eben Mut. Wir werden es schon schaffen, sagen wir uns, als wir auf unsere Ankunft in Mossaka warten.

Zu Beginn dieses Jahrhunderts ließ sich ein Missionar, der vorher im Amazonasgebiet gelebt hatte, am Ufer des Kongo nieder. Er brachte aus der Neuen Welt eine seltsame Pflanze mit hell-lila Blüten mit, die ihm besonders gefiel: die Wasserhyazinthe.

Als begeisterter Hobby-Botaniker setzte er ein paar dieser Pflanzen in ein Bassin, um seine Mission zu verschönern. Doch schon bald nahmen sie dermaßen überhand, daß der Pater sie ausriß und kurzentschlossen in den Kongo warf.

Eine sehr unbedachte Handlung, denn in wenigen Jahren hatten sie alles überwuchert, und niemand konnte dieser neuen Seuche mehr Herr werden. Die Hyazinthen setzten sich überall an den Flußufern in riesigen Bündeln fest, lösten sich, wenn sie zu zahlreich wurden, trieben in der Strömung der Flüsse und verstopften die kleineren Wasserläufe, bis sie erstickten.

Trotz aller Bemühungen sie auszurotten, schwimmen sie noch heute in unglaublichen Massen auf dem Fluß. In unterschiedlich großen Ansammlungen setzen sie ihre immerwährende Reise nach Süden fort. Der Steven der *Katia* überrollt sie zu Tausenden; das klingt dann ganz eigenartig, wie das Rascheln von Papier. Oft stehen wir eine ganze Weile am Bug und beobachten diese Walze, die sich so unverdrossen müht, ohne das Geringste zu erreichen.

Kurz vor unserer Ankunft in Mossaka kreuzen wir die *Ville de Quesso*, eines der Linienboote, die einmal im Monat zwischen der

Hauptstadt und dem äußersten Norden des Landes hin und her pendeln. Selten habe ich einen solchen schwimmenden Ameisenhaufen gesehen. In einem unvorstellbaren Durcheinander drängen sich da Menschen, Waren und Tiere. Die alten Schaufelräder mühen sich redlich, dieses altersschwache Gefährt vorwärts zu treiben.

Vom Oberdeck winken uns ein paar Weiße zu.

Etwas weiter begegnen wir einem anderen, kleineren Boot. Und gerade in diesem Augenblick beschließt eine der Pirogen, die wir im Schlepp haben, abzulegen. Sie ist wie ein chinesisches Hausboot bis zum Rand vollgeladen mit Maniok und allen möglichen anderen Waren. Unausweichlich gerät sie in die Wellen des uns kreuzenden Bootes.

Und schon ist die Katastrophe passiert. Die Wellen erfassen die Breitseite, die Piroge kentert, und ihr Dach birst. In wenigen Sekunden bedeckt sich der Fluß mit Trümmern. Ein Mann springt in den Fluß, um die abtreibenden Kessel und Töpfe zu retten. Auf der *Katia*, die die Motoren gestoppt hat, bricht ein wahres Schrei- und Kreischkonzert los. Die Frauen klettern in eine kleine Piroge und versuchen zu ergattern, was noch auf dem Wasser schwimmt. Das Hin und Her wird noch aufgeregter, als der Pirogenführer wutentbrannt eine donnernde Schimpfkanonade vom Stapel läßt und damit droht, den Kapitän, den er für den Unfall verantwortlich macht, umzubringen. Camille stürzt sich sofort auf ein Gewehr, das an Deck herumliegt, und steigt nach unten, um es unter seinem Strohsack zu verstecken. Der Kapitän, die Ruhe selbst, wirft die Motoren wieder an . . . Man wird schon sehen, in Mossaka . . .

Mossaka: 15 Uhr

Wir hatten eine kleine Stadt erwartet, doch was wir vorfinden ist nichts weiter als eine lange, mit Kokosbäumen und Palmen bewachsene Uferböschung, auf der vereinzelt Holzbaracken stehen. Hier und da finden sich auch einige weißgetünchte Steinhäuser, alte Wahrzeichen aus der Kolonialzeit.

Wir legen mit der Breitseite an der Böschung an. Stahlkabel fliegen in Schlangenlinien zum Ufer, bevor sie auf dem Boden aufschlagen. Die *Katia* wird am Stamm eines riesigen Baumes vertäut, dessen Wurzeln wie monströse Tentakel zum Wasser hin hängen.

Wir liegen schweigend in unseren Hängematten, da wir es vermeiden wollen, unnötig Aufmerksamkeit zu erregen. Ein Schwarm zerlumpter Kinder stürmt unter großem Geschrei aufs Boot. Als sie uns entdecken, geht ihr Kreischen in neugieriges Geflüster über. Wir beobachten sie durch unsere Moskitonetze, dann beschließen wir, daß zwei von uns an Land gehen sollen, um etwas Proviant aufzutreiben.

Das Los fällt auf Hughes und Jean-François; Philippe und ich begeben uns unterdessen, die Buschhüte auf dem Kopf, an Deck.

In der glühenden Sonne, die uns bereits die Schultern verbrennt, warten wir auf die Rückkehr unserer Freunde. An der Uferböschung ist nicht mehr viel los. Hoch und steil verdeckt sie die übrige Stadt.

Nach einer halben Stunde kommen Jean-François und Hughes zurück. Ihre Ausbeute ist mager: ein paar Büchsen Sardinen und Brot.

„Tut uns leid, aber hier gibt's einfach nichts", erklären sie.

Wir machen es genauso wie die letzten Tage und kaufen Fisch

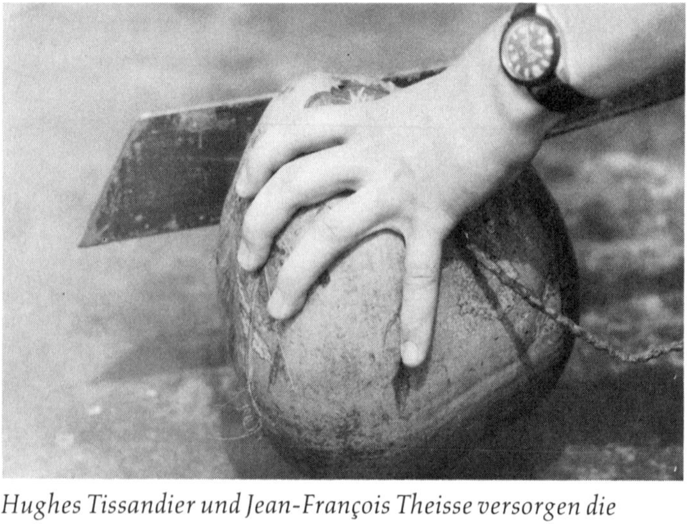

Hughes Tissandier und Jean-François Theisse versorgen die Mannschaft mit Kokosnüssen

und Obst von den Pirogen, die vorbeikommen.

Mit dem Rücken zum Ufer setzen wir uns aufs Deck und warten auf die Nacht. Philippe bringt mit dem Bleistift eine Skizze zu Papier; schweigend qualmen wir unsere Zigaretten.

Zwei Stunden vor Sonnenuntergang kehren die Fischer mit ihren langen, hoch über das Wasser reichenden Pirogen ins Dorf zurück. Unter ihnen sind zahlreiche Frauen. Mit oder ohne Baby auf dem Rücken bewegen sie im Stehen die Paddel, gleiten an der *Katia* vorbei. Ihre glänzenden Muskeln, die sich gleichmäßig wölben, scheinen durch das dünne Gewebe ihrer bunten Tücher, während die untergehende Sonne ihre Silhouetten von dem sich sanft spiegelnden Wasser abhebt. Auf dem Grund der Boote zappeln Welse, Aale, Nil-Barsche und unzählige andere seltsam geformte und gefärbte Fische.

Als sie auf gleicher Höhe mit uns sind, lächeln sie uns an oder rufen uns ein Wort zu, wobei sie sofort in heftiges Gelächter ausbrechen.

Wir benutzen die Gelegenheit, um uns nach dem Preis der Pirogen zu erkundigen. Da wir M'deles (Weiße) sind, nennt man uns Zahlen, die ihrer Vorstellung von uns entsprechen. Der Mythos des von Natur aus reichen Weißen spukt immer noch in ihren Köpfen. Für denselben Pirogentyp werden Preise angegeben, die zwischen 5000 CFA (= DM 40,–) und 25 000 CFA (= DM 200,–) schwanken. Wir brauchen uns eigentlich nur den Durchschnitt auszurechnen.

Der Kapitän, der an Land gegangen war, um seiner Gesellschaft zu telegrafieren, kommt bei Anbruch der Nacht zurück. Sein Gesicht drückt Besorgnis aus.

„Ach", erklärt er auf unsere Frage, „der Führer der Piroge, die vorhin gekentert ist, macht Ärger. Er hat der Polizei erzählt, nur weil sein Boot kaputtgegangen wäre, hätten wir ihn ins Schlepp genommen. Der sagt das bloß, damit die Gesellschaft Schadenersatz zahlt. Ich muß also morgen um 7 Uhr wieder hin, um das in Ordnung zu bringen. Danach fahren wir weiter."

Ein neuerlicher Beweis dafür, daß Reisen manchmal Warten bedeutet. Wir sind darüber alles andere als beglückt, denn jede Sekunde mehr an Bord der *Katia* fehlt uns später für den Aufenthalt bei den Pygmäen. Und der Pirogenführer hat kaum eine Chance, seinen Verlust wieder wettzumachen, weil seine Art des Mitfahrens verboten ist. Sein ganzes Hab und Gut liegt unwiederbringlich auf dem Grund des Flusses.

21 Uhr

Unzählige Mücken haben zum Angriff auf alles, was nur ein bißchen Blut in den Adern hat, geblasen. Wir schlüpfen schleunigst unter unsere Moskitonetze.

Im Dorf fangen die Tamtams an zu trommeln. Ihr dumpfes Grollen erfüllt die Stille. Die Hitze ist unerträglich. Übermüdet, aber wach, versuchen Jean-François und ich, uns in den Schlaf zu singen. Bei Jean-François hat es den gewünschten Erfolg. Ich blicke auf den sternenübersäten Himmel, der auf einen sonnigen Tag hindeutet, und entschließe mich, trotz der Mückenplage doch an Deck zu gehen.

Das Tamtam ist immer noch zu hören, und die Kinder, denen die Mückenstiche nichts ausmachen, tanzen im Licht des Scheinwerfers. Ihr Anblick hat auf mich eine seltsam beruhigende Wirkung. Der Schlummer überkommt mich, fast noch ehe ich wieder in der Hängematte liege.

Schon im Morgengrauen ist Hughes auf den Beinen, um für uns im Dorf *beignets* zu besorgen. Ich wache auf, als er mir ein paar in die Hängematte wirft. Nicht unangenehm, auf diese Weise geweckt zu werden, das muß ich zugeben.

Noch fahren wir auf dem Kongo

Zwei Stunden später verlassen wir das weiße Mossaka, ohne daß wir noch einmal etwas über den Ärger mit der gekenterten Piroge gehört hätten. Etwas weiter flußaufwärts teilt sich der Kongo in viele kleine Nebenarme. Auf einem, der zur Sangha führt, fahren wir weiter. Die Ufer rücken jetzt näher heran, aber der Fluß hat immer noch eine Breite von 200 Metern. Die Vegetation wird dichter, und zum erstenmal auf dieser Reise hören wir die Schreie der Affen aus dem undurchdringlichen Blattwerk.

Wir drehen von der Kommandobrücke aus ein paar Aufnahmen für Zwischenschnitte. François steht am Ruder. Geschmeichelt von der Aufmerksamkeit, die ihm zuteil wird, posiert er starr wie eine griechische Statue vor dem Objektiv. Und seine Kollegen finden das so komisch, daß sie sich biegen vor Lachen.

In diesem Augenblick erscheint Hugues, der Mechaniker, auf der Bildfläche. Irgend etwas funktioniert nicht richtig am Scheinwerfer, und ihm wäre es lieb, wenn wir uns das mal ansehen könnten, denn er sei ja, wie er immer wieder gerne betont, schließlich kein Elektriker.

Es handelt sich lediglich um durchgebrannte Sicherungen, aber wir bestehen darauf, den Schaden selbst zu beheben, damit die nächtlichen Verspätungen endlich aufhören. Da kein Reservematerial vorhanden ist, basteln Hughes und Jean-François neue Sicherungen aus dem Deckel einer großen Trockenmilchbüchse. In den nächsten Nächten brennen sie siebenmal durch, so daß wir noch siebenmal den Elektriker spielen müssen.

Am Vormittag erreichen wir das Dörfchen Bonga, das in einer Uferbucht liegt. Es besteht aus ein paar Dutzend Hütten mit Palmendächern auf einer großen gerodeten Lichtung. Um das Ocker der Behausungen schließt sich das leuchtende Grün des Urwalds mit seinen typischen, eigenartigen Geräuschen.

Wir werden mit besonderer Herzlichkeit empfangen. Die Frauen kommen auf uns zu. „M'dele, M'dele", flüstern die Mütter ihren Kindern ins Ohr und deuten auf uns. Eine gewiß ausgezeichnete Art, ihnen das Sprechen beizubringen.

Man bietet uns Papayas und Bananen an, bevor wir unsere Besichtigungstour starten. Die Hütten gleichen denen, die wir bisher gesehen haben. Mauern aus Poto-poto (roter getrockneter Schlamm), der in eine Holzverschalung aus Pfählen und Stäben gegossen wurde.

Der Häuptling, der am besten eingerichtet ist, lädt uns in seine Hütte zu einem Umtrunk ein . . . mit Bier. Aufgrund der guten Isolierfähigkeit des Schlamms herrscht im Innern eine wunderbare Kühle. An den Wänden hängen zwei, drei vergilbte Fotos, die an die Verbrechen erinnern, die während des ersten Staatsstreichs begangen wurden. Im Raum selbst stehen ein kleines Buffet, ein

Tisch und mehrere Stühle. Sie hierher zu schaffen, hat sicher ein Vermögen gekostet. Aber Adel verpflichtet.

Der alte Häuptling mit den ausdrucksvollen Gesichtszügen öffnet eine Flasche nach der anderen und verteilt sie in der Runde. Alle trinken mit sichtlichem Vergnügen.

Philippe, ganz groß in Form, läßt die Eier verschwinden, die man uns gerade geschenkt hat, und macht dann gleich mit zwei Streichhölzern weiter, die er zwischen seinen Fingern zum Hüpfen bringt. Bei jedem unerklärlichen Hopser stößt der Kapitän, der auch mit von der Partie ist, kleine Schreie des Erstaunens aus, und alles lacht.

Beim Abschied bekomme ich ein langes Zuckerrohr und zwei Maiskolben geschenkt. Durch die Großzügigkeit unserer Gastgeber haben wir jetzt für den ganzen Tag genug zum Essen.

Auf der Sangha tauchen die ersten Sandbänke auf. Es gibt eine ganze Menge, denn die Trockenzeit ist noch nicht vorbei. Ihr leuchtendes Gelb vermischt sich mit dem Ocker des Wassers und hebt sich wunderbar gegen das wechselnde Grün des Urwalds ab. Auf diesen Bänken lassen sich zahllose Vögel nieder, die das Auftauchen unseres Boots anscheinend gar nicht beunruhigt.

Die Landschaft wird jeden Augenblick schöner; wie eine undurchdringliche Mauer säumt jetzt der Urwald den Fluß.

Wir können stundenlang diesem Schauspiel zusehen. Die *Katia* manövriert vorsichtiger und hält sich weniger als zwanzig Meter vom Ufer.

Diesen Moment wählt die Mannschaft, um uns aufzufordern, das Gewehr herauszuholen und unser alltägliches Einerlei mit Affen- oder Vogelfleisch anzureichern.

Nach kurzem Zögern suchen wir dann doch die Waffe heraus und legen uns einer nach dem anderen auf dem Vorschiff auf die Lauer. Die Tagesbeute soll mager ausfallen; ein paar Federn, die ein armer Vogel hinter sich ließ.

4 9349-20

Am Nachmittag erreichen wir die Mündung des Likouala, auf dem wir vielleicht später flußabwärts fahren werden. Immer häufiger tauchen jetzt Lagerplätze von Fischern auf. Man erkennt sie von weitem an den grauen Rauchspiralen, die aus dem Urwald in die Höhe steigen. Meistens bestehen sie lediglich aus ein paar Hütten auf einer nur notdürftig gerodeten Fläche, zwischen denen lange Netze zum Trocknen aufgehängt sind.

Diese Lager bilden ein Mittelding zwischen Dorf und alleinstehender Hütte. Manche Fischer leben hier das ganze Jahr über, doch die Mehrzahl wohnt in größeren Dörfern und kommt nur für eine Fischfangsaison hierher. Der Fang wird zwei bis drei Tage lang an Ort und Stelle getrocknet und danach mit der Piroge zum Verkauf ins Dorf oder in die Stadt verschifft.

Unsere Rolle auf der *Katia* scheint jetzt endgültig festzustehen: wir sind Elektriker und Krankenpfleger. Und an Beschäftigung mangelt es uns nicht: Ständig haben wir Sicherungen zu reparieren und kleinere Wunden zu versorgen.

Donnerstag, 10. Juli 1975, 11 Uhr

Ich habe es mir auf einer der Kisten bequem gemacht, um mir die Ereignisse des Tages zu notieren. Von unserem „Lager" aus, das inzwischen eher einem Sammelplatz der Tuaregs gleicht, sehe ich über uns den Urwald vorbeiziehen. Und draußen entrollt die Sangha majestätisch ihre langen Mäander dunklen Wassers.

Zum erstenmal heute nacht haben Pirogen angelegt. In den vergangenen Tagen konnten wir feststellen, daß auf dem Kongo und der Sangha diese Schleppfahrten nichts Ungewöhnliches darstellen ... selbst nicht für die Polizei. Es gibt praktisch kein anderes Mittel, um schnell von einem Ort am Fluß zum anderen zu gelangen. Die Linienboote kommen zu selten und zu unregelmäßig.

Im Morgengrauen haben wir nach einer Nachtfahrt ohne Unterbrechungen an einem Lagerplatz festgemacht. In Windeseile zogen wir uns an und gingen dann an Land, Hughes und Philippe, um zu jagen (ohne etwas zu erwischen), Jean-François und ich, um zu filmen und ein paar Rollen Fotos abzuknipsen.

Wir haben uns dort auch mit Zuckerrohr versorgt, und kurz nach unserer Abfahrt bereitete Hughes für uns ein Gericht aus gekochten Bananen zu, das wir genüßlich an Deck in der Sonne verspeisten. Allmählich ändern sich unsere Essensgewohnheiten, Bantu-Spezialitäten stehen immer häufiger auf der Karte. In etwa zehn Tagen gibt es überhaupt nichts anderes mehr, dann, wenn das richtige Abenteuer beginnt.

Unser Lager befindet sich jetzt in vollem Aufbruch. Wir wissen, was es noch alles zu tun gibt, bevor wir das Boot verlassen, vom Großputz bis zum Packen. Wir müssen unsere Foto-, Film- und Tonausrüstung überprüfen, die Stiefel einfetten, unsere Kassen-, Gesundheits- und Materialhefte auf den neuesten Stand bringen, usw. Wenn wir nicht alles genau vermerken, haben wir bei unserer Rückkehr keine Übersicht mehr über die Expedition.

„Ein Krokodil! Ein Krokodil!" schreit François und stürzt in unseren Kahn. In seinem lieben breiten Gesicht spiegelt sich ungeheure Aufregung, und er schielt mit einem vielsagenden Blick auf das Gewehr. Natürlich, bei dem Preis, der für die Häute geboten wird.

Wir laufen sofort an Deck, sehen aber nur noch eine dunkle Masse, die ins Wasser taucht. François' Schrei hat auf alle im Boot wie ein Peitschenknall gewirkt. Männer, Frauen und Kinder springen wie elektrisiert in die Höhe. Sogar die Ziegen fangen an zu hopsen, trampeln mit ihren zarten Hufen auf dem Stahl herum und klettern auf die Berge Krimskrams, die sich an Deck häufen.

Wir kommen eindeutig zu spät. Auf allen Gesichtern ist tiefe Enttäuschung zu lesen.

„Ihr müßt oben beim Ruder bleiben", erklärt Camille uns. „Dann könnt ihr was sehen. Da schwimmen noch mehr. Bestimmt. Schmeckt unheimlich gut."

Und so übernehmen wir einer nach dem anderen die Wache neben dem Steuermann und beobachten die riesige, vom Urwald begrenzte Wasserfläche.

Allmählich tauchen mitten im Fluß kleine Inseln auf. Sie sehen aus wie riesige Sträuße aus Bäumen, die auf dem Wasser gleiten. An ihrem Ende befindet sich oft ein kleiner Lagerplatz; überall schwimmen Pirogen mit Netzen im Schlepptau.

21 Uhr

Erschöpft liegen wir in den Hängematten. Kein Stern glitzert am Himmel. Ein Unwetter zieht hoch. Vergeblich versuchen wir einzuschlafen, die feuchte Schwüle der Stunden vor dem Regen lastet zu schwer auf uns.

Plötzlich fällt Jean-François etwas ein. „He, ihr drei! Wenn ich richtig gerechnet habe, und wenn wir tatsächlich am 10. Oktober wieder in Brazzaville sein wollen, dann bleiben uns noch genau drei Monate für die Expedition.

„Stimmt", sage ich, „ganze drei Monate."

„Ja, das muß gefeiert werden", finden die anderen.

Ich setze mich in der Hängematte auf, schiebe Moskitonetz und Plastikplane zur Seite.

Wenn wir feiern wollen, brauchen wir nur noch das Tonbandgerät und das Tonband für die Pygmäen. Dann kann's losgehen, und zwar mit Volldampf!

Dieses Band enthält die unterschiedlichsten Aufnahmen, ein Musik-Potpourri von Beethoven bis zu den Beatles.

Ein wahrer Begeisterungstaumel hat uns plötzlich erfaßt. Wahllos öffnen wir die Kisten, fördern das Tonbandgerät und nach zehn Minuten Herumstöbern auch das erwähnte Band zutage und stürmen auf das Deck, über das der Scheinwerfer wie immer unablässig hingleitet.

Wir schieben die Körbe mit dem Maniok, der dort tagsüber in der Sonne trocknet, einfach beiseite und bauen unsere Unterhaltungsapparatur mitten auf dem Boden auf.

Dann setzen wir das Gerät in Gang und drehen den Ton voll auf. Unsere Musik dröhnt durch die Nacht. Und wir fangen an zu tanzen im Bann eines Glücks- und Freudenrausches, in dem man oft die verrücktesten Dinge tut.

Wir biegen uns vor Lachen, als wir unsere Schatten im Wasser der Zisterne am Bug der *Katia* entdecken. Die im Steuerhaus müssen uns für total übergeschnappt halten.

Überall erheben sich jetzt Menschen und reiben sich verblüfft den Schlaf aus den Augen. Schatten kommen näher, setzen sich hin und starren uns an.

Wir finden, daß es Zeit wird, uns etwas zu beruhigen und ehrfürchtig der F-Dur-Sonate von Beethoven zu lauschen. Langsam heben und senken sich die klaren, fließenden, melancholischen Töne in seltsamer, faszinierender Harmonie mit der Landschaft. Ich weiß nicht, wie die Pygmäen auf diese Musik reagieren werden, aber hier, mitten in der Nacht, auf dem jetzt dunkel schimmernden Wasser, in einer Luft, die vom Zirpen der unzähligen Insekten des Urwalds erfüllt ist, erhält sie für uns ungeahnte Dimensionen.

Das Unwetter nähert sich. Sein Geruch hängt bereits in der Luft. Wann bricht es los? Eine sanfte, frische Brise kommt auf und belebt die Atmosphäre. Überall am Horizont durchzucken Blitze den Himmel und geben dem Busch ein völlig verwandeltes, grandioses, für uns unvergeßliches Gepräge.

„Phantastisch", murmelt Philippe. „Dieses Schauspiel, mit dieser Musik . . ."

Wir nicken schweigend. Nicht jeder Tag kann uns das bieten, was wir in diesem Augenblick empfinden. Es ist einfach unbeschreiblich.

Auf dem Wasser schwanken Lichter, sind fast am Erlöschen, flackern wieder kräftiger auf: Fischer, die noch vor dem Sturm in den Schlepp genommen werden wollen.

Die *Katia* drosselt die Motoren. Die Pirogen paddeln auf uns zu. Ihre Petroleumlampen stehen auf dem Boden der Boote. Die Anlegemanöver, die wir inzwischen schon gut kennen, wirken noch eigenartiger in dieser von Blitzen erhellten Nacht im Strahl des Scheinwerfers.

Das Unwetter, das einfach nicht auf uns niedergehen will, macht die Tiere an Bord unruhig. In wenigen Kilometern Entfernung müssen sintflutartige Regenfälle auf den Urwald prasseln.

Etwas später legen wir in der Nähe eines größeren Dorfes an. Es heißt N'Gombe. Gut dreißig Hütten sind hier um einen riesigen Baum versammelt. Ein Rinnsal teilt das Dorf. Das Leuchten der Blitze wirft gigantische Schatten.

Da unser Tonband immer noch läuft, erreichen wir das Ufer mit Musik. Laut schallen die Trompeten aus *Aida*. Die Dorfbewohner fragen sich sicher, was hier los ist, – aber trotzdem lächeln uns die Frauen freundlich zu, und die Männer begrüßen uns mit „M'Bote".

Wir antworten mit weitausholenden Gesten und den wenigen Worten Lingala, die wir inzwischen gelernt haben. Von Zeit zu Zeit erteilt uns die Mannschaft Unterricht, was uns ungeheuren Spaß macht, und wir nehmen jede Gelegenheit wahr, unsere auf diese Weise erworbenen Kenntnisse in die Praxis umzusetzen.

Wir halten uns hier nur eine halbe Stunde auf, gerade lange genug für einen Schwatz mit den Einheimischen – wir legen häufig aus diesem Grund an.

Die Abfahrt ist auch für uns das Signal, in die Hängematten zu klettern. Trotz der Elektrizität, die die Luft erfüllt, schlafen wir bald ein.

2 Uhr

Der Ausbruch des Unwetters reißt uns aus dem Schlaf. In einer Minute prasselt sintflutartiger Regen auf die *Katia.*

Noch ganz benebelt steigen wir aus den Hängematten, um die Wasserlachen zu entleeren, die sich bedrohlich über unseren Köpfen bilden. Wir torkeln, stolpern gegeneinander in dem dürftigen Licht, das eine unserer Taschenlampen uns noch freundlicherweise spendet.

Wenige Augenblicke später ist das Unwetter genauso schnell wieder abgezogen, wie es über uns hereinbrach. Feiner Nieselregen löst es ab. Erleichtert legen wir uns ein zweitesmal aufs Ohr. Bei Morgengrauen sollen wir Pikounda erreichen und unsere ersten zivilisierten Pygmäen zu Gesicht bekommen.

Pikounda, in der Morgendämmerung

„Bä... ä, Bä... ä, Bä... ä."

Ich kann mich noch so oft in der Hängematte umdrehen, dieses heimtückische, mitleidlose Blöken bringt mir noch das Trommelfell zum Platzen. Ich öffne vorsichtig die Augen. Im fahlen Licht der Morgendämmerung erkenne ich das Deck. Das Wetter scheint trübe und wenig gewillt, uns aufzuwärmen.

„Pikounda, Pikounda!“ ruft eine Stimme.

„Bä . . . ä, Bä . . . ä.“

Schon wieder dieses Blöken. Jetzt entdecke ich eine Ziege, die direkt über unserem Kahn angebunden ist und uns mit ihren guten, dummen Augen anstarrt. Wir werfen ihr ein paar besonders passende Schimpfworte an den Kopf und wünschen sie zum Teufel, weil sie uns so früh aufgeweckt hat.

François und Fidel gehen an Land und führen uns in eine Hütte, auf der die schwere Verantwortung lastet, als Bar zu gelten. Und es gibt dort tatsächlich Bier. So verwunderlich ist das eigentlich auch wieder nicht. In diesen nördlichen Gebieten des Landes finden sich zwar kaum befahrbare Straßen, doch dafür bietet die Sangha vollwertigen Ersatz; für die Bevölkerung bildet der Fluß praktisch die einzige Verbindungsstraße. Trotz der Sandbänke stellen sich für die Schiffahrt keine besonderen Probleme, und folglich auch nicht für einen relativ regelmäßigen Warenaustausch. Und so gelangen mit Hilfe der Boote der Forstgesellschaften und der regulären Linienboote die gängigsten Erzeugnisse der Zivilisation bis in die hintersten Winkel der Gebiete im äußersten Norden des Landes.

Auf diesem Fluß herrscht ein ganz besonderes Leben. Ein eigenes Leben, bestimmt von der Arbeit der Fischer, der Krokodil- und Elefantenjäger, der Bauern und Händler, die mit ihren Pirogen unablässig auf der Sangha und ihren zahlreichen kleinen Nebenflüssen hin und her kreuzen.

Um die Dörfer, die wie Schnecken aus ihrem von der Pflanzenwelt des Urwalds gebildeten Haus hervorlugen, fressen sich bebaute Felder in den Busch; und auf diesen mit Mühen und Schweiß dem Dschungel abgerungenen Stückchen Erde bestellen die Menschen den Acker, auf dem Maniok, Mais und Bananen wachsen.

So richtet sich das Leben der Bantus nach dem Fischfang, dem

Ackerbau, der Viehzucht und für einige auch nach der Hochwildjagd. Menschen, die für das Vergnügen sorgen, gibt es ebenfalls. An den ungewöhnlichsten, abgelegensten Orten errichten sie ihre Bars, die nichts weiter sind als ein paar Tische und Bierkästen im Innern einer Hütte, die die Abenteurer dieser Gegend magnetisch anziehen.

Doch hinter diesem Getriebe auf dem Fluß, der großzügig die Geschäftigkeit der Menschen duldet, ahnt man etwas von den unendlichen, fast unbewohnten Weiten, die die dicht bewaldeten Ufer verbergen. Undurchdringlich und voll faszinierender Geheimnisse bewahrt sich der große Dschungel seine Rätsel und gibt sie nur jenen preis, die nach monatelangem Durchstreifen des Busches zurückkommen, um ihre Siege auf dem Hauptfluß zu feiern. So versteht man, daß sich das farbenfrohe, eigenartige und verblüffende Leben auf diese ockerfarbigen, schlammigen Mäander beschränkt.

Darüber unterhalten wir uns gerade mit François und Fidel, als eine Gruppe von Männern eintrifft, um uns in eine zweite Hütte zu geleiten. Den Grund dafür erfahren wir bald. Dort lebt ein seltsamer Mensch, halb Zauberer, halb Scharlatan, der von Philippes Kunststücken gehört hat und jetzt ein paar seiner Tricks sehen will.

Wir reiben uns die Hände vor Vergnügen bei der Aussicht auf den Wettstreit, an dem wir gleich teilnehmen sollen. Und wir werden nicht enttäuscht, obwohl der Kampf nicht sehr lange dauert. Der Zauberer hat seinen Meister gefunden. In seiner Verzweiflung greift er zu seinem spektakulärsten Kunststück. Er nimmt vier Körner, steckt zwei in den Mund und behält den Rest in seiner rechten Hand. Dann vollführt er einige rituelle Gesten, murmelt etwas vor sich hin, bläst schließlich mit aller Kraft auf seinen Bizeps und öffnet langsam die Finger. Er hält die vier Körner in der Hand. Philippe gerät etwas außer Fassung, aber holt schnell wieder auf, indem er eine Zigarette verschwinden läßt. Da läßt der Zauberer die Arme sinken, packt Philippe bei den Schultern und bittet ihn, ihn in einige seiner Geheimnisse einzuweihen. Er weiß, daß dadurch seine Macht über die Bevölkerung steigt.

Doch diese Probleme spielen für uns nur eine untergeordnete Rolle. Wir wollen endlich die „zivilisierten" Pygmäen zu Gesicht bekommen, von denen man uns erzählt hat, und hier in Pikounda sollen sie in der größten Gruppierung zusammenleben. Aus einem einfachen Grund: man versucht, sie seßhaft zu machen.

Das alles wissen wir bereits, und wir geben den Honoratioren des Dorfes sehr diskret zu verstehen, daß wir diese Pygmäen kennenlernen möchten.

Sie zeigen sich überhaupt nicht abgeneigt und machen sich ein richtiges Vergnügen daraus, uns „ihre" Pygmäen vorzuführen.

Sie leben am Rande des Urwalds, ziemlich weit vom eigentlichen Dorf entfernt. Über hundert Menschen geben uns das Geleit, obwohl wir recht deutlich erkennen lassen, wie sehr uns diese Prozession stört. Unser Erscheinen hat eine unwiderstehliche Anziehungskraft auf die Kinder ausgeübt, und sie bleiben uns ständig auf den Fersen.

Beim Gedanken an diesen ersten Kontakt fühle ich mich innerlich stark bewegt. Wie lange haben wir schon auf diesen Augenblick gewartet.

Das Pygmäendorf besteht aus ein paar Dutzend baufälliger, wahllos inmitten riesiger Termitenhügel errichteter Hütten. In zerlumpter europäischer Kleidung stehen und laufen Pygmäen herum, untätig, wie ziellos.

Hughes dient uns als Dolmetscher und, ohne sich etwas dabei zu denken, befiehlt er ihnen, uns zu Ehren Tamtam zu spielen. Warum soll man auf Menschen, die von allen hier als „Urwaldtiere" betrachtet werden, besondere Rücksicht nehmen?

Die seßhaften Pygmäen leben am Rande des Urwalds

Lächelnd befolgen die Pygmäen den Befehl, und wir sind einigermaßen verblüfft über diese Hörigkeit. Aber wir kennen die Beziehungen zwischen Bantus und Pygmäen noch nicht so genau.

Während die Kinder die Haut eines Tamtam mit rotglühenden Holzstücken erhitzen, stehen die anderen um uns herum und begaffen uns lachend. Die Männer greifen geradezu mit vollen Händen in die Zigarettenpäckchen, die wir ihnen hinhalten.

Mich überrascht ihr wunderbares Lächeln, das Naivität und Unschuld widerspiegelt. Die Bantus bestätigen uns, was wir bereits vermuteten. Die Pygmäen wurden hier zwangsweise angesiedelt, denn man ist jetzt bemüht, sie zu integrieren und am Leben des Landes teilhaben zu lassen.

Für die Behörden gibt es keine andere Möglichkeit, wenn sie sie nicht von der allgemeinen Entwicklung ausschließen wollen.

Deshalb wird versucht, sie den Bantus anzupassen, ihnen sowohl Ackerbau und Viehzucht als auch Lesen und Rechnen beizubringen.

Doch die Ergebnisse entsprechen bei weitem nicht den Erwartungen. Im Bewußtsein der technischen Überlegenheit ihrer Gesellschaft über den Zivilisationsstand der Pygmäen, haben die Bantus schon seit langem dafür gesorgt, daß dieses Volk der Jäger für sie arbeitet, und zwar in allen Bereichen.

Die Lage ist zur Zeit ziemlich eindeutig: auf der einen Seite die Herren, auf der anderen die Knechte.

Wir können ohne das geringste Zögern behaupten, daß wir hier ein eklatantes Beispiel vor Augen haben, wie ein Nomadenvolk dadurch vernichtet wird, daß man es zur Seßhaftigkeit zwingt.

Meine Gedanken werden bald von dem Trommeln des Tamtam unterbrochen, doch der Eindruck von Zootieren, die sich vor einer Masse neugieriger Gaffer zur Schau stellen, verliert sich nicht.

Die Pygmäen begleiten das Trommeln des Tamtam mit Händeklatschen und Gesang. Jedes „Stück“ beendet ein Satz, den ein Mann ausstößt, und der dem großen Schlußschrei „Who!“ vorausgeht.

Als die Bantus finden, daß wir genug von dieser barbarischen Musik gehört haben, bringen sie uns in ihr Dorf zurück, um uns ihre Melodien vorzuführen. Zu unserer größten Verblüffung ist ihre „Musik“ nichts weiter als Gesang, untermalt von dem Geräusch einer Flasche, die mit einem Holzstück bearbeitet wird. Wir hören uns das nur aus reiner Höflichkeit an.

Als wir am Nachmittag Pikounda verlassen, bleibt nur ein einziges Bild in mir haften. Das Bild eines Pygmäen, der uns in seinem ganzen Elend ein Lächeln völliger Reinheit und beispielloser Freundlichkeit schenkt.

Etwas später halten wir an einem weiteren Lagerplatz. Außer Jean-François, der jagen geht und ohne Beute zurückkommt,

Die erste Begegnung mit seßhaften Pygmäen . . .

bleiben wir alle an Bord, um die letzten Reste unserer Ausrüstung aufs sorgfältigste zu verpacken. Wir sollen morgen in Pokola ankommen, und jedes Mitglied der Mannschaft hat uns im Vertrauen erklärt: „Wir haben uns richtig an euch gewöhnt. Jetzt werden wir uns immer langweilen."

...ist ein eindrucksvolles Erlebnis

In der Nacht kommt über dem Fluß so dichter Nebel auf, daß man die Hand nicht mehr vor den Augen sieht. Diese weiße Haube lastet auf allem, was sich regt. Gedämpftes Schweigen umlagert uns. Die *Katia* hat sofort an der Uferböschung festgemacht und erwartet artig das Morgengrauen, um weiterzufahren.

Samstag, 12. Juli

Als die Sonne aufgeht, bedeckt der Nebel noch immer alles mit seinem undurchsichtigen Weiß. Es ist kalt. So kalt, wie man es sich am Äquator überhaupt nicht vorstellen kann.

Philippe geht auf die „Jagd", während mich ein junger Fischer bittet, seinen Petroleumkocher zu reparieren. Der Kocher hat im Kongo beträchtliche Bedeutung. Er kommt gleich nach dem Transistorradio und der elektrischen Lampe, aber noch vor dem Aluminiumkessel. Auf jede Reise wird er mitgenommen, denn er erleichtert nicht nur das Leben, sondern stellt auch einen Schritt auf dem Weg zur Zivilisation dar.

Einige Stunden nach Sonnenaufgang löst sich der Nebel auf, und die Motoren knattern zum Aufbruch. Mit den für den Äquator oft typischen Schwankungen herrscht bald eine fürchterliche Hitze, die zumindest den Vorteil hat, daß wir alle die von dem Regen der letzten Tage durchnäßten Sachen auf Deck zum Trocknen ausbreiten können.

Der Kapitän teilt uns mit, daß wir jetzt bald am Holzlager ankommen werden. Als wir wissen wollen, wie lange „bald" noch dauert, bekommen wir eine vertraute Antwort.

„Ach, nicht mehr weit, nur noch ein paar Biegungen", erwidert er.

Wie im Amazonasgebiet, zählt man auch hier lieber in Flußkrümmungen als in Stunden. Ein Zeitmaß, mit dem man sich klarer verständlich machen kann.

Um 14 Uhr 30 zeigt er mit dem Finger auf einen Punkt am Ufer.

„Da ist es", sagt er, „da biegen wir ab, und dann kommt Pokola."

Ich schaue hin und reiße dabei die Augen auf, so gut ich kann, aber vergeblich, ich sehe überall nur schlammiges Wasser und grünen Urwald.

Endlich haben wir eine letzte Flußkrümmung durchfahren. Da taucht in einer Entfernung von ein paar hundert Metern einsam und schweigend das Holzlager vor uns auf.

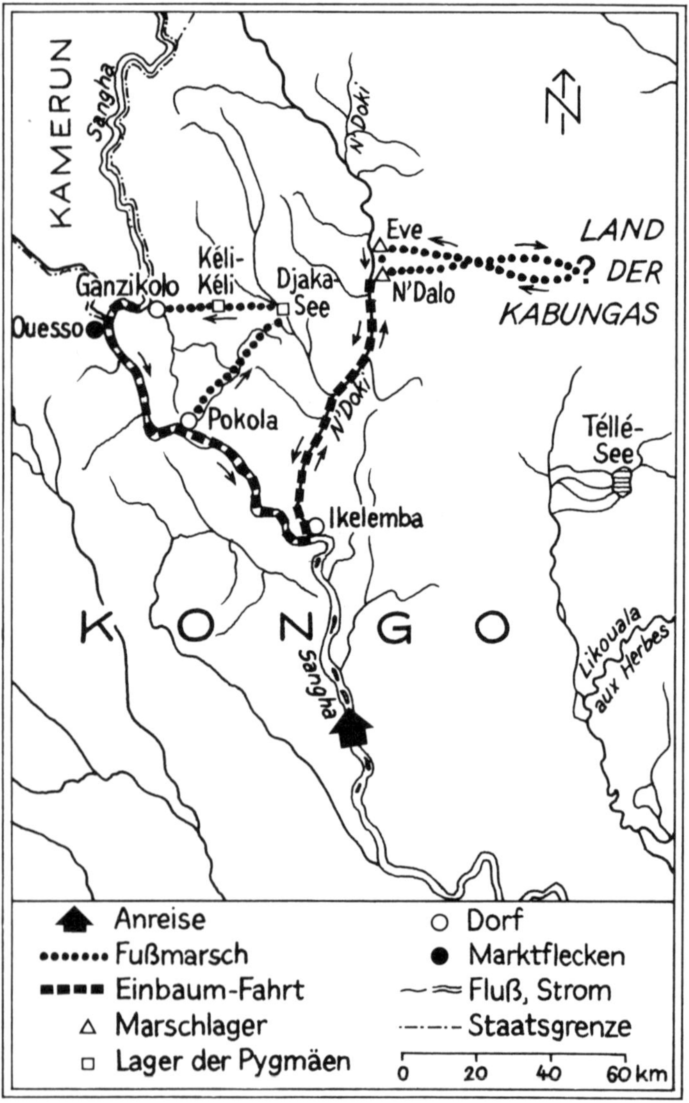
KAMERUN
Sangha
N'Doki
LAND DER KABUNGAS
Eve
N'Dalo
Kéli-Kéli
Djaka-See
Ganzikolo
Ouesso
Pokola
N'Doki
Téllé-See
Ikelemba
KONGO
Sangha
Likouala aux Herbes
Anreise
Fußmarsch
Einbaum-Fahrt
Marschlager
Lager der Pygmäen
Dorf
Marktflecken
Fluß, Strom
Staatsgrenze
0 20 40 60 km

Auf dem Weg zum Djaka-See

Der Mensch langweilt sich, wenn er nicht das Unmögliche versucht.

Alain

Pokola

Die riesigen Bäume des Urwalds überragen in ihrer ganzen Majestät die bescheidene Enklave des Holzlagers. Auf wenigen Hektar ist alles sorgfältig gerodet und so eine Insel der „Moderne", vertreten durch säuberlich aufgereihte Lastwagen und Bulldozer, geschaffen worden.

Drei, vier Hütten aus Stein oder aus Brettern stehen um einen hübschen Garten, in dem Zitronen- und Grapefruitbäume wachsen. Etwas weiter entfernt befinden sich große Hangars aus Holz, die imposante Maschinen beherbergen.

Weiter im Hintergrund säumen die Behausungen der Bantus und der Pygmäen das Ufer, das Ocker-Rot des Bodens ist gut zu sehen, da hier keine Bäume wachsen. Hier leben drei Kulturen zu dem alleinigen Zweck zusammen, dem riesigen Äquatorial-Urwald seine Schätze an exotischer Natur zu entreißen.

Die *Katia* hat an der schlammigen Landestelle des Holzlagers festgemacht. Etwa zwanzig Männer, Bantus und Pygmäen, stehen am Ufer und beobachten uns. Wir bedeuten für sie das Bier und die Zigaretten, auf die sie jeden Monat ungeduldig warten, trotz der mohammedanischen Händler aus dem nahen Kamerun, die hier ihre Geschäfte tätigen.

5 9349-20

Philippe und ich springen an Land, um Dejouy, den Leiter des Holzlagers, und einen der sehr wenigen Weißen, die an der „zivilisierten Straße", der Sangha, leben, aufzusuchen.

Wir haben noch keine zehn Meter zurückgelegt, da taucht in einem Höllenlärm ein Bulldozer auf, im Fahrersitz ein langer, etwa vierzigjähriger Kerl in Shorts, mager und drahtig, von der Sonne gebräunt.

Er hält neben uns an, nimmt seine Sonnenbrille ab.

„Seid ihr die Expedition zum Telle-See?" fragt er. „Man hat's mir vor ein paar Tagen per Funk durchgegeben. Na gut, wir besprechen das alles später, ja? Jetzt muß ich hin, um die *Katia* zu entladen."

Er fährt mit seiner Maschine weiter, ein kleiner brauner Fleck auf diesem gelben Ungeheuer. Und sofort beginnt das Entladen.

Wir tragen unterdessen über ein Brett, das wir vom Ufer auf das Boot gelegt haben, unsere Kisten an Land und schleppen sie auf einen kleinen Erdhügel in der Nähe des Wassers. Die Sonne brennt immer noch genauso unerbittlich vom Himmel. Es kommt uns so vor, als erhielten wir ständig dumpfe Schläge in den Nacken.

Einige Minuten später wird unser Material in einem Landrover verstaut, und Dejouy führt uns zu den ein paar hundert Meter entfernten Hütten.

Die, die uns zugeteilt wird, hat drei Zimmer mit weißen, kahlen Wänden. Ein Boy mit einem rätselhaften Lächeln kommt schweigend herein, um die Betten herzurichten und die Moskitonetze zu spannen.

Nachdem wir es uns bequem gemacht haben, genehmigen wir uns ein paar Stunden Ruhe und genießen das unvergeßliche Gefühl, endlich den Eingang zum Busch erreicht zu haben und das Bewußtsein, daß nach rund zwanzig Metern eine bestimmte Zivilisation endet. Über dem Holzlager und der Sangha kreisen kreischend Papageien, denen in weiter Ferne Schreie aus dem Urwald antworten.

Auf unseren Betten ausgestreckt, lassen wir uns von der angenehmen Kühle der Hütte durchdringen. Über die Wände huschen flinke Eidechsen und furchterregende Spinnen, deren seltsames Kommen und Gehen wir angelegentlich beobachten.

Um 18 Uhr, als die Sonne wie ein riesiger Feuerball im Urwald auf dem anderen Ufer der Sangha verschwindet, lädt uns Dejouy in seine Hütte zum Abendessen ein.

Das Innere überrascht uns angenehm. Große Ventilatoren bewegen die Luft, die schwer auf dem Körper lastet. Auf langen Regalen stapeln sich Python-Häute, Kleinplastiken und verschiedenste andere afrikanische Kunstgegenstände. Ein blankes Stück Holzstamm dient als Teetisch, und wir haben auf Holzstühlen Platz genommen, die mit denselben dünnen, blau-weißen Tüchern bedeckt sind, aus denen auch die Vorhänge bestehen, die die Moskitonetze vor den Fenstertüren verbergen. Genußvoll trinken wir das kühle Bier.

Dejouy ist der typische einsame Buschforscher mit einem Gesicht, das der Urwald geprägt hat. Er ist wenig mitteilsam, was seine Person betrifft. Wir erfahren nur soviel, daß er 1950 während seiner Militärzeit in den Kongo geschickt wurde, das Land in sein Herz schloß und sich entschied, hier zu bleiben.

„Ich wollte den Busch kennenlernen", erklärt er. „Da ich kein Geld hatte, mußte ich mir Arbeit suchen, und deshalb fing ich im Holzgeschäft an. Ursprünglich nur für sechs Monate oder ein Jahr... und jetzt bin ich immer noch dabei."

Er macht eine Pause, seine Augen starren ins Leere, und abwesend streichelt er das Gefieder seines Lieblingspapageis.

„Aber früher war alles ganz anders", fährt er schließlich fort. „Mit zwanzig Bantus und ein paar Kisten Äxten errichtete man ein Holzlager. In Sechsergruppen banden sich die Schwarzen eine lange Liane um die Taille, und fünf Meter über dem Boden, da wo die Brettwurzeln aufhören, fingen sie an zu schlagen. Ein anderer blieb unten, um sie mit seinem Tamtam anzuspornen. Und die Flöße, die wurden mit Pirogen gezogen. Ihr könnt mir glauben, das waren keine Boote wie heute. Sie waren drei- bis viermal größer als die, die ihr kennt. Da paßten 20 Leute rein. Lauter Männer, die nur paddelten. Und einer saß immer vorn und trommelte auf dem Tamtam. Wenn sie haltmachten, legten sie die Hände in den Schoß. Das waren echte Paddler, überall hoch angesehen. Ach, schon eine tolle Zeit, damals! Nur der Urwald hat sich nicht verändert. Ich bekomme immer noch Besuch von Ameisenkolonnen, und dann haue ich ab, denn wenn die einmal durch die Hütte gekrabbelt sind, dann bleibt nichts Lebendiges mehr übrig. Ratten, Insekten, Spinnen, die fressen alles auf. Ein echter Großputz."

„Und die anderen Tiere hier in der Gegend, die Gorillas?" wollen wir wissen.

„Ihr müßt wissen, in zweihundert Meter Entfernung beginnt eines der wildreichsten Gebiete der Welt. Weil hier nur Pygmäen leben. Hier wimmelt es geradezu von Elefanten, Krokodilen, Antilopen. Und mit den Gorillas ist es das gleiche. Macht 'nen ziemlichen Eindruck, so ein Gorilla, ist aber überhaupt nicht angriffslustig. Wenn ihr mal auf einen stoßt, macht er euch ein Riesentheater vor, reißt Büsche aus, schreit, trommelt sich auf die Brust, tut so, als ob er auf euch losgehen will. Ihr braucht nur zu brüllen, und dann läuft er weg. Aber ihr dürft nie zurückweichen, denn nur dann kann es euch passieren, daß er euch angreift."

Wir setzen uns zu Tisch und versuchen, noch mehr von unserem Gastgeber zu erfahren.

„Um bis zum Djaka-See vorzustoßen, wie sehen da die Chancen aus?"

„Nicht so schlecht", hören wir zu unserer Erleichterung. „Ich kann euch im Lastwagen so weit mitnehmen, wie der Transportweg für die gefällten Bäume reicht. Er ist zwar nur ungefähr zwanzig Kilometer lang, aber an eurer Stelle würde ich mitfahren, denn einen anderen Weg gibt's hier in der Gegend nicht. Ganz am Ende leben Pygmäen. Da findet ihr sicher Träger und Fährtensucher, die euch zum See führen können. Der liegt dann noch etwa dreißig Kilometer weiter weg. Ich glaube, die Pygmäen haben auch einen Weg, oder besser gesagt einen Pfad, der für unsere europäischen Augen praktisch unsichtbar ist."

„Was meinen Sie, lassen sich die Babingas vom Djaka-See dazu überreden, uns ans andere Ufer des N'Doki zu bringen und uns zum Telle-See zu begleiten?"

„Da bin ich mir nicht sicher", lautet die Antwort. „Der Fluß gilt als heilig, und außerdem wimmelt er von Krokodilen. In Lingala bedeutet N'Doki Fetisch, Tabu oder Zauberer, wenn ihr wollt. Irgendwann einmal wütete an dem Fluß die Schlafkrankheit. Fast die ganze Bevölkerung fiel ihr zum Opfer. Seitdem ist er tabu. Macht euch also keine allzu großen Hoffnungen, daß euch jemand dorthin bringt. Vielleicht versucht ihr es mit Bantus, denn die wagen sich manchmal in die Gegend, um Elefanten zu jagen. Aber auf Hunderten von Quadratkilometern gibt es da nur Sümpfe und Dornsträucher."

„Und kennen Sie auch die Pygmäen vom Djaka-See?"

„Ich war zum letztenmal vor dreizehn Jahren in dem Gebiet", erwidert Dejouy. „Andere auch, aber das ist schon lange her. Seitdem hat sich niemand mehr dahin gewagt. Ich kann euch also nicht viel sagen. Und noch schlimmer sieht es zwischen dem jenseitigen Ufer des N'Doki, dem Telle-See und dem Ubangi aus. In der Gegend dürfte sich kaum jemand herumgetrieben haben, bestimmt nicht!"

Ich muß zugeben, diese Bemerkungen beruhigen uns ein bißchen, und wir widmen uns mit Genuß unseren Antilopen-

Steaks. Dejouys Lebensmittel kommen mit dem zweimotorigen Flugzeug, das zwischen Brazzaville und der Landepiste von Quesso verkehrt und ihn mit europäischer Nahrung versorgt. Für den Rest hat er seine Jäger und einen Boy, der seit zwanzig Jahren bei ihm ist. Er bleibt der Einzelgänger, der sein Leben so führt, wie es ihm gefällt.

Nach dem Essen wird jedem von uns eine Tasse duftender Zitronenkraut-Tee gereicht, der tausendmal besser schmeckt als jeder Kaffee. Und um ihn zuzubereiten, braucht man nur die Blätter in dem Paradies-Garten zu pflücken.

Nach der Rückkehr in unsere Hütte haben wir nichts Eiligeres zu tun, als unter die Moskitonetze zu kriechen und in die Betten zu sinken, deren Laken bald schweißnaß am Körper kleben.

Am nächsten Morgen ziehen wir uns zum erstenmal die frisch aus der Kleiderkammer der Armee stammenden Buschanzüge an. Es herrscht verhangenes, drückend feuchtes Wetter. Dejouy ist in der Werkstatt und bastelt an irgendwelchen Maschinenteilen herum. Viel mehr hat er nicht zu tun, seitdem vor einigen Monaten wegen des Preisverfalls für Holz das Lager geschlossen wurde.

Nach einer kurzen Unterhaltung mit ihm brechen Jean-François und ich zu unserem ersten Erkundungsmarsch in den Urwald auf.

Wir gehen in Richtung Süden, parallel zum Ufer. Sogleich umfangen uns das blaugrün schimmernde Licht des Dschungels und das Rieseln der unzähligen Wassertropfen, die kettenförmig aus den Wipfeln der Bäume von Blatt zu Blatt herabfallen. Es handelt sich hier um einen Sekundärwald: große, dreißig bis vierzig Meter hohe, ziemlich weit voneinander entfernt stehende Bäume, zwischen denen ungewöhnlich dichtes Unterholz wächst. Wir brauchen das Buschmesser, um uns einen Weg zu bahnen. Bei jedem Hieb lösen sich Kaskaden gieriger Ameisen, die uns

Jean-François auf unserem ersten Erkundungsmarsch in den Urwald

schmerzhaft im Nacken und auf der Kopfhaut sitzen. Unsere Füße treten auf einen mit tausend trügerischen Wurzeln durchzogenen Humusteppich.

Der Dschungel? Ein faszinierendes Universum – so stellt man sich die ersten Zeitalter der Menschheitsgeschichte vor, eine unberührte und abgeschlossene, eine feindliche und phantastische Welt, in der Grauen und unendliche Schönheit sich berühren.

Die Luft ist erfüllt von dieser zähen Feuchtigkeit, die wie ein Schatten über allem liegt, über Pflanzen, Blumen, Insekten. Riesige Lianen klettern zum Himmel, wie Schlangen, die sich zum Licht emporringeln, oder winden sich um die Stämme der Bäume. Andere verwickeln sich untereinander zu wunderbaren Ranken, aufregend und geheimnisvoll, hangeln sich treppenförmig wie Vorhangfransen von den Baumspitzen bis hinunter zum Grund, oder verbinden die Bäume wie Hängebrücken in unzähligen Stufen.

Auch eine Welt der Geräusche ist der Urwald. Ihn erfüllen Schreie und Rufe, die in dieser antiken Kathedrale, durchdrungen von dem Geruch feuchten Erdreichs nach dem Unwetter, als Echo widerhallen.

An einigen Stellen ist ein Baum, ein wahrer Riese, mit seinem ganzen Gewicht niedergestürzt und hat so eine kleine Lichtung geschaffen. Gleich Zwergen in dieser unwirklichen, erregenden Welt klettern wir auf diese gigantischen, langen, gewundenen Tentakel, unbeweglich und tot, erstarrt in ihrer verwirrenden Stellung.

Fast nach jedem Schritt bleiben wir voller Bewunderung stehen. Voller Bewunderung für den Dschungel, für eines der schönsten Schauspiele, die uns auf dieser Welt geboten werden.

Die Üppigkeit dieses Universums entspricht der Intensität des Lebens, das hier herrscht. Jeder Quadratzentimeter hat für den, der hinsieht, seine eigene Darbietung. Milliarden Insekten, die wahren Könige des Dschungels, bekämpfen sich, jagen sich, massakrieren sich unbekannt und anonym.

Alles erhebt sich, um den Menschen zu ersticken, um ihm seine Kleinheit, seine Fassungslosigkeit bewußt zu machen.

Pokola: 20 Uhr

Vergeblich versuche ich, in der feuchten Schwüle der Nacht Schlaf zu finden. Der Nachmittag ist für uns ziemlich enttäuschend verlaufen. Wir hatten vorgehabt, mit dem Lastwagen bis ans Ende des Transportweges zu fahren, um mit den dort lebenden Pygmäen über Träger zu verhandeln. Doch es ergaben sich Schwierigkeiten, mit denen wir überhaupt nicht rechneten.

Wir ahnten nicht, daß der Laterit-Boden dieser Straße glitschiger ist als eine Seife im Badezimmer. Und so rutschten wir im Zickzack zwischen den Mauern des Urwalds hin und her, bis wir schließlich den Lastwagen in einer Kurve in den Graben steuerten. Aus eigener Kraft bekamen wir ihn nicht mehr flott.

Dejouy, Hughes und Jean-François setzten sich in Trab, um einen zweiten Lastwagen zu holen. Unterdessen warteten Philippe und ich in der Kabine und führten mit Hilfe unserer Hüte einen erbitterten Kleinkrieg gegen die Tsetsefliegen, von denen es in dem engen Raum geradezu wimmelte.

Mit Dejouy Schritt zu halten, fiel meinen Freunden nicht leicht. Hier nennt ihn jeder Makolo, nach einem großen Vogel, der sehr schnell läuft, und wenige Spitznamen sind so treffend.

Nach zwei Stunden kamen sie mit ihrem Lastwagen an, doch da die Dunkelheit bald anbrach, mußten wir auf der Stelle ins Lager zurückkehren. Unser erster Versuch ist fehlgeschlagen. Morgen probieren wir es noch einmal.

★

Montag, 14. Juli

In Frankreich ist Nationalfeiertag mit Feuerwerk. Hier ist der Urwald. Bäume, Wasser, Insekten.

Kurz nach Sonnenaufgang, als Jean-François mit Dejouys Bootsführer in einer Piroge nach Quesso fährt, machen wir uns in einem Lastwagen mit Allradantrieb wieder auf den Weg. Zwei Bantus und ein Pygmäe begleiten uns mit Schaufeln und Buschmessern.

Jetzt läßt sich der steckengebliebene Wagen ohne größere Schwierigkeiten aus dem Morast ziehen, und als er auf der Straße steht, setzen wir unsere Fahrt zu den Pygmäen fort.

10 Uhr

Der Weg endet an einer kleinen Lichtung, auf der sich etwa ein Dutzend Hütten und Krale drängen. Aus dem Lager steigen spiralförmige Rauchwolken in die Luft. Doch nur einige Frauen und ein Mann begrüßen uns.

Und der verschwindet auch sofort in den Urwald, um dem Häuptling Bescheid zu sagen, der mit den übrigen Männern des Stammes dabei ist, Fallen aufzustellen.

Während wir auf sie warten, machen wir ein paar Aufnahmen, die die Pygmäen zwar erstaunen, aber in keiner Weise erschrekken. Ganz im Gegenteil, denn sie lachen. Wir auch ... bis wir unsere ersten Probleme beim Zurückspulen der Kamera haben und die Perforation des Films zerreißt ...

Und so bleibt uns nichts anderes übrig, als das Lager mit unseren eigenen Augen zu betrachten, in dem der Einfluß der

Bantu-Architektur bei den Behausungen, die mehr wie Hütten als wie Krale aussehen, deutlich zu erkennen ist. Überall liegen auf großen Räucherbrettern Antilopenkeulen und Affenfleischstücke.

Unzählige Fadenwurm-Fliegen flattern lautlos um uns herum. Das sind widerliche rote Fliegen, sehr groß und langgestreckt, durch deren Stich fadendünne Würmer in den Körper gelangen, die sich in den Gelenken festsetzen. Die befallenen Gelenke schwellen bald so stark an, daß sich die Glieder kaum noch bewegen lassen. An vielen Pygmäen können wir Spuren dieser parasitären Würmer feststellen.

Die Wartezeit wird uns lang; plappernd stehen die Frauen um uns herum. Sie reichen uns kaum bis zur Schulter; ihre Gesichter haben sie auf der Stirn, dem Nasenrücken und den Wangen mit schwarzen, geometrischen Figuren verziert. Wir bringen sie gerade mit unserem bruchstückhaften Lingala zum Lachen, als der Häuptling eintrifft. Er ist fast der kleinste von allen, jedenfalls der älteste. Er wirkt untersetzt, hat wie ein Mönch rasierte, angegraute Haare und trägt, als Zeichen seines Ranges, Shorts und ein kurzes Hemd. Er trippelt auf uns zu und verzieht sein Gesicht zu einem Lächeln, das die Falten und die breite Nase noch mehr hervortreten läßt.

Sofort beginnt zwischen ihm und Dejouy ein langes Palaver. Dejouy setzt sich hin, um mit dem Pygmäen auf gleicher Höhe zu sein, und ich muß zugeben, die Szene wirkt auf mich sehr komisch. Dejouy, der seit langem Lingala spricht, übersetzt für uns.

„Der Häuptling, der Manjao heißt, sagt, daß er euch bis zum Djaka-See führen kann. Aber das wird nicht einfach sein, da niemand mehr dort hingeht und die alte Fährte sicher überwuchert ist. Er will deshalb Buschmesser für seine Männer. Die kann ich euch geben. Aber mehr als vier Träger hat er nicht. Die anderen müssen wir uns also im Lager von Pokola beschaffen. Ich habe ihm gesagt, daß ihr morgen früh aufbrecht."

Manjao nickt eifrig mit dem Kopf, als ob er alles verstehen würde. Ein seltsamer kleiner Mann, der uns später noch ganz schön auf Trab halten wird.

Nach einer Stunde fahren wir wieder ab. Hughes sitzt am Steuer des ersten Lastwagens, der auf dem glatten Weg hin und her rutscht.

Wir verbringen den Rest des Nachmittags auf dem Lagerplatz und warten auf die Rückkehr von Jean-François. Hoffentlich hat es für ihn nicht zu große Probleme mit den Behörden von Quesso gegeben, der einzigen kleineren Stadt im Umkreis von mehreren hundert Kilometern. Einer von uns mußte sich dorthin begeben, um uns zu melden und den Papierkram endgültig zu erledigen.

Kurz vor Einbruch der Nacht, als die Sonne langsam am Horizont versinkt, kehrt die Piroge zurück, und Jean-François springt an Land.

„Alles ist gutgegangen", ruft er uns grinsend zu.

„Ohne Probleme?"

„Ja", sagt er, „aber ich muß euch eine merkwürdige Geschichte erzählen: Auf der Rückfahrt haben wir in N'Birou gehalten, wo sich ein kleines Holzfällerlager befindet, das ein Förster und seine Frau verwalten. Von ihnen erfuhr ich, daß ein Bulldozer-Fahrer vor ein paar Monaten aus Versehen ein kleines Kind überrollt hat, und daß dessen Familie ihn in den Urwald verfolgte, wohin er geflüchtet war. Nach tagelangem Umherirren suchte er bei dem Förster und seiner Frau Schutz. Das erfuhren die Verfolger, drangen mit Gewalt in die Hütte ein und machten ihn direkt vor den Augen der beiden völlig verstörten Weißen mit dem Buschmesser nieder. Ich kann euch sagen, die beiden stehen immer noch unter dem Schock dieses Gemetzels. Besonders die Frau."

Nach dieser ungemein „anregenden" Geschichte verbringen wir die Hälfte der Nacht mit dem Aussortieren unserer Ausrüstung, um zu bestimmen, was wir für den zweiten Teil der Expedition hierlassen wollen. Wir haben natürlich vor, so wenig wie möglich mitzunehmen, um uns nicht zu sehr von den Trägern abhängig zu machen.

Mit allergrößter Sorgfalt verpacken wir selbstverständlich die Filme. Bevor sie in ihre wasserdichten Büchsen kommen, werden sie gewissenhaft zugeklebt. Genauso verfahren wir mit den Tonbändern und der Munition. Die Aufbruchsstimmung beflügelt unsere Arbeit.

Dienstag, 15. Juli, 7 Uhr

Sieben Pygmäen stehen vor der Tür, die uns auf der Expedition begleiten wollen. Ein völlig unerwartetes „Geschenk" für alle: Sie werden in klingender Münze im voraus bezahlt, den Tabak nicht eingerechnet. Wir nehmen fünf mit, die uns am entschlossensten vorkommen.

8 Uhr

Der Lastwagen fährt los. Wir drängen uns mit unseren Kisten und den Pygmäen auf der Ladefläche. Auf dem immer noch glitschigen Weg begegnen uns grazile Antilopen, die bei unserem Anblick die Flucht ergreifen.

Eine Stunde später erreichen wir das Pygmäenlager. Das Material wird ausgeladen, während Manjao die Männer zusammenruft und endgültig die Träger bestimmt.

Die „Auserwählten" holen dann ihre Tragkörbe aus geflochtenen Lianen, die wir mit unserem Material füllen. Diese Körbe, der traditionelle und wichtigste Ausrüstungsgegenstand der Pygmäen, werden auf dem Rücken getragen. Ein Stück Baumrinde, das vom Korb um die Stirn geschlungen ist, verteilt das Gewicht etwas besser. Für eine Kiste, die wir leer mitnehmen wollen, fabriziert ein Pygmäe gleich Tragriemen, auch aus Baumrinde.

Nach einer halben Stunde scheint alles zum Abmarsch bereit. Schließlich begleiten uns neun Pygmäen, einschließlich Manjao und seiner Frau. Jeder erhält ein solides Buschmesser, wir verabschieden uns von Dejouy und verabreden uns auf ein Wiedersehen für Anfang September.

„Und wenn ihr dann nicht da seid, sollen wir eine Suchaktion starten?" fragt er.

„Kommt gar nicht in Frage!" rufen wir entsetzt aus. „Einen Spielraum von einer Woche brauchen wir mindestens. Und bitte, machen Sie sich keine Sorgen."

Um 9 Uhr 30 setzt sich die kleine Kolonne in Marsch. Wir achten von Anfang an darauf, daß sie sich nicht gleich hundert Meter in die Länge zieht, denn die Sicht ist auf ein paar Schritte begrenzt. Es herrscht strahlende Sonne, was man nur an den hellen Lichtflecken erkennt, die hier und da den Boden färben und sich wunderbar von dem Dunkel des Urwalds abheben.

Zu Beginn ist tatsächlich noch andeutungsweise so etwas wie ein Pfad zu sehen, aber wir müssen ihn mit den Buschmessern freilegen, und bei jedem Hieb rieseln Ameisen, Larven und Raupen auf uns herunter und rutschen in die Hemden, trotz der Hüte, die uns an sich davor schützen sollen. Wir bleiben auf unserem Weg ständig an Dornen hängen. Oder an Lianen, die heimtückisch über den Humusboden kriechen, und an Wurzeln, die aus der Erde wachsen.

Manjao trippelt an der Spitze. Hughes und ich folgen ihm mit

Die Trägerkolonne der Pygmäen auf dem Weg zum Djaka-See. Das Abenteuer beginnt

Kamera und Gewehr. Philippe und Jean-François bilden das Ende, um dafür zu sorgen, daß die Kolonne so dicht wie möglich aufschließt und etwa herabfallendes Material nicht verlorengeht. Wir marschieren in Richtung Nordosten.

Oft verschwindet der Pfad vollkommen. Dann bleibt Manjao stehen, ruft die Träger zusammen, bespricht sich mit ihnen und geht weiter. Manchmal müssen wir auch umkehren. Vermutlich hat er sich geirrt. Aber hier sieht eben alles gleich aus. Jedenfalls lernen wir von ihm, wie man einen Pfad im Dschungel markiert. Man bricht einfach winzige Zweige in der Richtung des Weges ab. Es ist klar, daß sie in der üppigen Vegetation nicht gerade leicht auszumachen sind. Nach jedem Hieb mit dem Buschmesser schließt sich der Urwald wieder hinter uns.

Ganz instinktiv halten die Pygmäen einen bestimmten Rhythmus ein. Eine Stunde Marsch, zehn Minuten Pause.

Bei jedem Halt geben wir ihnen Zigaretten, die sie gerne annehmen. Um auch von der Kippe noch etwas zu haben, rauchen sie sie in einer Art Pfeife, manche sogar in alten hölzernen Fadenrollen, die sie, Gott weiß wo, aufgegabelt haben.

Von Zeit zu Zeit beobachte ich sie. Ihre Augen sind in ständiger Bewegung, immer auf der Lauer nach allem, was im Urwald vor sich geht. Doch unsere Kolonne macht zu viel Krach, und nur zwei, drei Antilopen lassen sich tatsächlich erwischen, flitzen uns aber wieder unter den Händen weg.

Am frühen Nachmittag schon möchte Manjao das Lager für die Nacht aufschlagen. Er muß seine Gründe haben, und wir beschließen, seinem Wunsch zu folgen.

In wenigen Augenblicken ist eine Art Lichtung in den Urwald gehauen, und die Männer bereiten die Feuer für die Nacht vor. Dazu legen sie dicke trockene Holzknüppel sternförmig auf den Boden. In der Mitte dieses Sterns graben sie eine mehr oder minder kreisförmige Mulde, die sie mit Reisig füllen.

Und dann holt Manjao seinen Schatz hervor: eine Streichholzschachtel, die er vielleicht von einem Bantu gegen Fleisch eingetauscht hat. Er nimmt ein Stück Harz von einem Baum, zündet es an und wirft es in die Mitte des Sterns. Sofort flackert das Feuer auf.

Anschließend machen sich alle daran, Halb-Hütten aus Zweigen zu errichten, die sie mit großen Blättern bedecken. In diesen Unterschlüpfen für eine Nacht breiten sie ihre Lagerstatt und ihre „Moskitonetze" aus, die sie aus alten Mehlsäcken, wie man sie auf den Booten der Sangha findet, fabrizieren.

Manjao und seine Frau halten sich in einigen Metern Entfernung. Um seine volle Autorität zu wahren, trägt er nur seine eigenen Sachen und achtet darauf, in einem gewissen Abstand zu seinen Leuten zu schlafen.

Unser Lager ist schnell aufgeschlagen. Wir befestigen die Hängematten zwischen vier Bäumen im Quadrat. Darüber baumeln die mit Plastikplanen bedeckten Moskitonetze. Die Pygmäen stehen staunend davor. Sie haben eindeutig noch niemals ein Bett gesehen, das in der Luft schwebt.

Wir schauen uns nach dem größten Pygmäen um und drücken ihm das Gewehr und zwei Patronen in die Hand. Er hat sofort verstanden, lacht vor Freude über diese schöne 12kalibrige Halbautomatik und verschwindet mit einem seiner Gefährten im Busch.

Wir nutzen diese Augenblicke der Ruhe, um uns mit den Pygmäen zu unterhalten. Als einzige Hilfe steht uns ein altes Lingala-Lexikon zur Verfügung, das ein Missionar vor vielen Jahren zusammengestellt hat. Wir haben übrigens noch Glück, daß die Pygmäen diese Bantu-Sprache verstehen. Doch selbst mit dem Lexikon ist die Unterhaltung nicht einfach, und die kleinen Männer biegen sich oft vor Lachen, wenn wir versuchen, bestimmte Worte auszusprechen.

Als die Nacht hereingebrochen ist, kehren die Jäger zurück. Sie schleppen eine prachtvolle Antilope, die sie sofort mit großem Eifer auseinandernehmen. Dann werden Spieße über das Feuer gelegt, und wir essen mit sichtbarem Vergnügen, da wir seit dem Morgen nichts mehr in den Bauch bekommen haben. Die Männer sitzen nebeneinander vor ihren Hütten und unterhalten sich mit ungeheurem Spektakel.

Da wir uns nicht merken können, wie sie heißen, haben wir uns für jeden einen passenden Spitznamen ausgedacht:

„Sanftes Täubchen" ist Manjaos liebe Gemahlin. Sie trägt die wahrscheinlich schwerste Last. Mit ihren entblößten Brüsten hält sie sich immer diskret im Hintergrund, außer wenn ihr Mann nicht da ist.

„Kleiner", der jüngste, stets hilfsbereit, die Augen nach unten gerichtet, gehorcht allen ohne Widerspruch. Er ist die personifizierte Ängstlichkeit. Seine Gefährten machen mit ihm, was sie wollen. Aber wir haben darauf bestanden, daß er die geringste Last schleppt, die leere Kiste.

Der „Franzose" hat seinen Namen wirklich verdient. Träge wie eine Schlange in der Sonne, verbringt er seine Zeit mit dem Versuch, französisch zu sprechen.

„Geht schon" haben wir deshalb so getauft, weil er diese beiden Worte bei jeder Gelegenheit sagt. Er möchte zeigen, daß er ein bißchen über die Zivilisation und das Holzlager Bescheid weiß. Wenn ich mich bei einer Rast hinsetze, sagt er: „Geht schon?" Und wenn ich ihm eine Zigarette gebe, wieder „Geht schon!"

„Freiheit". Dieses Wort steht in großen Buchstaben auf seinem zerlumpten Unterhemd. Er drängt sich nicht vor und geht häufig am Ende der Kolonne.

„Ben Hur". Obwohl dick und vollwanstig, liegt in seiner Haltung trotzdem etwas von dem antiken Helden.

Am drolligsten ist der „feine Pinkel". Irgendwie hat er es

geschafft, sich bei einem Bantu eine Jacke einzutauschen, die ihm bis unter die Knie reicht.

Dem „Zahnlosen" fehlt, wie der Name sagt, völlig das Gebiß. Er ist kräftig und arbeitsam, lacht gern und viel und dann aus vollem Hals.

Es sind auch seltsame Pygmäen. Ein Zwischending zwischen Wilden im besten Sinn des Wortes und Zivilisierten. Ihre erste Sorge gilt immer der Beschaffung irgendeines europäischen Kleidungsstücks. Selbst wenn es in Lumpen an ihnen herabhängt. Doch in der Nacht legen sie diese Schale ab und tragen nur noch ihr Hüfttuch oder ihren Lendenschurz und werden wieder zu den Buschmenschen, die jeden Baum, jede Pflanze, jedes Insekt kennen.

Auf dem „Moskitonetz" eines Pygmäen läuft eine riesige, furchterregende Ameise. So groß wie eine Hand. Ihre langen Fühler tasten im Dunkel herum, und ihre überdimensionalen Kiefer schnappen in die Luft auf der Suche nach Beute. Sie erreicht den Kopf eines Trägers, der sich umdreht und einen schrillen Schreckensschrei ausstößt. Und dieser Schrei löst eine fürchterliche Panik bei den anderen Pygmäen aus... nur einen kurzen Augenblick allerdings, denn wir können uns das Lachen nicht verbeißen. Wir versuchen ihnen das Phänomen der chinesischen Schattenspiele zu erklären. Die Ameise krabbelte an einem der Antilopenspieße entlang, und das Feuer warf ihren beträchtlich vergrößerten Schatten auf das Moskitonetz. Wir halten die Finger vor das Feuer und erzielen damit die gleiche Wirkung. Sie lachen, noch ganz beschämt über ihre Angst.

Damit sie ihren Schrecken vergessen, setzen wir das Magnetofon in Gang und spielen ihnen die in Pikounda aufgenommene Pygmäenmusik vor.

„Babinga! Babinga!" rufen sie verblüfft. „Milenga!" (Musik). Sie klatschen begeistert mit den Händen und begleiten die Aufnahme mit ihrem Gesang. Im Dunkeln glänzen ihre Augen vor Vergnügen.

Als der letzte Ton verklingt, fangen sie selbst an zu singen. Der „Kleine“ entpuppt sich als erstaunlich guter Solist. Die anderen klatschen dazu in die Hände. Wir halten den Atem an, um sie nicht zu stören. Sie haben uns vergessen, sie sind wieder ganz Pygmäen aus dem Urwald. Ihr Gesang beschreibt die wilden Verfolgungsrennen bei der Jagd. Sie untermalen den Solisten mit dumpfem, rhythmischem Keuchen. Am Boden sitzend winden sich ihre Körper in durch ihre Stellung bedingten engen Kreisen. Mit ihren weit aufgerissenen Augen scheinen sie direkt in eine ihrer großen Elefantenjagden versetzt.

Wir sind völlig gefesselt von dieser Rückkehr zu den Anfängen der Menschheit, und ich denke voller Bitterkeit an das so fröhliche, so arme und von den Bantus so verachtete Pygmäenvolk, dessen Kultur wahrscheinlich schon im Laufe des kommenden Jahrzehnts ausgelöscht sein wird.

Die „Tänzer Gottes“, die Zwerge der Erde der Südlichen Sonne, die der große Pharao Neferkara so sehr bewunderte, sind dann nur noch die Schatten ihrer selbst.

Schon diese hier haben den Graben, der die Kulturen trennt, überschritten. Sie bedeuten für uns das erste Glied einer Kette, die über den Djaka-See ins Unbekannte östlich des N'Doki führt – dem Fluß, der tabu ist.

Mittwoch, 16. Juli

In der Kühle der Morgendämmerung brechen wir mit leerem Magen auf. Schon in den ersten Stunden begegnen wir Überresten von Pygmäenlagern. Kein Zweifel ist möglich. Es leben Pygmäen, die den Kontakt mit den Bantus vermeiden, in diesem Gebiet.

Diese Entdeckungen stimmen uns hoffnungsvoll.

Der Dschungel scheint dichter zu werden. Immer zahlreicher tauchen Dornsträucher auf, die uns das Gesicht zerkratzen. Jetzt finden wir keine Spur eines Pfades mehr. Die Pygmäen legen den Weg mit dem Buschmesser frei.

Liegt ein großer umgestürzter Baum auf unserem Weg, benutzen wir den Stamm als Brücke über das Lianengewirr am Boden.

Der große äquatorialafrikanische Urwald gehört zu den Landstrichen, die den Menschen am schnellsten erschöpfen. In einem fort rutschen, stolpern, fallen wir, verletzen uns. Unsere schweißgebadeten Körper bilden die ideale Zielscheibe für Tausende bissiger, gieriger Insekten.

Im Blattwerk der Bäume zanken sich unzählige Affen mit lautem Gekreische. Angst haben sie vor uns keinesfalls; im Gegenteil, sie scheinen sich über uns lustig zu machen. Bei jedem Halt schneiden wir uns Wasserlianen ab und stillen den Durst mit der frischen, klaren Flüssigkeit, die in langem, dünnem Strahl aus der Einkerbung fließt.

Manjao kennt sich in diesem undurchdringlichen Dickicht des Dschungels nicht mehr aus. Das ist jetzt offensichtlich. Er hat die Orientierung verloren, und wir halten es für besser, den kräfteverschleißenden Marsch des heutigen Tages um 16 Uhr zu beenden.

Auf unsere Anordnung wird das Lager am Fuß eines kleinen Hügels aufgeschlagen, und alles macht sich an die Arbeit. Die Stelle ist nicht ideal, und Hughes' Hängematte findet nur zwischen den riesigen Lianen eines Baumes Platz.

Manjao geht bis zum Einbruch der Nacht auf Erkundungsmarsch, während wir im „Schutz" einer Affenhorde bleiben, die sich über uns niederläßt. Ich erlege einen, Hughes einen zweiten, doch die Vegetation ist so dicht, daß selbst die Pygmäen den nicht finden. Er muß verletzt die Flucht ergriffen haben. Auf dem

Speisezettel steht also als einzige Mahlzeit des Tages Reis und Affenfleisch.

18 Uhr

Der Affe kocht über dem Feuer. Es wird schnell dunkel. Ich liege in der Hängematte und rauche eine Zigarette. Manjao ist zurückgekehrt und gibt uns zu verstehen, daß er morgen die Richtung wiederfinden wird. Ich kann seine Probleme begreifen. Dazu genügt ein einziges Experiment. Man braucht nur an irgendeiner Stelle des Urwalds stehenzubleiben, sich die Umgebung genau einzuprägen, die Augen zu schließen und ein bißchen im Kreis herumzugehen. Den möchte ich sehen, der sich dann noch zurechtfindet!

Die Anstrengungen des Tages machen sich bei uns allen bemerkbar. Wir sind mehrmals durch winzige Flüßchen und kleine Sümpfe gewatet. Es wurde immer schwieriger, vorwärts zu kommen, und wir mußten öfter „ins Gras beißen".

Trotz des dichten Blattwerks kann ich ein Stück von dem Mond sehen, der mit seinem fahlen Schein die Lianen beleuchtet, die von einem riesigen Baum in meiner Nähe herabhängen.

Donnerstag, 17. Juli

Mittags: An meinen Rucksack gelehnt, versuche ich zu schreiben. Todmüde haben sich die anderen neben mich hingelegt. Wir bewegen uns weiter im Kreis. Manjao hat uns hier vor zwei Stunden halten lassen, und alle Pygmäen sind ausgeschwärmt, um festzustellen, in welcher Richtung wir weitermarschieren müssen.

Ein Eichhörnchen huscht an uns vorbei. Wir lassen es laufen. Gestern habe ich eine Urwald-Schildkröte gefunden, und damit geben wir uns im Moment zufrieden.

Wir liegen halb auf dem Boden ausgestreckt, in dem es von Leben wimmelt. Ich denke daran, daß sich anderswo auch mir bekannte oder unbekannte Menschen ausstrecken. Im Sand eines Strandes an der Riviera, mit einer Flasche Coca-Cola in Reichweite. Doch trotz der zerkratzten Glieder, den Insektenstichen und der Müdigkeit möchte ich nicht mit ihnen tauschen, für nichts auf der Welt.

Der „Kleine" kümmert sich um unser Wohlergehen und wird sehr aufmerksam.

12 Uhr 45

„Ben Hur" ist gerade eingetroffen. Er hat nichts entdeckt. Bald kommen auch alle anderen unverrichteter Dinge zurück. Manjao beschließt, noch einmal mit zwei Männern aufzubrechen. Er will wieder bis zum Einbruch der Dunkelheit suchen.

Auf seinem Gesicht erscheint ein strahlendes Lächeln, als wir ihm eine Taschenlampe geben. Ein herrliches Geschenk.

Mit den Zurückgebliebenen beginnen wir sofort mit dem Aufbau des Lagers für die Nacht und säubern dafür eine Stelle im Busch von dem gröbsten Gestrüpp.

Da die Schildkröte doch nicht für uns alle reicht, beschließe ich, auf Jagd zu gehen. „Geht schon" möchte mich begleiten. Vorgestern ist er auf einem Baumstumpf ausgerutscht und hat sich am Schienbein verletzt. Ich habe die Wunde desinfiziert und einen kleinen Verband angelegt. Seitdem will er mir anscheinend nicht mehr von der Seite weichen.

Das soll mir recht sein. Mit ihm als Eskorte laufe ich am

wenigsten Gefahr, unnötig in der Gegend herumzustreifen.

Wir brechen bald auf. „Geht schon" bewegt sich gewandt, gleitet geschickt zwischen den Lianen hindurch, klettert wie ein Wiesel über gestürzte Baumstämme und benutzt so wenig wie möglich das Buschmesser. Wie Hänsel die weißen Kiesel streute, so knickt er ununterbrochen kleine Zweige, um den Rückweg zu finden.

Mir fällt es schwer, ihm zu folgen, denn wo er gebückt hindurchschlüpft, muß ich fast kriechen! Nach einem über einstündigen Marsch kauert er sich nieder und macht mir ein Zeichen, es ihm gleichzutun.

Er beobachtet aufmerksam die Umgebung und drückt sich dann mit der Hand die Nase zu.

„Maooo. Maooo . . ."

Die perfekte Nachahmung des Rufs der Antilope.

Wir bleiben eine Viertelstunde in dieser Stellung. Doch nichts geschieht. So unsichtbar wie der Pygmäe bin ich im Dschungel anscheinend nicht.

Wir machen uns wieder auf den Weg. Bei dem, was wir seit drei Tagen an Nahrung zu uns nehmen, und diesen anstrengenden Fußmärschen habe ich das Gefühl, daß meine Stiefel und das Gewehr Tonnen wiegen.

Da hören wir plötzlich vor uns das laute Geräusch brechender Äste. Eine Affenhorde. Schwarze Stummelaffen oder Diadem-Meerkatzen.

„Macaco, Macaco", flüstert mir „Geht schon" zu. Sein Gesicht strahlt vor Freude. Ich fühle, wie in ihm der Jagdinstinkt erwacht.

Unter lautem Schreien und Schimpfen hüpfen die Affen von Ast zu Ast. Wir folgen ihnen durch das Gewirr des Dickichts.

Endlich befinden wir uns unter ihnen. Es sind etwa fünfzig. Atemlos drängt sich „Geht schon" an mich.

Ich schieße auf einen, der sofort zu Boden fällt, während das

Geräusch der Detonation alle übrigen wie einen Spatzenschwarm wegscheucht. Mit zwei Schüssen erlege ich noch zwei weitere, dann hört das Gemetzel auf, denn ich glaube, jetzt haben wir genug zu essen für uns alle.

„Geht schon" kann sich vor Glück kaum noch halten.

„Peng! Peng! Noch mal!" schreit er und hüpft aufgeregt herum, stimuliert vom Geruch des Pulvers.

Er denkt an all das Fleisch, das er heute abend zu essen bekommt. Ich gebe ihm zu verstehen, daß die Jagd jetzt vorbei ist, und er läuft weg, um die drei Affen zu holen. Einer ist in einem kleinen Baum hängengeblieben, der gefällt werden muß.

„Geht schon" schneidet die Schwänze ein, zieht die Haut weg und schiebt den Kopf hindurch. So kann er sie wie einen Beutel über dem Arm tragen. Ein geniales System.

Im Lager erwartet uns ein trauriges Schauspiel. Ein riesiger Bienenschwarm schwirrt im Kreis herum, und alle sind unter die Moskitonetze geflüchtet. Nur Jean-François hat im Schutz eines um den Kopf geschlungenen Moskitonetzes und seiner Imkerhandschuhe eine Suppe zum Kochen aufgesetzt.

Auch die Mücken tanzen mit in dem Reigen. Nichts ist vor ihnen sicher, weder der Mund noch die Nase, noch die Ohren. Um sie abzuhalten, stopft sich Philippe Papier in die Ohren. Damit kann er jedoch nicht verhindern, daß er welche schluckt.

In dieser „geladenen" Atmosphäre bereiten wir das Essen zu. Einen Affen haben wir für uns behalten und wir essen ihn mit den Linsen, die uns noch übriggeblieben sind.

Die Pygmäen machen sich auch ans Kochen. Nachdem sie die Tiere ausgeweidet haben, legen sie sie aufs Feuer. Wenn das Fleisch fast völlig verbrannt ist, schneiden sie es in Stücke, die sie in große Blätter wickeln und garkochen. Genauso verfahren sie mit dem Schildkrötengericht. Sie werfen das arme Tier ins Feuer, wo es noch ein paar Sekunden herumzuckt, bevor es stirbt. Es läßt sich dann leicht aus seinem Panzer lösen und kann mit den Affen zusammen gebraten werden.

Das Fleisch hat einen eigenartigen, sehr durchdringenden Geschmack. Es ist faserig, ziemlich zäh und nicht besonders gut. Gar nicht zu vergleichen mit dem Antilopenfleisch. Doch wenn einem der Magen in den Kniekehlen hängt, ist man nicht mehr heikel.

Bei Einbruch der Dunkelheit verflüchtigen sich endlich die Bienen, und wir können wieder etwas freier atmen. „Sanftes Täubchen" sitzt etwas abseits. Sie wartet auf Manjao und erzählt lustige Geschichten, die die Pygmäen zum Lachen bringen. Der Schein des Feuers spiegelt sich in ihren Augen, die vor Übermut sprühen. Wenn sie in die Dunkelheit geht, benutzt sie eine „Fackel", die aus zwei überkreuz zusammengebundenen Holzstäben besteht, in deren Schnittpunkt sie ein brennendes Stück Harz schiebt.

Und jetzt plötzlich entdecken wir eine seltsame, äußert faszinierende Erscheinung: Unzählige Reisigzweige, die den Boden bedecken, schimmern auf einmal in phosphoreszierendem Licht. Und dieses unwirkliche Geflimmer strahlt in der Nacht wie die Sterne am Sommerhimmel. Das Schauspiel ist einfach phantastisch. Vorsichtig sammeln wir ein paar Stückchen auf, die in unseren Händen weiterleuchten. Diese Erscheinung und insbesondere ihre Dimension nimmt uns etwas den Atem. Doch wir genießen den Anblick.

Noch ganz erfüllt von diesem Eindruck klettern wir in unsere Hängematten. Ich denke über unsere Lage nach. Manjao und die beiden anderen Pygmäen sind immer noch nicht zurückgekehrt. Niemand weiß, wo wir uns genau befinden. Doch da ich mir nicht unnötig den Kopf zerbrechen will, verdränge ich lieber diese düsteren Überlegungen und falle bald in tiefen Schlaf.

★

Freitag, 18. Juli, 8 Uhr

Manjao und seine Männer sind immer noch nicht wieder aufgetaucht. Aber dafür besuchen uns Mücken und Bienen von neuem. Am schlimmsten sind die Bienen, denn wenn die irgendwo hineinkrabbeln und man kommt unglücklicherweise mit der Hand an sie heran, dann stechen sie äußerst schmerzhaft zu. Sie verfangen sich auch in den Falten der Plastikplanen, von deren Durchsichtigkeit sie sich täuschen lassen.

Jean-François untersucht sie genauer und versichert uns, daß sie sich kaum von der Art unterscheiden, die er in den Vogesen züchtet. Lediglich etwas kleiner, was für uns wegen der Angriffslust der Tiere nur von Vorteil sein kann.

Und dann entdecken wir, daß mehrere Ameisenkolonnen unsere Baumstämme hinaufgekrabbelt sind. Sie haben bereits die Befestigungen der Hängematten erreicht und laufen jetzt die Fallschirm-Fangleinen entlang, die die Moskitonetze und Planen halten. Wir verbrennen sie mit glühenden Holzscheiten und überlegen uns, wie angenehm es wäre, wenn ein solch überraschender Besuch in der Nacht kommt. Doch an so etwas denkt man besser nicht im voraus...

14 Uhr

Warten. Wir können die immer wiederkehrenden Attacken der Mücken und Bienen nicht mehr aushalten und verkriechen uns unter die Moskitonetze. Uns überkommt lähmende Trägheit, wozu die brütende Hitze das Ihre beiträgt.

Wir schreiben, lauschen den tausenderlei Geräuschen des

Dschungels, dem Gezänk der Affen und den Rufen der Antilopen.

Die Pygmäen haben sich aufgemacht, um Nahrung zu suchen, da das Affenfleisch von gestern bereits der Vergangenheit angehört. Sie kommen mit eßbaren Wurzeln zurück, die sie in der Glut rösten.

Lässig kommt der „Franzose“ zu unseren Hängematten geschlendert, um uns ein paar Stücke abzugeben, die wir mit großem Vergnügen verspeisen.

Etwas später finden wir ein Dutzend dieser Wurzeln neben unserem Feuer. Ein diskretes, rührendes Geschenk.

„Ben Hur“ und „Sanftes Täubchen“ bauen eine zusätzliche Hütte. Das beunruhigt mich, denn anscheinend glauben sie, daß wir uns hier für längere Zeit einrichten. Die Konstruktion ist einfach, aber zweckmäßig. Sie stecken im Kreis Äste so in den Boden, daß sie oben eine Kuppel bilden, welche sie mit großen Blättern bedecken.

„Der Kleine“ sieht aus, als ob er sich zu Tode langweilt. Um sich die Zeit zu vertreiben, fabriziert er sich schließlich ein einfaches Spielzeug. Er nimmt einen langen Blattstiel, den er zu neun Zehntel aufschlitzt. An der Stelle, wo der Schlitz endet, beißt er kräftig in den Stiel und läßt dann die beiden Teile auf- und abwippen, wobei die Enden von links nach rechts schwingen. Um das Ganze noch raffinierter zu gestalten, krönt er die Spitze mit einer Blume und amüsiert sich damit eine gute halbe Stunde.

Doch jetzt ist er krank. Ein paar Mücken haben sich in seinen Augen festgesetzt. „Sanftes Täubchen“ beugt ihm den Kopf nach hinten und träufelt ihm Saft aus einem Blatt in die Augen. Das scheint ihm Erleichterung zu verschaffen, doch er sitzt völlig ermattet an seinem Feuer.

Wie an den anderen Tagen haben wir die Tragekörbe mit unserer großen Plastikplane bedeckt. Hunderte von Bienen sind im Innern gefangen und veranstalten einen Höllenlärm.

Pygmäenhütte im ersten Baustadium; später wird sie mit Laub bedeckt

Manjao und seine beiden Pygmäen sind noch immer nicht zurück. Das Warten zieht sich lästig in die Länge. Wir werden noch eine zweite Nacht hierbleiben müssen. Das bedeutet kein reines Vergnügen, wenn ich die Ameisenkolonne betrachte, die in aller Ruhe von meinem Moskitonetz Besitz ergreift. Ich sehe sie in einer ununterbrochenen Reihe über das Seil krabbeln, das zur Aufhängung des Moskitonetzes führt, und dort ein schwarzes wimmelndes Knäuel bilden. Wir haben alles versucht, um sie loszuwerden, sie mit glühenden Holzscheiten verbrannt, den Baumstamm unten eingeschnitten, damit sie in dem klebrigen Harz steckenbleiben . . . Sie lassen sich durch nichts abschrecken; bis jetzt haben wir noch keine wirksame Verteidigungsmethode gefunden.

Unternehmungslustig wie immer kommt „Geht schon" zu uns, um uns um das Gewehr zu bitten. Wir geben es ihm, dazu zwei Patronen. Wer weiß, vielleicht steht heute abend Antilopen-Steak auf dem Speisezettel.

5 Uhr 20

Hughes und ich setzen uns zum Schreiben auf die Kiste und müssen dabei ständig die Insekten verscheuchen, die sich über uns hermachen wollen. Philippe und Jean-François sind weggegangen, um eine Wegstunde entfernt von hier Wasser zu holen.

In ihrer Ecke gehen die Pygmäen ihren Beschäftigungen nach und singen vor sich hin, als ob alles beim alten wäre. Sie sammeln Wurzeln, Pilze, wilde Beeren. Wie ich sie so beobachte, kommt mir die Erinnerung an andere, weit zurückliegende Szenen in kahlen, zerklüfteten Bergen, an den Geruch der korsischen Macchia, wo ich mit meinem Hund auf der Suche nach Brombeersträuchern umherstreifte.

16 Uhr 30

Wie ein ständig wiederkehrender Alptraum sind die Ameisen in langen, unermüdlichen Kolonnen über die Halteseile der Hängematten zurückgekommen und bereiten sich auf die Erstürmung unserer Moskitonetze vor. Wir packen die Seile, spannen sie bis zum äußersten und... Peng! Wie Pfeile von einem Bogen schnellen sie in die Luft. Eine Methode, die wir uns merken müssen.

Wir sind diese ständigen Attacken der Insekten so leid, daß wir beschließen, das Lager zu verlassen. In etwa dreißig Metern Entfernung finden wir einen umgestürzten Baum, auf dessen Stamm kein einziges Tier krabbelt. Eine Stätte des Friedens.

Kurz darauf kommen unsere „Wasserträger" Philippe und Jean-François völlig erschöpft zurück. Dann läßt auch „Geht schon" nicht mehr lange auf sich warten. Als Jagdbeute bringt er zwei herrliche Antilopen mit, eine davon ist trächtig.

Strahlend bittet er mich um eine Zigarette und zieht den Rauch mit zwei geräuschvollen Zügen ein. Er ist mit dem Tag zufrieden.

Ich hänge eine der Antilopen an einem Baum auf und schneide große Steakstücke heraus, während Jean-François die Innereien auf Spieße steckt. Die Bienen haben sich wie wild auf das Fleisch gestürzt. Und sie rühren sich auch nicht von der Stelle, als ich einige von ihnen mit dem Fahrtenmesser erwische. Wir sind verblüfft, denn daß sie ebenfalls Fleischfresser sind, wußten wir noch nicht.

Auf einmal ist es Nacht. Wir sitzen beim Essen und unterhalten uns dabei mit den Pygmäen. Bald schon ersetzt der Schein der Feuer das fahle Licht der kurzen Dämmerung und taucht die Umgebung des Lagers in Dunkelheit.

Plötzlich löst sich aus diesem abweisenden Schatten das grinsende Gesicht von Manjao. Er lacht und versucht uns mit seinen Gesten zu verstehen zu geben, daß er bis zum Djaka-See vorgedrungen ist. Zum Beweis bringt er Nüsse von Palmen mit, denn diese Bäume können nur in der Nähe von Wasser gedeihen.

„M-bila, M'bila", sagt er und deutet auf die knallroten, leicht ovalen Früchte etwa von der Größe einer Mandarine.

Nachdem er sie in der Glut des Feuers geröstet hat, gibt er uns ein paar zum Probieren. Sie schmecken ausgezeichnet, sehr ölig, doch viel ist an ihnen nicht dran, denn die Frucht besteht hauptsächlich aus einem großen Kern, umgeben von gelben Fasern, die gekaut und dann ausgespuckt werden.

Im Lager herrscht große Freude. Morgen geht das mühselige Warten zu Ende, wir singen und reden, die Müdigkeit ist verflogen.

Bevor wir uns schlafenlegen, müssen wir noch einmal die endlosen Ameisenkolonnen verbrennen, die wieder auf unsere Hängematten zukrabbeln. Diese Viecher werden für uns langsam zu einer Zwangsvorstellung.

In der Morgendämmerung befindet sich das ganze Lager in Aufbruchstimmung. Wir überprüfen noch einmal die gesamte Ausrüstung, bevor wir sie wieder auf die Tragekörbe verteilen, und zu unserer Freude stellen wir fest, daß nichts abhanden gekommen ist.

Um acht Uhr brechen wir auf. Die Kolonne schlängelt sich durch den Urwald wie eine Raupe, die sich beim Überklettern umgestürzter Bäume krümmt und alle zehn Meter mit den Füßen stolpert. Im Gegensatz zum Körper genießen unsere Augen die unberührte Natur, die sich ihnen in all ihrer Schönheit entfaltet. Die Bodenstruktur verändert sich etwas, sie wird unebener; kleine, durch winzige, schlammige Flüßchen mit rostfarbenem

Wasser voneinander getrennte Hügelchen tauchen auf.

Ein Träger bleibt stehen. Das Stirnband aus Baumrinde für seinen Tragekorb ist gerissen. Nachdem er seine Last abgesetzt hat, sucht er sich sorgfältig ein geeignetes Bäumchen aus und fällt es nach ein paar Hieben mit dem Buschmesser. An der Schnittstelle löst er die Rinde und wickelt das Stämmchen bis zum Wipfel aus, wie man ein Stangenbrot aus dem Papier auspackt. Jetzt braucht er sie nur noch auf die richtige Größe zuzuschneiden, sie biegsam zu machen und an seinem Tragekorb zu befestigen.

Nur kurze Zeit später ist der „Kleine" mit einem Problem an der Reihe. Er hat sich einen langen Dorn in den Fuß getreten. Er verzieht das Gesicht vor Schmerz, aber er schreit nicht, sondern bittet mich nur um mein Fahrtenmesser. Mit großen Schnitten löst er ein Stück Hornhaut von der Stelle und zieht den Stachel heraus. Dann nimmt er sein Gepäck wieder auf und läuft mit den anderen weiter. So ist eben das Leben im Busch.

In den wenigen Tagen, seitdem wir unsere neuen Freunde beobachten, haben wir feststellen können, wie beeinflußbar sie sind und wie schnell sie sich anpassen. Sie versuchen, alles was wir machen, nachzuahmen. Einer hat sich für seinen Tragekorb Riemen fabriziert, die in jeder Hinsicht den Riemen unserer Rucksäcke gleichen. Ein anderer steckt sein Fleisch jetzt auf einen Spieß, anstatt es in große Blätter zu wickeln usw. Ich fange an, mir zu überlegen, ob dies nicht einer der Gründe dafür ist, daß sie sich so leicht den Bantus unterwerfen.

Am frühen Nachmittag entdecken wir wieder Überreste von Pygmäen-Lagern, ein Beweis dafür, daß wir uns dem Djaka-See nähern.

15 Uhr 30

Den ganzen Tag bin ich mit Jean-François am Schluß der Kolonne gegangen. Gerade haben wir eine Art natürliche Oase erreicht, auf der Palmen, Zitronenbäume und N'kombo-N'kombo (Schirmbäume) wachsen. Das Wasser kann jetzt nicht mehr fern sein, und wir beschließen, wenn nötig, bis in die Nacht weiterzulaufen.

Doch eine halbe Stunde später macht uns Manjao ein Zeichen stehenzubleiben. Wir sind wieder mitten im Urwald, die „Oase" liegt schon eine Weile hinter uns.

Er gibt uns zu verstehen, daß das Wasser und das Pygmäenlager jetzt ganz in der Nähe sind, und er versuchen will, dort Pirogen aufzutreiben.

Er nimmt „Zahnlos" mit, aber schon eine Viertelstunde später kommt er zurück.

„Krokodile, alles voll", sagt er und verzieht das Gesicht.

„Bwatu esali te (Es gibt keine Pirogen)", fügt „Zahnlos" hinzu und bedeutet uns durch Gesten, daß wir uns morgen selbst welche fabrizieren müssen.

Pirogen fabrizieren? Das bedeutet wieder eine Verzögerung von mehreren Tagen. Mein Mut fängt an zu sinken. Meinen Freunden geht es nicht anders.

In diesem Augenblick verdüstert sich die Atmosphäre. Wir heben den Kopf und sehen durch Löcher im Blattwerk, wie graue Wolkenbänke bedrohlich über den Himmel ziehen. Die Pygmäen, die diese Zeichen sofort erkennen, machen sich auf der Stelle daran, Unterschlüpfe gegen das aufkommende Unwetter zu errichten. Mit unserer großen Plastikplane, die sie mit Blättern verstärken, bauen sie in weniger als einer Viertelstunde eine Hütte mit schrägem Dach. Auch die gesamte Ausrüstung findet darunter Platz. Wir befestigen unsere Hängematten ein Stück weiter und sorgen dafür, daß unsere Planen gut vertäut sind.

Manjao und „Sanftes Täubchen" errichten sich auch hastig eine Hütte, und als das Unwetter schließlich losbricht, haben alle ein Dach über dem Kopf.

Der Himmel öffnet seine Schleusen, das Feuer verlöscht, und der Regen prasselt auf unsere Plastikplanen wie auf eine schlecht gespannte Trommel.

Wir haben ein paar glühende Holzscheite gerettet, die wir unter der Plane anzufachen versuchen. Da wir alle vier wie die Verrückten auf die Glut blasen, hüllen uns in wenigen Sekunden dichte Rauchschwaden ein. Wir stellen einen Blechnapf ins Freie, und sobald der voll Wasser ist, setzen wir ihn auf das Feuer, um uns etwas Reis zu kochen.

Nachdem wir das geschafft haben, zünde ich mir mit unendlichem Vergnügen die Pfeife an und betrachte den Regen, der von der Plane über mir auf den Boden rinnt. Die dicken Tropfen gleiten wie unzählige farblose Schlangen, die einander verschlingen, über mein „Dach". In den Bäumen flattern Tausende von Fledermäusen und stoßen dabei ihre eigentümlich schrillen Schreie aus. Am Boden schimmern die phosphoreszierenden Zweige um die Wette mit dem grellen, blendenden Licht der Blitze.

So verbringen wir mehrere Stunden mit dem Warten auf eine Beruhigung des Wetters. Um die Pygmäen zu unterhalten, ahmen wir Tierlaute nach, die wir kennen: Kühe, Ziegen, Hunde, Katzen, Hühner, Pferde ... Alle kommen dran, und im Dschungel klingt dieses Tierkonzert natürlich besonders komisch.

21 Uhr

Es kommt uns vor, als ob das Unwetter etwas nachläßt. Während die Pygmäen es sich in der Hütte bequem machen, rasen wir zu unseren Hängematten, Zuflucht und Erholung nach anstrengenden Tagen.

Morgen beginnen wir mit dem Bau der Pirogen.

Unser „Bwatu-Lager"

Für das, was ich weiß,
habe ich seinen Preis bezahlt.
R. Kipling

Sonntag, 20. Juli

Im Morgengrauen begeben wir uns alle zusammen zu der „Oase", um dort mit dem Bau einer Piroge zu beginnen. Die Pygmäen suchen einen großen Schirmbaum aus und wechseln sich beim Fällen dieses schönen weißen Baums mit seinen schirmförmigen Blättern ab.

Wir vier setzen uns hin und beratschlagen, wie unser Unternehmen jetzt weitergehen soll. Nach kurzer Diskussion beschließen wir angesichts unserer angespannten Finanzlage, die Träger nach Pokola zurückzuschicken, bis auf Manjao und seine Frau, die uns begleiten sollen. Die Pygmäen vom Djaka-See sind nicht mehr weit entfernt, und unter ihnen finden sich sicher Helfer für den Transport unserer Ausrüstung. Wir benötigen dann nur eine Piroge, und das bedeutet für uns eine erhebliche Zeitersparnis.

Natürlich gehen wir dabei ein Risiko ein. Da wir uns auf keine der bisher erhaltenen Auskünfte hundertprozentig verlassen können, wissen wir nicht einmal, ob überhaupt ein einziger Pygmäe am Ufer des Sees lebt. Und wenn nicht, dann säßen wir mit unseren 200 kg Gepäck ganz schön dumm da . . . Abwarten und Tee trinken!

Nachdem wir diesen Entschluß gefaßt haben, rufen wir die Pygmäen zusammen, die gerade mit dem Fällen fertig sind, und teilen ihnen unsere Entscheidung mit. Dann lassen wir sie auf einem unserer Ponchos das gesamte Material für eine letzte Inventur ausbreiten: Nichts fehlt bis auf ein Buschmesser, das Philippe am ersten Tag verloren hat.

Nun holen wir die Leinenbeutel hervor, die die Geldmünzen enthalten, und ein Träger nach dem anderen nimmt mit einem breiten Lächeln seinen Lohn in Empfang.

Danach setzen sie sich in eine Ecke, um die schönen, golden und silbern glänzenden Stücke zu bewundern. Sie lassen sie klimpern, starren sie lange an, und als sie schließlich genug davon haben, wickeln sie sie in Blätter und machen sich auf den Rückweg.

Nach ihrem Aufbruch wirkt das Lager wie ausgestorben. „Ich habe den Eindruck, wir müssen hier eine ganze Weile bleiben", sagt einer von uns. „Vielleicht sollten wir dem Lager einen Namen geben. Was haltet ihr von ‚Pirogen-Lager?'"

„Auf Lingala heißt Piroge Bwatu", erwidert Jean-François. „Nennen wir es doch einfach Bwatu-Lager."

Diese Bezeichnung findet einstimmigen Beifall. Jetzt brauchen wir nur noch die Piroge zu bauen.

„Wir besitzen drei Äxte", sage ich. „Aber es ist besser, wenn wir nur jeweils zu zweit den Stamm aushöhlen. Wir könnten uns gegenseitig behindern oder verletzen, falls alle gleichzeitig arbeiten."

Hughes und ich machen also den Anfang mit Manjao, der uns so oft wie möglich zur Hand geht.

Um zur Oase zu gelangen, benutzen wir den Pfad, der von uns auf dem Hinweg freigelegt wurde. Er schlängelt sich durch den Urwald an kleinen Erdhügeln entlang bis zu der bescheidenen Lichtung, die durch den gefällten Baum entstanden ist, und auf die die Sonne erbarmungslos herabbrennt.

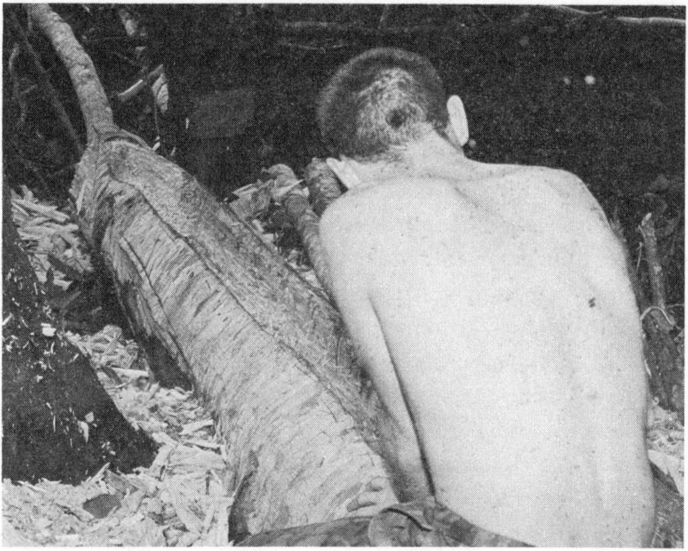

Auch während der Arbeit an der Piroge werden wir ständig von Insekten geplagt

Wir beginnen damit, den Stamm auf einer Länge von sechs Metern auszuhöhlen. Das Holz erweist sich als verhältnismäßig weich und erinnert an Balsa. Trotz seiner fehlenden Kenntnis auf diesem Gebiet, kann uns Manjao zeigen, wie die Form unserer künftigen Piroge am günstigsten aussehen soll.

Doch das Ergebnis nach zweistündiger harter Arbeit läßt sich nur als dürftig bezeichnen: stellenweise wenige Zentimeter tiefe Mulden und einen zerbrochenen Axtgriff. Dazu kommt noch Hughes' tiefe Schnittwunde am Knie. Ziemlich verdrießlich überlassen wir Jean-François und Philippe das Feld.

Die Nacht bricht herein. Ich habe mich zum Schreiben auf die Kiste gesetzt, die in der Mitte unserer Hütte steht. An einer

Dachgabel hängt die Sturmlampe, die gelbes, spärliches Licht verbreitet. Ich bin mit meinen Notizen in Rückstand geraten, nicht weiter verwunderlich in unserer augenblicklichen Lage.

Wie jeden Abend, erfüllen die Schreie unzähliger Tiere die Luft. Doch mich beunruhigen weit mehr die Insekten, die am späten Nachmittag in Scharen unser Bwatu-Lager heimgesucht haben und erst mit der Dunkelheit wieder verschwunden sind. Jetzt schwirren nur noch Tausende von Mücken um uns herum.

Heute gibt es kein Fleisch. Den ganzen Tag hat uns die Piroge so völlig in Anspruch genommen, daß niemand zur Jagd gegangen ist. Wir zehren von unseren letzten Reis- und Linsen-Reserven.

Ich weiß nicht warum, aber in dieser Nacht herrscht für mich eine ungewohnte Ruhe. Ich lasse mich von ihrer Faszination hinreißen. Doch im Dschungel lauert manchmal Heimtückisches ... Kaum stecke ich die Hand in die Tasche, um meine Pfeife herauszuholen, da hat mich schon der schmerzhafte Stachel einer Biene erwischt. Nach fünf Minuten kann ich kaum noch meine Finger bewegen.

Alle diese Höhlungen, Taschen und Tuchfalten sind wahre „Fallgruben". Es erweist sich zum Beispiel als unbedingt vorteilhaft, wenn man seine Stiefel am Morgen gut ausschüttelt, falls man nicht von verschiedenerlei Insekten, die sich darin verkrochen haben, gestochen oder gebissen werden will. Bei den Rucksäcken besteht weniger Gefahr, weil wir sie immer am Kopfende der Hängematten befestigen.

Montag, 21. Juli

Wegen der Mücken bluten uns allen die Füße. Die unausweichliche Folge des schrecklichen Juckreizes, auf den wir natürlich mit Dauer-Kratzen reagieren, was man selbstverständlich genau *nicht* tun soll. Aber wenn ein paar Dutzende Stiche jeden Fuß bedecken, was bleibt einem da anderes übrig?

Manjao umgibt uns jetzt mit Aufmerksamkeiten. Als wir aufwachen, ist er bereits dabei, unser Feuer wieder anzufachen, um uns vor der eisigen Kälte der ersten Stunden des Tages zu schützen.

Da zu unseren Hauptsorgen die Nahrungsbeschaffung gehört, bricht Philippe mit ihm auf, um zu versuchen, Wild für uns aufzustöbern. Unterdessen fangen Hughes und ich wieder mit der Arbeit an der Piroge an.

Zwei Stunden später löst uns Jean-François ab, und damit er nicht schlappmacht, hole ich ihm einen Kanister voll Zitronenkrauttee und bringe auch gleichzeitig eine Kamera mit, um den Fortgang der Arbeit auf dem Film festzuhalten.

Die Luftfeuchtigkeit ist so hoch, daß ich, bevor ich drehen kann, die Filter abnehmen muß, um sie zu reinigen. Die Gläser sind vollkommen beschlagen. Wir sorgen uns auch wegen der Filme, denn sie werden schnell weich, und die wasserdichten Büchsen, in denen sie liegen, können sich bei kräftigeren Stößen öffnen. Und davor fürchten wir uns alle vier.

In diesem Augenblick hören wir ganz in der Nähe den Knall eines Schusses, und bald tauchen Philippe und Manjao auf. Sie bringen eine Art Tukan und ein kleines Palmeneichhörnchen mit. Dieser Tukan ist allerdings eher ein Calao, aber die Eingeborenen nennen ihn Tukan.

„Tut uns leid, Antilopen haben wir nicht gesehen", erklärt uns Philippe lachend. „Aber ich glaube, das da genügt fürs erste. Das Eichhörnchen ist mir eben erst vor die Flinte gekommen, der Tukan schon ziemlich bald nach unserem Aufbruch. Das sind schon komische Vögel. Wenn sie fliegen, machen sie ein Geräusch, das genauso klingt wie ein Propeller-Flugzeug beim Starten. Man hört sie schon von weitem. Aber euch scheint es hier nicht gerade gutzugehen. Wie ich sehe, haben uns die Bienen und die ‚Gorillafliegen' bereits entdeckt. Das kann ja wieder heiter werden."

Wir nicken traurig mit dem Kopf. Diese Gorillafliegen gehören zu der Art der honigfressenden Fliegen mit süßlichem Geruch, die sich völlig geräuschlos fortbewegen. Ihr Name kommt von ihrer „Anhänglichkeit" an den Gorilla. Aber wenn es sein muß, nehmen sie auch mit dem Menschen vorlieb! Wenn sie sich auf ihn stürzen, dann zu Tausenden, bis der ganze Körper von ihnen bedeckt ist. Sie setzen sich vorzugsweise an den Schleimhäuten und in den Haaren fest. Eine echte Landplage!

Es ist deshalb nicht ratsam, lange an ein und derselben Lagerstelle zu bleiben, denn sie zieht die Insekten unweigerlich an. Sie kommen dann in Schwärmen, als ob sie sich untereinander abgesprochen hätten.

Und genau das geschieht jetzt. Für uns beginnt die Hölle. Zunächst in der Oase, wo unser Schweiß die Insekten anlockt, und dann im Bwatu-Lager, wohin sie uns folgen. Überall kriechen sie hinein. Unter den Gürtel, den Hut, das Hemd . . . Auf die Dauer ist das unerträglich. Jean-François und ich haben schon ganz angeschwollene Rücken.

Den ganzen Tag lösen wir uns ab, um die Piroge auszuhöhlen. Jede Zwei-Stunden-Schicht wird für uns zu einer wahren Leidenszeit. Besonders wegen der Bienen. Bei der kleinsten Bewegung greifen sie an. Ein Axthieb, schon sitzt eine in der Achselhöhle und sticht grausam zu. Richtet man sich auf, kriecht eine unter den Gürtel und verteidigt schmerzhaft ihren „Unterschlupf".

16 Uhr 30

Zwischen zwei Happen Eichhörnchenfleisch unterhalten wir uns über die Piroge.

„Ich fürchte, sie ist nicht richtig ausbalanciert", sage ich. „Wir müssen uns etwas einfallen lassen, um sie zu stabilisieren. Es fehlt uns gerade noch, daß sie mitten auf dem See kentert mit der ganzen Ausrüstung, dann würden wir dumm dastehen."

„Wir wissen nicht einmal, ob es sich tatsächlich um den See handelt", gibt Jean-François zu bedenken. „Vielleicht ist es nur ein Fluß, der zum See führt."

„Man müßte die Gegend erkunden", fügt Hughes hinzu und schleudert einen Knochen so weit wie möglich weg. „Von der Nähe des Sees ist hier überhaupt nichts zu merken. Der Dschungel sieht genauso aus wie überall. Wenn es sich wirklich um den See handelt, dann kann er kein Ufer haben, und . . ."

„Seid mal still", unterbricht ihn Philippe. „Ich habe eine Idee wegen der Piroge. Meiner Ansicht nach wäre es das Günstigste, Ausleger anzubauen, wie in Polynesien, damit könnten wir sie am besten ausbalancieren."

Er reißt ein Blatt aus seinem Heft und zeichnet mit ein paar Strichen auf, wie er sich das vorstellt.

Alle nicken zufrieden mit dem Kopf. Das könnte gehen. Später zeigen wir Manjao die Zeichnung. Sein Gesicht verrät nichts von dem, was er denkt. Er betrachtet lange das Blatt und sagt schließlich.: „Malamu (gut)."

Dann macht er sich wieder an seine Arbeit.

Es regnet. Der Regen ist ohne Vorwarnung aufgezogen, ohne Donner, ohne Blitze. Wir schützen das Feuer, indem wir die große Plane, die die Hütte bedeckt, etwas vorziehen. Ich lege ein paar trockene Holzscheite in die Flammen. Sofort krabbeln Tausende von Ameisen und Termiten, die sich darin verkrochen haben, heraus, um der Glut zu entgehen. Eine wilde Flucht in die Dunkelheit beginnt, ein Gedrängel, Geschiebe, Geschubse, ein Tier versucht über das andere zu klettern ... Ein allgemeines „Rette sich, wer kann" ergreift sie. Die Ratten verlassen das sinkende Schiff.

21 Uhr

Hughes und ich befinden uns in der Hütte, die anderen schlafen bereits friedlich. Hughes bereitet den Reis für morgen vor. Ich schreibe.

„Wie wär's mit einem Zitronenkrauttee?" fragt er mich. Ich sage nicht nein, und er schafft etwas Platz auf dem Feuer, um den Blechnapf mit dem Wasser aufzusetzen.

Unsere Piroge macht Fortschritte. Mit dem Aushöhlen müßten wir morgen fertig sein. Dann brauchen wir nur noch den Bug und das Heck zurechtzuhauen, den Stamm umzudrehen und den Rumpf zu bearbeiten. Wir rechnen damit, in drei bis vier Tagen die Arbeit zu beenden.

Der Nieselregen hört nicht auf. Dutzende Nachtfalter flattern gegen die Sturmlampe, verbrennen sich die Flügel und wirbeln wie vom Blitz getroffen zu Boden.

Dienstag, 22. Juli

Es gibt viele Arten, aufgeweckt zu werden. Angenehme und unangenehme, wie zum Beispiel heute morgen ...

Jean-François steht als erster auf und ruft uns zu: „He! Kommt

Das Aushöhlen der Baumstämme geht mühsam voran

und helft mir, wenn ihr Wert darauf legt, das Hühnchen (wie wir während der Expedition den Tukan unter uns bezeichnen) vor den Ameisen zu essen!"

Wir sind sofort auf den Beinen, nur leider barfuß. Ein schlimmer Fehler, wie sich herausstellt. Unzählige Ameisen aller Größenordnungen stürzen sich auf die nackte Haut. Winzige und riesige mit gefährlichen Kiefern. Mindestens ein Dutzend Kolonnen haben sich in Richtung Tukan in Marsch gesetzt.

Auch Manjao ist mit seinem „Sanften Täubchen" gekommen. Sie fachen das Feuer an und klatschen sich währenddessen ununterbrochen überall auf den Körper. Dann lassen sie die rote Glut über die Ameisen rieseln, die sofort wegkrabbeln.

Aber das reicht noch nicht. Wir haben eine Stunde damit zu tun, sie loszuwerden. Sie sind auf der Suche nach Nahrung absolut überall hingekrochen.

Was auch behauptet werden mag, etwas wissen wir jetzt mit Sicherheit: Der Dschungel ist keine Hölle wegen des Großwilds, der Raubkatzen, der Gorillas oder der Elefanten, die vor dem Menschen fliehen. Die Hölle, das sind die Insekten, die tausenderlei verschiedenen Insekten, winzig und gefräßig, die überall eindringen und den Menschen zu einem ständigen Kampf herausfordern, Tag und Nacht, und ihn fast zum Wahnsinn treiben. Ein wenig ruhmreicher Kampf, der die Kräfte langsam aber genauso sicher verbraucht wie der Mangel an Nahrung.

Während Philippe und Jean-François sich zu ihrer Ruhepause in die Oase begeben, bleiben Hughes und ich im Bwatu-Lager. Hughes säubert seine Wunden. Ich schreibe.

Jetzt sind Fadenwurm- und Tsetse-Fliegen aufgetaucht.

14 Uhr

Die Arbeit an der Piroge geht weiter. Wir hatten vorhin aufhören müssen, da uns die Bienen in solchen Massen überfielen, daß wir es einfach nicht mehr aushalten konnten!

Mit rauschendem Flügelschlag kreisen die Tukane über den Bäumen weit über uns. Jedesmal heben wir den Kopf und greifen nach dem Gewehr. Doch wir können sie nicht sehen, dazu fliegen sie zu hoch. Wir müssen warten, bis sie nach unten schwenken und den Urwald erreichen.

„Sanftes Täubchen" hat sich in ihrer Hütte hingelegt. Sie singt leise vor sich hin, als ob sie versuchen wollte, sich die Langeweile zu vertreiben. Sie wirkt fast rührend mit den Bändern aus Lianen um ihre Fußknöchel und dem Hüfttuch, auf das ihre welken Brüste herunterbaumeln. Sie trägt seltsame Tätowierungen auf dem Gesicht, aus schwarzen, in die Haut geritzten Rauten, die von den Ohren bis zu den Lippen reichen. Wenn sie lächelt, entsteht ein eigenartiges Relief, das sie keineswegs verunstaltet. Und im Moment lacht sie ziemlich oft. Denn auf diese Weise verständigen wir uns mit ihr.

Manjao kennt uns jetzt recht genau, und seine kleine gedrungene Mönchsgestalt wird uns ebenso vertraut wie seine imposante Nase, die sich beim Lachen kräuselt. In der Oase leistet er beachtliche Arbeit.

Unsere Vorräte gehen jetzt sehr schnell zu Ende. Alle, auch Zigaretten und Tabak. Noch ein paar Tage, und wir müssen Blätter rauchen ...

20 Uhr

Alles schläft. Ich schreibe im Licht der Sturmlampe. Am Äquator scheint die Nacht mit ihrem schwarzen Schleier einen Balsam von überraschender Milde zu verbreiten. Sie bedeckt die Natur mit einer gewissen Stille, einer seltsamen Ruhe. Schreie und Rufe klingen gedämpfter, als ob die Dunkelheit sie abschwächen würde. Sie wirken eher einschläfernd als störend. Wahrscheinlich eine Frage der Gewöhnung.

In bestimmten Ländern kann der Reisende genauso abwechslungsreiche wie wunderschöne Landschaften bewundern. Berge und Ebenen, Seen und tiefe Flußtäler, zerklüftete Küsten oder unendliche Strände, Sand oder Felsen ... Hier gibt es nichts von

Patrice macht seine abendlichen Tagebucheintragungen

alledem. Seit über zwei Wochen bietet sich unseren Augen immer dasselbe Schauspiel. Ein Schauspiel aus Bäumen, Lianen, Wurzeln, Blumen. Ein großangelegtes Gemälde, überwältigend und schillernd in einem Grün, das alle Schattierungen annimmt, die man sich nur vorstellen kann. Um diese Eintönigkeit zu unterbrechen, erscheinen von Zeit zu Zeit Erdhügel, Bäche, rötlich gefärbte Flüßchen, Lichtungen oder Sümpfe. Manchmal ein altes Pygmäenlager. Nichts weiter. Doch diese Landschaft ist so faszinierend, daß es niemand von uns bedauert, in ihr zu leben. Trotz der Insektenangriffe überkommt uns zuweilen das Bedauern für diejenigen, die gerne mitgekommen wären und die sich vielleicht in diesem Augenblick in der U-Bahn drängen, arme, bleiche, bedürftige Ameisen.

Wir haben dieses Abenteuer gewollt, und deshalb sollten wir uns jetzt nicht beklagen. Wir befinden uns in einer der am wenigsten bekannten Gegenden Zentralafrikas, und das genügt uns im Augenblick. Wir leben von uns, von unseren Qualitäten und unseren Fehlern, von der unerbittlichen Natur, die uns umgibt. Jede Sekunde bedeutet intensives Leben, Entdecken, neues Entzücken. Wir sind davon überzeugt, daß wir uns in einer wenn nicht für den Körper, so doch für den Geist gesunden, wohltuenden Welt bewegen. Und diese natürliche Existenz, in der jede unserer Handlungen zur Erhaltung des Lebens dient, läßt uns die wahren, einfachen Freuden eines Schlucks frischen Wassers oder eines Augenblicks des Friedens wiederentdecken.

Der zivilisierte Mensch hat immer mehr Bedürfnisse, die von der Werbung noch gesteigert werden, und immer weniger Möglichkeiten an Zeit und Geld, um sie zu befriedigen. Ohne wirklichen Lebenszweck verbirgt er seine Langeweile hinter wütendem Arbeitseifer und falschen Vergnügungen.

Ich beobachte unser Lager. Es wächst uns langsam ans Herz. Die Gegenstände, mit denen wir umgehen, sind uns vertraut und lieb geworden. In unserer Hütte hängen überall Hüte, Kleidung, Waffen. Blechnäpfe und Wasserschalen stehen in der Nähe des Feuers. Etwas weiter weg stapeln sich ein paar Bücher. Ach, diese Bücher! Trotz des zusätzlichen Gewichts konnten wir uns von ihnen nicht trennen. Dazu gehören eine Bibel, eine philosophische Abhandlung, eine Enzyklopädie der afrikanischen Säugetiere, zwei oder drei Zeitschriften, die – ich weiß nicht aus welchen Gründen – auch mitgekommen sind. Wir haben sie in diesem einen Monat viele Male durchgelesen und kennen sie schon fast auswendig. Wir nehmen sie uns dennoch immer wieder vor, nur um des Lesens willen, und um von Zeit zu Zeit dem Urwald zu entfliehen.

Da wir kein Fleisch mehr haben, will ich mich morgen in der Oase auf die Lauer legen. Heute nachmittag hat Hughes beobachtet, wie drei Fasane zwei Meter von ihm entfernt kämpften.

Auf alle Fälle beherbergt der Dschungel eine unvorstellbare Anzahl von Tieren, und wir entdecken ständig neue.

Ich stehe auf, schließe mein Notizbuch und will gerade die Sturmlampe ausblasen, als vor meiner Nase ein Tier auftaucht, das ich nicht erkennen kann, so schnell verschwindet es. So rasch es seine vier Pfoten zulassen, läuft es durch das Lager. Alle sind aufgewacht, Manjao als erster. In seinem Schlaf gestört, brummt er ein paar unverständliche Worte, facht das Feuer wieder an, das in der Nähe seiner Hütte brennt, wirft sich auf sein Lager und versucht einzuschlafen.

Am nächsten Morgen mache ich es mir auf einer kleinen Lichtung der Oase bequem und lege mich auf die Lauer, fest entschlossen, etwas zu unserem leiblichen Wohlergehen beizutragen. Zweihundert Meter weiter weg arbeiten die anderen an der Piroge.

Ich stehe zwei Stunden im Dickicht mit dem Gewehr in der Hand. Es genügt bereits, unbeweglich an einem Ort zu bleiben und den Urwald zu beobachten, damit er sich mit einem ganz neuen Leben erfüllt, mit dem Flattern der Vögel, mit dem Geriesel toter Zweige, die von den Wipfeln der Bäume fallen, mit den aus allen Richtungen schallenden Rufen der Antilopen, die sich zusammenfinden, dann wieder verschwinden.

Es ist keineswegs unangenehm, so dazustehen, und nur zu schauen und zu hören. Ich ärgere mich lediglich, daß es sich bei keinem einzigen der vielen Vögel, die über mir fliegen, lohnt, daß ich ihn abschieße.

Ein Tukan schwebt über den Baumwipfeln, setzt sich auf einen Ast ziemlich weit weg von mir und fängt an, sich das Gefieder mit seinem langen, gekrümmten Schnabel zu putzen. Ich schieße. Er fliegt getroffen fort und fällt in einiger Entfernung im Urwald zu Boden. Man könnte genausogut eine Stecknadel im Heuhaufen suchen.

Wütend komme ich zurück und beginne mit meiner „Schicht" an der Piroge. Sie ist jetzt fertig ausgehöhlt, Bug und Heck haben die richtige Form. Mit großer Mühe drehen wir sie um, denn sie wiegt noch sehr viel, und fangen an, das überflüssige Holz wegzuhauen. Nach Manjaos Anleitungen gehen wir auf eine sehr einfache Weise vor. Auf der ganzen Länge des Rumpfes schlagen wir in einem Abstand von etwa zwanzig Zentimetern schmale Streifen quer zum Stamm. Es ist dann nicht mehr so schwer, die auf diese Weise entstandenen Flächen mit der Axt zu lösen. Innerhalb von zwei Stunden haben wir so die ganze rechte Seite der Piroge behauen.

Der Angriff der Bienen scheint uns heute von doppelter Stärke. Unsere Rücken bilden praktisch eine einzige schwarze Fläche. Nach einer halben Stunde sind Philippe und Jean-François mindestens zwanzigmal gestochen worden. Erschöpft und aufgedunsen kommen sie ins Bwatu-Lager zurück.

Jean-François beschließt etwas später, noch einmal mit einem

Blechnapf voll Salzwasser hinzugehen, das er über einen Baumstumpf gießt.

„Ihr könnt mir glauben", sagt er, „die fliegen da hin. Ich habe sie genau beobachtet. Sie sind auf das Salz in unserem Schweiß aus, nehme ich an. Deshalb stürzen sie sich so gierig auf uns."

Doch umsonst. Zwar umschwirren etwa fünfzig Tiere den Baumstumpf, aber die übrigen überfallen uns wie gewohnt.

Jean-François zuckt mit den Schultern.

„Na schön! Da kann man eben nichts machen. Ich ziehe in meiner Ruhepause mal los und erkunde ein bißchen die Gegend um den See. Falls es sich tatsächlich um den See handelt. Bin gespannt, wie es da aussieht."

Philippe begleitet ihn. Sie gehen in Richtung Bwatu-Lager und See fort. Eine Stunde später tauchen sie wieder auf.

„Leicht wird es nicht sein, die Piroge da hinzuschaffen", berichtet Jean-François ziemlich besorgt.

„Nur ein paar Dutzend Meter vom Lager entfernt beginnen die Sümpfe", erklärt Philippe. „Danach kommt ein Bambuswald."

„Ich bin auf einen Baum geklettert", fügt Jean-François hinzu. „Nicht ganz einfach, aber von oben konnte ich Wasser erkennen. Wenn man es so bezeichnen will, denn es sah eher so aus, als ob eine Savanne vor mir liegen würde. Alles ist mit schwimmendem Gras bedeckt. In der Mitte kam es mir so vor, als gäbe es eine kleine natürliche Fahrrinne."

„Und wie breit ist diese Savanne?" fragt Hughes.

„Ungefähr 500 Meter."

„Also muß es sich um den See handeln", sage ich.

„Vielleicht. Aber den zu überqueren, bedeutet bestimmt nicht gerade eine Vergnügungsfahrt."

Am Abend haben wir die Piroge praktisch fertiggestellt. Wir brauchen nur noch die Ränder auszugleichen und letzte Hand anzulegen. Den Ausleger wollen wir erst am See fabrizieren, damit er uns nicht beim Transport der Piroge behindert.

Gegen 17 Uhr, als wir die Angriffe der Bienen nicht länger aushalten können, kehren wir ins Lager zurück. Philippe und Hughes machen sich auf die Jagd in der Richtung, in der ich am Morgen vergeblich mein Glück versucht habe.

Ihnen geht es auch nicht besser als mir. Sie haben zwar eine Wildente erwischt, aber sie fällt auch irgendwo weit weg in den Dschungel. Heute abend gibt es wieder nur etwas Reis zu essen.

Im Lager fragen wir Manjao, welches Holz wir am besten für die Herstellung der Paddel verwenden sollen. Aber ein Freudenschrei unterbricht uns.

„57!"

Auf der Kiste sitzend erschlägt Hughes seine 57. Biene des Tages mit offensichtlichem Vergnügen. Wir anderen haben schon lange damit aufgehört, sie zu zählen.

Wir nehmen unser Gespräch über die Paddel wieder auf. Ohne uns zu antworten, geht Manjao in den Urwald und kommt einige Minuten später mit zwei langen Stangen zurück. Er erklärt uns, daß wir damit staken sollen. Wir verziehen das Gesicht vor Vergnügen . . .

Donnerstag, 24. Juli

Um zwei Uhr morgens bricht das Unwetter, das seit gestern abend über uns hing, mit voller Gewalt los. Wahre Sturzfluten ergießen sich vom Himmel, stoßen durch die Bäume wie unzählige Lanzen aus Stahl, deren Spitzen sich an den Schilden unserer wasserdichten Planen brechen. Die Blitze leuchten so hell, daß sie trotz der Dichte des Urwalds ohne Mühe die schwache Barriere meiner Augenlider durchdringen und mich leichter als der Donner aus dem Schlaf reißen.

Dann überkommt mich mit der Feuchtigkeit, die vom Boden aufsteigt, eisige Kälte. Ich wälze mich in meiner Hängematte hin und her, um etwas von der verlorenen Wärme wiederzugewinnen. Zusammengekrümmt, die Arme zwischen den Schenkeln, fühle ich, wie mein ganzer Körper langsam erstarrt.

Endlich, nach zwei Stunden unruhigem, immer wieder unterbrochenem Schlaf, taucht das fahle Licht der Morgendämmerung zögernd über dem Dschungel auf und erweckt die Natur zu neuem Leben.

Als es richtig Tag wird, stehen Hughes und ich auf. Es regnet weiter, langsamer, fast majestätisch. Die große Plane über der Hütte hat nicht überall der Last der toten Äste standgehalten, die von dem Regen die Bäume heruntergespült wurden. Unsere Ausrüstung ist teilweise durchweicht. Müde machen wir uns daran, alles wieder in Ordnung zu bringen.

Wir fachen das Feuer an, hängen unsere Kleider zum Trocknen darüber auf und kochen uns etwas Reis.

Der ganze Vormittag geht vorbei, ohne daß wir wegen des Regens irgend etwas tun können. Endlich rieselt es schwächer und hört schließlich ganz auf. Doch das Wasser wird noch stundenlang von den Spitzen der Bäume auf den schlammigen Boden fallen, mit diesem eigenen, melancholischen Geräusch, wenn die Tropfen auf ihrem Weg nach unten von den höheren auf die tieferen Blätter prallen.

Wir lassen uns von der niederdrückenden Stimmung dieses Tages nicht völlig überwältigen und gehen zur Oase, um das zu beenden, was wir hochtrabend als die Feinarbeit bezeichnen.

„Sanftes Täubchen" geht wie jeden Tag in den Urwald, um Wurzeln und Pèquès, eine Art kleiner, sehr ölhaltiger Mandeln zu holen, die dem Reis etwas Geschmack verleihen.

Am Abend erklären wir die Piroge für endgültig fertiggestellt und beschließen, am nächsten Morgen aufzubrechen. Da wir ahnen, daß der Transport des Bootes bis zum Wasser sehr mühsam sein wird, verdoppeln wir unsere Reisration und essen sie mit wahrem Heißhunger.

Die Nacht bricht herein. Wir unterhalten uns leise in der Hütte, die erfüllt ist mit den uns inzwischen vertrauten Schatten. Ganz in der Nähe höre ich einen Vogel, den ich den „Vogel der vierundzwanzig Stunden von Le Mans" getauft habe, so sehr erinnert sein Schrei an das Geräusch eines Rennwagens beim Gasgeben, nur zehnmal schriller.

Schon in der Morgendämmerung sind wir auf den Beinen, um mit dem Buschmesser den Pfad besser freizulegen und zu verbreitern. Diese Arbeit dauert bis in den Vormittag, doch es gelingt uns, den Pfad benutzbar zu machen, was man vorher nicht behaupten konnte.

Mühsam schlagen wir mit dem Buschmesser einen Pfad durch den Urwald

Als wir unsere „Pirogen-Werft" erreichen, überkommt uns berechtigte Freude. Wir strecken uns auf einer Matratze aus weißen Holzspänen aus, die sich wunderbar vom Grün des Urwalds abheben, mustern unser Werk und bescheinigen ihm ein sehr stolzes Aussehen.

Dann versuchen wir, sie uns auf die Schultern zu laden. Das bringt uns nichts weiter als anstrengende Körpergymnastik und einen anständigen Sturz von Philippe. Sie ist immer noch zu schwer. Es bleibt uns nichts anderes übrig, als sie zu ziehen.

Manjao klemmt also ein Stück Holz in den Bug und befestigt daran eine lange Liane. Das Schleppen kann somit losgehen, aber wir denken mit einiger Besorgnis an die vielen Steigungen und Gefälle auf unserer Strecke.

Die Piroge zu ziehen, erweist sich als fast genauso schwer wie sie zu tragen. Der von Wurzeln durchzogene Humusboden bremst den Rumpf beträchtlich. Wir schneiden uns deshalb einige Holzknüppel zurecht und legen sie auf den Boden. Mit dieser Technik gleitet das Boot etwas leichter.

Wir mühen uns ab, keuchen, fluchen wie Galeerensträflinge. Bald sehen wir aus wie Springbrunnen, an denen sich Schwärme von Insekten festkleben. Unsere Hände, die von der Arbeit mit der Axt, den Insekten und den Dornensträuchern bereits völlig offen sind, reißen noch ein bißchen tiefer ein und verstärken unsere Schmerzen an Armen und Füßen.

Meter um Meter bewegt sich die Piroge unter dem Hauruck der Bauarbeiter und dem „Achtung . . . fertig . . . los!" der Wettläufer vorwärts. Es ist nur eine Strecke von etwa 600 Metern bis zum See, aber für uns zählt jeder Zentimeter, einer nach dem anderen. Wir stolpern immer häufiger, bleiben immer öfter stehen. In anderthalb Stunden haben wir erst die Hälfte des Weges geschafft.

Plötzlich erschallen Rufe im Urwald. Überrascht halten wir an und trocknen uns den Schweiß von der Stirn. Sprachlos starren wir uns an. Und wenn...

Wir laufen den Pfad entlang und stehen auf einmal vor „Sanftes Täubchen" und zwei anderen Pygmäenfrauen. Eine ist sehr jung: nur mit einem kurzen Lendenschurz bekleidet, spielt sie die feine Dame, worüber wir grinsen müssen. Ihre Begleiterin trägt lediglich einen Haarbüschel über der Stirn und ein Baby auf der Hüfte, das von einem runden Rindenriemen gehalten wird.

Wir kehren gemeinsam zum Bwatu-Lager zurück, und das Palaver beginnt. Wenn wir neben den Pygmäen stehen, wirken wir fast wie Riesen. Aber etwas aus der Ferne gesehen, kommen sie uns gar nicht mehr so klein vor, so ebenmäßig sind ihre Proportionen.

Wild gestikulierend unterhalten sich Manjao und „Sanftes Täubchen" mit den beiden Frauen. Wir begreifen, daß sie zu dem Lager gehören, das sich am anderen Ufer des Sees befindet. Sie sind mit der Piroge hierhergefahren, um Knollen zu sammeln, und genauso erstaunt über diese Begegnung wie wir.

Nach kurzer Diskussion erklären sie sich bereit, einen von uns in ihr Lager mitzunehmen, damit er Leute für uns auftreiben kann. Wir machen Hälmchenziehen, und das Los fällt auf Philippe. Sie brechen sofort auf.

Während der nächsten Stunden warten wir auf seine Rückkehr, aber ziehen natürlich trotzdem die Piroge weiter.

Als er wieder auftaucht, ist er nicht allein. Zwei junge, kräftige Bantus begleiten ihn.

„Das hier sind Raphael und Terry", erklärt Philippe. „Elefantenjäger aus Ikelemba an der Sangha. Sie sind mit der Piroge den N'Doki und seine Nebenflüsse, die zum Djaka-See führen, hinaufgepaddelt, um hier zu jagen, und haben sich mit zwei anderen, die ihr dann im Lager kennenlernt, für ein paar Tage bei den Pygmäen installiert."

Die beiden Bantus nicken mit dem Kopf und helfen uns, ohne ein Wort zu verlieren, beim Schleppen unseres Boots.

Im Bwatu-Lager angekommen, packen wir schnell unsere Sachen zusammen und beobachten, wie die letzten Rauchkringel der Feuer in die Höhe steigen.

Dann durchwaten wir eine Art schmalen, morastigen Bach, der zu einem Gewässer führt, von dem wir jetzt mit absoluter Sicherheit wissen, daß es sich um den Djaka-See handelt.

Wir stapfen in einem ekelerregenden Sumpf herum, in einem sehr dichten Unterholz, wo das Licht noch grünlicher schimmert als sonst.

Bald tauchen zwei kurze Pirogen auf. Es sind die der Elefantenjäger. Dieselben, die auch die beiden Frauen für ihre Überfahrt benutzt haben. Wir beladen sie mit unserer Ausrüstung, nehmen aber – ziemlich enttäuscht über die viele unnötige Arbeit – trotzdem unsere Piroge mit.

Jean-François und Philippe klettern hinein, um sie auszuprobieren. Sie erweist sich als sehr schlecht ausbalanciert. Unsere Idee, einen Ausleger zu fabrizieren, war also richtig. Dann hätten sie weniger oft unfreiwillige Bekanntschaft mit dem Wasser gemacht!

Die Fahrrinne, die wir benutzen, ist einen Meter breit und von schwimmendem Gras gesäumt. Der Dschungel verschwindet hinter uns.

Ganz plötzlich erreichen wir den See. Ungewohnt grelles Licht trifft unsere Augen. Wir können jetzt feststellen, daß ihn tatsächlich kein Ufer umgibt, und daß er eigentlich nur aus unzähligen größeren und kleineren Inseln aus schwimmendem Gras besteht, die unterschiedlich breite Kanäle voneinander trennen. In der Mitte können sie eine Ausdehnung von etwa fünfzig Metern erreichen. An den übrigen Stellen sind sie höchstens so breit wie ein Mensch.

Jean-François auf der „Jungfernfahrt" mit unserer Piroge

Dort, wo der feste Boden wieder beginnt, stehen Ölpalmen, die im Wind rascheln. Ihre Farben leuchten in diesem strahlenden Licht. Das Wasser schimmert in der Tiefe rötlich, an der Oberfläche schwarz. Die Bantus zeigen uns die Flecken, wo man an dem niedergedrückten Gras erkennen kann, daß Elefanten in der vergangenen Nacht zum Baden ans Wasser gekommen sind.

Unsere Schlangenlinienfahrt zwischen den Inseln dauert eine halbe Stunde. Manche Stellen, dort wo sich die Kanäle verengen, faszinieren uns durch ihre wunderbar satten Farben, die ihr sanftes Schattenspiel bewirkt.

Nachdem wir ein winziges Flüßchen hochgepaddelt sind, wo wir unsere arme Piroge endgültig ihrem Schicksal überlassen, kommen wir schließlich zu einem schmalen schlammigen, in tiefes Grün getauchten Stück Land, wo angenehme Kühle herrscht.

In Minutenschnelle wird unser Material ausgeladen, und wir folgen den beiden Bantus auf einem engen Pfad, der sich einen kleinen Hügel entlang in die Höhe windet.

Der Djaka-See

Die Natur des Menschen ist gleich, es sind die Gebräuche, die sie trennen.

Konfuzius

Der kleine Pfad aus ockerfarbener Erde, ausgewaschen von den unzähligen Regengüssen des Urwalds, führt zu einer schmalen Lichtung, eingezwängt zwischen den Griffen des Dschungels. Hier wachsen ausschließlich Ölpalmen. Auf dieser langgezogenen Fläche, auf der die Sonnenhitze wie Blei lastet, stehen, fast alle an die dichte Mauer des Busches geschmiegt, sechs bis sieben Windschirme oder Hütten.

Gleich bei unserer Ankunft werden wir von den Bewohnern des Lagers empfangen, die uns neugierig umringen. Ganz im Unterschied zu dem, was manche vielleicht glauben, sind die Pygmäen das genaue Gegenteil eines kriegerischen Volkes. Tatsächlich laufen wir nur eine einzige Gefahr, und zwar die, daß es uns nicht gelingt, ihr Vertrauen zu gewinnen.

Falls der alte Häuptling – fast genauso hell wie wir mit unserer gebräunten Haut – jemals Weiße gesehen hat, so gilt das wahrscheinlich nicht für die Jungen, und die langen Diskussionen, die sie untereinander führen, dienen vermutlich dazu, das Geheimnis zu erhellen, das wir für sie darstellen.

Man bietet uns eine große Schale Fisch mit Palmölsoße an. Sehr diskret fügen die Bantus einen gallertartigen *Fou-fou*-Fladen hinzu. Das Ganze schmeckt ausgezeichnet und füllt unsere leeren Mägen.

Wir wissen noch nicht, wie lange wir hier bleiben müssen, doch unsere erste Sorge gilt dem Bau eines Unterschlupfs, wo wir unsere Hängematten befestigen können.

Die Pygmäen helfen uns bei der Errichtung unseres „Heims", und kurz vor Einbruch der Nacht steht ein kleiner *Rancho* neben den Hütten. Wir bringen die Hängematten an, das größere Material findet in einer anderen Behausung Platz.

Das Abendessen, zu dem uns diesmal die Bantus einladen, besteht aus einem frisch erlegten Affen. Die Bantus leben völlig getrennt von den Pygmäen, gegenüber denen sie grenzenlose Verachtung zur Schau tragen. Sie haben hier ein provisorisches Lager für ihre Elefantenjagd aufgeschlagen und beschäftigen sich mit nichts anderem.

In der Dunkelheit sind wir von den Pygmäen umgeben. Der Feuerschein läßt Schatten auf ihren bräunlich-roten Gesichtern tanzen. Sie beobachten uns mit kindlichen Blicken, still und schüchtern; von Zeit zu Zeit flüstern sie kaum hörbar miteinander. Sie bewundern schweigend die herrlichen Sachen, die wir gelegentlich auspacken.

Dann setzen sie sich zusammen, und die Frauen beginnen einen Chorgesang. Eine Melodie, eigenartig und ergreifend, voller Harmonie, mischt sich in das Zirpen der Insekten, die die Luft um uns herum bevölkern.

„Aaiouee, aaiouee . . ."

Das ist *Aka*, das Klagelied der Frauen, deren Männer in die Ferne aufgebrochen sind. Dieser Gesang, dessen Worte nur aus kunstvoll aneinandergereihten Vokalen bestehen, drückt unendliche Trauer aus. Die Frauen singen im Sitzen, die Augen zum Mond erhoben, in dessen bleichem Licht ihre spitz zugefeilten Zähne seltsam schimmern.

Philippe probiert seine Hängematte aus

In ihrer Ecke reichen sich die Männer lange Zigaretten aus einheimischem Tabak von Hand zu Hand. Selbst vier- bis fünfjährige Kinder ziehen genüßlich an dem scharfen Kraut.

Nach diesem Klagelied stimmen Männer und Frauen gemeinsam einen Gesang an, der den Teufel zum Tanz einladen soll. Mit schrillen Schreien und rhythmischem Klatschen skandieren die Frauen die dumpfen, tiefen Töne der Männerstimmen.

Die hervorragende Kunst der Pygmäen ist ihre Musik. Sie kann als einzige ihrem Leben Ausdruck verleihen. Dieses fröhliche Volk singt am Tag von der Freude, dem Rausch des Lebens, und am Abend erzählt es in schwermütigen Rezitativen von der Härte seines Daseins im Busch.

Am nächsten Tag brechen die Bantus auf. Sie wollen weiter südlich am N'Doki-Fluß ihr Jagdglück versuchen. Ihr Anführer, ein alter Mann mit weitem Hüfttuch, möchte von uns verarztet werden. Er hat eine tiefe Wunde an der Außenseite seines linken Fußknöchels. Direkt darüber trägt er als Talisman einen Reif aus Elefantenhaar.

„Um zu verhindern, daß Wasser in die Wunde rinnt", erklärt uns Terry. „So kann unmöglich etwas reinkommen!"

Ich zucke mit den Schultern, denn der Mann hat den Verband, den wir ihm anlegen, wirklich nötig. Besonders, wenn er noch mehrere Tage in der Piroge verbringen muß.

Sie bereiten sich noch etwas Maniok zu, nehmen ihr altes Gewehr und die langen Speere für die Elefantenjagd und klettern in ihre Pirogen.

Jetzt sind wir allein mit den Pygmäen, und zwar sehr gerne allein, denn der Einfluß dieser vier Bantus hat sich bereits viel zu stark bemerkbar gemacht. Sie kommen zwar nur sporadisch hierher, doch sie drängen den Einheimischen jedesmal ihre eigenen Gebräuche und ihre Lebensweise auf. Ganz abgesehen von den Tauschgeschäften, die sie tätigen, um an das Wild zu gelangen, das sie aus Zeitmangel nicht immer selbst erlegen können: Fleisch gegen das, was die Pygmäen nicht kennen: Aluminiumschüsseln, Baumwollzeug oder Stoffstücke für die Hüfttücher. Und so kommen die Pygmäen, trotz ihrer völligen Abgeschiedenheit, über die Bantus zu den zwei oder drei gängigsten Gebrauchsartikeln. Durch diesen Handel wandert das betreffende Produkt so oft von Hand zu Hand, daß der erste Benutzer eigentlich nie den endgültigen Empfänger kennt.

Kurz nach dem Aufbruch der Elefantenjäger schaffen wir unsere Ausrüstung in deren Hütte mit Palmengittertüren und versuchen dann, mit den Pygmäen richtig in Kontakt zu kommen. Ein nicht gerade einfaches Unterfangen, denn nach der anfänglichen Neugier haben sie ihre gewohnten Beschäftigungen wieder aufgenommen und beachten uns kaum noch. Außer wenn wir etwas machen, das für sie ungewohnt ist.

Wir wollen von ihnen akzeptiert werden, deshalb holen wir nicht sofort die Kamera hervor oder folgen ihnen auf Schritt und Tritt. Wir möchten auf keinen Fall den Eindruck erwecken, neugierige, lästige Eindringlinge zu sein.

Philippe und ich werden nur eine Woche im Djaka-Lager bleiben. Kurz nach unserer Ankunft haben wir nämlich beschlossen, daß zwei von uns, das heißt wir beide, die Umgebung des Sees erkunden, um vielleicht noch andere Pygmäenstämme kennenzulernen. In den darauffolgenden drei Wochen sollen sich Jean-François und Hughes im Djaka-Lager ablösen.

Hughes hat zunächst einen anderen Auftrag zu erfüllen. Drei Tage, nachdem wir hier angekommen sind, kehrt er mit Manjao und „Sanftes Täubchen" nach Pokola zurück. Er soll die bereits belichteten Filmrollen mitnehmen und dort versuchen, noch mehr über die Wandergewohnheiten der Pygmäen in diesem Gebiet in Erfahrung zu bringen. Indem wir uns in drei Gruppen teilen und unsere Unternehmungen aufeinander abstimmen, hoffen wir, einen besseren Gesamtüberblick über diese Gegend zu erhalten, bevor wir in Richtung Telle-See aufbrechen.

Unser Erscheinen hat den Tagesrhythmus der Pygmäen kaum berührt. Das Leben läuft wie gewohnt weiter. Jeden Morgen verlassen die Frauen das Lager, um Nahrung zu sammeln, eine Beschäftigung, die gleich nach der Jagd kommt. Wir warten einige Tage, bevor wir ihnen folgen, da wir feststellen, wie wenig sie über unsere Anwesenheit bei ihrer Arbeit begeistert sind.

Eines Morgens endlich gehen Jean-François und ich ihnen auf einem schmalen Pfad nach, der durch ihr ständiges Kommen und Gehen schon richtig ausgetrampelt ist. Schon bald kreuzen wir zahlreiche Tierfährten.

Wir bemerken auch eigenartige Bäume, deren unteres Stück wie eine Tonne aussieht und die sich nach oben hin immer mehr verjüngen. An einer Stelle, wo sich das Blattwerk ein wenig öffnet, entdecken wir kreischende Affenhorden, die sofort das Weite suchen, als wir uns auf nicht gerade leisen Sohlen nähern. Voller Lebensfreude singen die Frauen im Gehen vor sich hin. Ständig bleiben sie stehen, um Pilze einzusammeln oder wilde Beeren zu pflücken. Alles, was sie ernten, kommt sofort in die Tragekörbe, von denen sie sich im Urwald niemals trennen.

Um eine größere Fläche abzusuchen, verteilen sie sich fächerförmig, und der Dschungel hallt von ihrem Lachen wider.

Mit langen Speeren ausgerüstet, begleiten die Kinder ihre Mütter. Mir fällt auf, daß die Dornen und die Insekten sie kaum stören, obwohl sie nur einfache Lendenschurze oder Hüfttücher tragen. Sie bewegen sich alle völlig unbekümmert.

Am Fuß bestimmter Bäume graben die Frauen eßbare Wurzeln aus, die einzige stärkehaltige Substanz in ihrer Nahrung.

Einige von ihnen bleiben jedoch ständig am See, um die Hausarbeiten zu verrichten.

Tragekorb der Pygmäenfrau

Um die gesamte Einwohnerschaft zu versorgen, genügen täglich zwei Antilopen und dieselbe Anzahl Affen. Weil ihre Ansprüche so bescheiden und ihre Lager zahlenmäßig so gering sind, müssen sie nicht alle zwei bis drei Monate auf der Suche nach Jagdwild weiterziehen. Ihnen genügt zweimal im Jahr.

In Djaka mit seinen etwa zwanzig Bewohnern – eine Familie besteht nur aus sechs Personen – versorgen lediglich drei Männer den Stamm mit Fleisch. Einer von ihnen, Epata, ist der Sohn von Akundja, dem großen Pygmäenhäuptling dieses Gebiets, der sich, als er den Tod nahen fühlte, hierher zurückgezogen hat. Ein herrlicher, hellhäutiger Babinga, stolz und stark.

Eines Morgens finden wir unsere Feuerstelle gesäubert vor. Das Holz brennt bereits. Daneben stehen Blechnäpfe mit M'bilas und Knollen. Wir begreifen, daß uns die Pygmäen aufgenommen haben.

„Na, das ist ein schönes Gefühl", sagt Jean-François mit einem zufriedenen Lächeln.

„Ich finde, wir sollten uns erkenntlich zeigen", sage ich. „Wir könnten zum Beispiel warten, bis alle Frauen das Lager verlassen haben, und dann in jede Hütte ein Blatt mit Salz legen. Was haltet ihr davon?"

„Keine schlechte Idee", meint Philippe. „Sobald sie weg sind, ziehen wir los."

Ein paar Stunden später sehen wir die Frauen den Pfad entlanggehen und können unseren Plan ausführen. Diese kleine Geste der Freundschaft hat das Eis endgültig gebrochen. Seither kommt jeden Morgen ein junges Mädchen, um die Feuer anzuzünden und etwas Essen zu bringen.

Im Djaka-Lager gibt es viele Kinder. Sie sind völlig sich selbst überlassen und verbringen den Tag zwischen der Erkundung des Urwalds und Spielen.

Die älteren, die ihre Verantwortung ernst nehmen, fabrizieren kleines Spielzeug für die jüngeren. Eines ist besonders interessant. Am Ende eines dünnen, biegsamen Stiels wird ein Käfer befestigt. Wenn man den Stiel schnell kreisen läßt, dann fängt das Insekt an, wie wild mit den Flügeln zu schlagen. Welches Kind läuft nicht gerne mit einem solchen lärmenden Spielzeug herum?

Andere konstruieren sich Spiele mit gleichlangen Zweigen. Es lassen sich damit geometrische Figuren bilden, und manche bauen sogar kleine Pyramiden.

Wir wagen uns selten bis an den See heran wegen der Kriebelmücken, dieser winzigen Mücken, bei deren schmerzhaftem Stich auch immer ein paar Tropfen Blut fließen. Weiter im Innern treten sie weniger häufig auf, aber trotzdem sind unsere Arme und Beine mit Stichen übersät. Manchmal überfällt uns mitten in der Nacht entsetzlicher Juckreiz. Dann kratzen wir uns fast die Haut vom Fleisch.

Von Zeit zu Zeit gehen wir doch zu den Kanälen des Sees und versuchen, in dem dunklen Wasser zu fischen oder einfach, die wunderbare Landschaft zu betrachten. Wir pflücken dort auch verschiedene Blumen, die in die Sammlung kommen, die wir dem naturgeschichtlichen Museum schenken wollen.

Aber in diesem Bereich bietet uns der Urwald die beste Auswahl. Dort gibt es unzählige Schmetterlinge, und an manchen Stellen fangen wir sie uns einfach mit dem Moskitonetz. Zu Dutzenden.

Die Pygmäen helfen uns beim Insektensammeln. Sie haben sehr bald unser Interesse daran erkannt, und so oft es geht, erbeuten sie welche für uns. Wir entdecken auf diese Weise eine Artenvielfalt, die wir uns gar nicht vorstellen konnten. Manche sind richtige Ungeheuer in Miniaturformat. Ein Wurm sieht besonders scheußlich aus. Wenn er sich fortbewegt, krümmt er sich zu einem Omega-O, streckt sich wieder, biegt sich von neuem. Andere, im perfekten Mimikry, haben Form, Farbe und Aussehen harmloser Zweige. Eine ganz neue Tierwelt tut sich in unzähligen Schattierungen vor uns auf, vom Abstoßenden bis zum Wunderschönen.

Jeden Abend machen wir uns daran, die am Tag gefangenen Insekten zu präparieren. Hierin ist Jean-François Experte. Er verfügt über die verschiedensten Fläschchen und Gerätschaften für diese Arbeit. Bei der Feuchtigkeit, die hier herrscht, müssen wir besonders auf Pilze und Schimmel achten. Ganz abgesehen von den Ameisen.

Eines Abends entschließt sich Philippe endlich, den Pygmäen seine magischen Talente vorzuführen. Wir alle erhoffen uns davon einen noch besseren Kontakt zu ihnen. Im Schutz der Dunkelheit baut er in der Mitte des Lagers die Zauber-Szenerie auf. Er steckt unsere Fahrtenmesser im Quadrat in den Boden und verstreut in der Mitte ein „magisches" Pulver, das bei der geringsten Berührung mit dem Feuer wunderschön aufflammt.

Er erobert die Pygmäen in wenigen Minuten. Sie haben zwar einen Häuptling, aber ein Zauberer lebt nicht unter ihnen, und die Geheimnisse der Pflanzen sind ihnen allen ohne Unterschied bekannt. So amüsieren sie sich königlich beim Anblick der Erde, die zu Salz wird, oder bei dem durchschnittenen Seil, dessen Stücke sich von selbst wieder vereinen.

Mit dieser kleinen Zauberschau gelingt uns das, was wir uns davon erhoffen, nämlich das Vertrauen der Pygmäen zu gewinnen. Eines der Kinder hat sich auf meinen Schoß gesetzt und betrachtet nachdenklich das perfekte Rund eines Pingpongballs, den ihm Philippe geschenkt hat.

Wir wollen diese allgemeine Fröhlichkeit auf ein paar Polaroid-Bildern festhalten. Zum erstenmal erleben wir, wie sich die Pygmäen vor dem grellen Schein des Blitzlichts erschrecken, das sie blendet. Sie halten sich die Augen zu und laufen entsetzt auseinander. Trotz unserer versöhnlichen Gesten dauert es eine ganze Weile, bis sie sich davon überzeugt haben, daß das Blitzlicht sie nicht bedroht. Und auch welche Verblüffung dann später, als wir ihnen die Fotos zeigen! Lange Zeit herrscht völlige Stille. Alle haben sich hinter Akundja, dem alten Häuptling, aufgereiht und starren hingerissen auf das bunte Papier. Dann flüstern sie leise miteinander, und plötzlich schreien sie hemmungslos vor Überraschung, der eine, weil er seine Mutter, der andere, weil er seinen Sohn oder seinen Bruder erkennt. Doch das eigene Ebenbild erkennt niemand.

Sie finden jeden Abend einen Grund zum Feiern. Diese Feste haben keinen anderen Zweck, als sich nach einem langen, mit Jagen oder Nahrungssuche ausgefüllten Tag zu zerstreuen. Dann holen sie ihr Hauptinstrument, den Musikbogen, hervor, dessen vier Saiten durch einen Steg in der Mitte und zwei runde Holzstückchen an den Enden getrennt sind. Zum Spielen wird das Instrument auf eine Kalebasse oder eine Schale gelegt, die als Resonanzboden dient.

Untertags gehört das Instrument den Einsamen. Epata spielt stundenlang darauf, die Augen zum Himmel erhoben, als Hymne an den Urwald, den Spender vieler Güter.

Am Abend steht es im Mittelpunkt des Interesses, und seine schrillen Töne begleiten die durch rhythmisches Händeklatschen skandierten Gesänge. Es herrscht überströmende Freude, vollkommenes Glück. Die Männer und Frauen stehen im Kreis um die jungen Mädchen, die im Schein der Feuer tanzen. Ihre Körper, die sich völlig unbefangen krümmen und drehen, glänzen gelblich von scharf riechendem Schweiß.

Wir sind jedesmal zu diesen Festen eingeladen, die oft bis weit in die Nacht hinein dauern. Auf diese Weise wird die Musik zu einem wichtigen Verständigungsmittel zwischen uns und den Pygmäen. Häufig fangen die Kinder am Tag einzig und allein für uns an zu singen. Aber auch, und das merken wir sehr gut, damit wir das Tonbandgerät herausholen, das sie so stark beschäftigt. Wir spielen ihnen mehrmals die Aufnahmen vor, die wir für sie in Paris zusammengestellt haben. Einige Minuten lang hören sie sich diese seltsame Musik, die aus unserem Kasten kommt, aufmerksam an, dann läßt ihr Interesse nach, und sie unterhalten sich weiter. Ob Mozart oder Pink Floyd, das Ergebnis ist das gleiche.

Dann probieren wir an einem Abend etwas anderes aus. Zwischen zwei Pygmäen-Gesängen stimmen wir „Bruder Jakob" im Kanon an. Schon nach den ersten Tönen herrscht absolutes Schweigen. Geduckt kommen die Männer näher. Die Kinder reißen erstaunt die Augen auf. Die Frauen halten mit dem Händeklatschen inne. Zum erstenmal hören sie uns singen.

Als der letzte Ton verklungen ist, dauert die andächtige Stille an. Dann, nach einer kurzen Beratung und wahrscheinlich, um uns nichts schuldig zu bleiben, beginnen sie mit neuen Gesängen, neuen wilden Tänzen im magischen Schein der Lagerfeuer.

Bongo Mali ist Epatas Tochter, die Enkelin des Häuptlings Akundja. Mit ihren fünfzehn Jahren verkörpert sie Pygmäen-Schönheit in ihrer vollen Blüte. Ihre feinen Tätowierungen und ihre spitz zugefeilten Zähne schmücken sie mit allen Attributen, die eine Frau der Ehe würdig macht.

Was den Schmuck anlangt, ist jedes Mittel recht, davon konnten wir uns überzeugen. Am Tag unserer Ankunft fand ich in einer meiner Taschen eine Heftklammer. Woher sie kam, wußte ich nicht, gebrauchen konnte ich sie nicht, und deshalb warf ich sie einfach weg. Zu meinem größten Erstaunen entdeckte ich sie am nächsten Tag kokett durch das Ohrläppchen einer Pygmäenfrau gesteckt . . . ! Glatt, glänzend und seltsam geformt, hatte sie diese Frau, die durch ihr Leben am Rande des Urwalds nur rauhe, unebene Dinge kennt, unwiderstehlich angezogen.

Bongo Mali ist meine Freundin geworden. Während der

Bongo Mali

Gesänge am Abend schmiegt sie sich an mich und lächelt mir mit ihren kleinen, spitzen Zähnen zu. Heute beschäftigt sie sich mit dem Flechten einer Matte, die zusammen mit den Antilopenfellen den Boden der Windschirme und Hütten einmal bedecken soll.

Sehr geschickt verbindet sie die schmalen Streifen, die sie aus langen Palmenblättern hergestellt hat. In der Nähe befindet sich eine Kamera in Stellung, um sie bei der Arbeit zu filmen. Inzwischen steht auch Jean-François neben mir, und Bongo Mali ist ganz beglückt über das Interesse, das wir für sie und ihre Tätigkeit zeigen.

Zwei Zutaten zu unserer gewohnten Nahrung fehlen im Busch fast völlig: Salz und Zucker.

Das Salz, das die Pygmäen von uns als Geschenk erhielten, wissen sie sehr zu schätzen; den Zucker erhalten sie in ziemlich großen Mengen in Form von Honig.

Der Pygmäe liebt Honig. Vielleicht mehr als alles andere, und es ist Sache des Mannes, ihn zu beschaffen. Wenn er im Urwald auf die Jagd geht, achtet er genau auf den Boden am Fuß der Bäume. Wenn er dort tote Bienen entdeckt, kann er zu Recht vermuten, daß sich ein Schwarm in den Ästen befindet.

Ihre Technik, an den Honig zu gelangen, ist ziemlich einfach. Sie brauchen dazu nur zwei Dinge: ein brennendes Stück Harz und eine Suma, dieses seltsame Beil in V-Form, das die Männer quer über der Schulter tragen.

Hat der Pygmäe den Schwarm ausgemacht, klettert er auf den Baum, indem er sich meistens mit einer um Bauch und Stamm geschlungenen Liane festhält. Sobald er nahe genug an den Schwarm herangekommen ist, schlägt er mit dem Beil vorsichtig eine Öffnung in das Holz und wirft dann das brennende Stück Harz hinein.

In wenigen Augenblicken schwärmen die auf diese Weise ausgeräucherten Bienen aus der Öffnung. Dann greift der Pygmäe mit der Hand hinein und holt sich die Honigwaben heraus, die er in einem hermetisch verschlossenen Behälter aus geflochtenen Blättern verstaut.

War die „Ernte" gut, so entschädigt sie ihn bei weitem für die paar Stiche, die er vielleicht abbekommen hat. Doch diese „wilde" Technik hat einen großen Nachteil, denn sie zerstört für immer die „heimgesuchte" Bienenkolonie. So ist die Suche nach Honig einer der Gründe, warum die Pygmäen ständig weiterziehen müssen.

Schon am Tag nach unserer Ankunft bot man uns Honig in

diesem Behälter aus Blättern an. Es schmeckte wunderbar, wenn man auf den Wachswaben, aus denen duftender, zähflüssiger Honig tropfte, herumkaute. Alle Bewohner des Lagers leckten sich genüßlich die Finger ab.

Doch ein kleiner Zwischenfall einige Tage später machte uns etwas mißtrauischer. Die Pygmäen hatten uns flüssigen Honig gebracht, und wir nahmen an, daß er aus den Waben stammte, aus denen er, des einfacheren Transports wegen, entnommen worden war. Er schmeckte uns gut, doch nach dem Essen fühlten wir uns schlecht, und als wir in den Hängematten lagen, überfiel uns Schwindel und dann entsetzliche Übelkeit.

Ich kniete in einer Ecke und erbrach alles, was ich im Magen hatte. Jean-François, unserem Spezialisten, ging es nicht besser als Philippe und mir, aber zwischen zwei Brechanfällen meinte er: „Ich nehme an, der Honig wurde aus giftigem Blütenstaub gewonnen. Ist euch nicht aufgefallen, wie wenig die Pygmäen heute abend davon genommen haben? Die wissen sicher Bescheid. Außerdem kann die flüssige Form davon herkommen, daß er von den Gorillafliegen stammt und nicht von Bienen. So ein Honig ist vielleicht anders, und wir müssen uns in Zukunft in acht nehmen."

Doch unsere Freunde machen uns nicht immer solche „gefährlichen" Geschenke. Im Gegenteil. Epata bringt uns fast jeden Tag ein Stück Antilope oder Affenfleisch, um unsere eintönige Kost anzureichern. Da er unsere Neugier auf alles, was mit dem Urwald zusammenhängt, ahnt, bringt er uns eines Abends ein kleines lebendiges Schuppentier mit, das er uns als Hauptmahlzeit zugedacht hat.

Das Tierchen rollt sich bei unserem Anblick ängstlich zusammen und rührt sich nicht mehr. Da es sich fast ausschließlich von Termiten und Ameisen ernährt, betrachten wir das zahnlose Geschöpfchen als echten Freund. Doch Epata reagiert da ganz anders. Er wirft es wie eine Schildkröte ins kochende Wasser, um den schuppigen Panzer mit der Spitze seines Speeres zu entfernen.

Akundja lebt mit seinem Sohn und seiner Familie ganz im Innern des Lagers. Heute morgen komme ich zu ihm als Besucher, und er lädt mich ein, auf den Tierhäuten, die den Boden bedecken, Platz zu nehmen. Die Speere sind an das Dach gelehnt. Sorgfältig aufgereiht, befinden sich die Sumas neben den Tragkörben in einer Ecke. Das Feuer besteht nur aus roter Glut, die die Kinder ständig schüren. Neben ihm sitzt seine alte Frau, dick und glatzköpfig, und wiegt ihren Enkel zum Gesang einer traurigen Weise. Im Gegensatz zu allen anderen lacht diese Frau niemals und summt ununterbrochen melancholische Lieder vor sich hin.

Doch mein Besuch hat einen ganz bestimmten Grund. Nach mehreren Gesprächen wissen wir endlich, daß mindestens ein Pygmäenstamm im Nordwesten zwischen dem Djaka-See und der Sangha, das heißt der Grenze zu Kamerun, lebt. Wir haben auch erfahren, daß eine Fährte dorthin und weiter bis zum Bantu-Dorf Ganzikolo am großen Fluß führt. Es wird also Zeit für Philippe und mich, das Djaka-Lager zu verlassen, um zu versuchen, mit diesen Babingas in Kontakt zu kommen, während Jean-François und Hughes, der sich noch in der Gegend um Pokola befindet, weitere zwei bis drei Wochen in der Nähe des Sees bleiben.

Unser Plan ist deshalb recht einfach: Wir wollen das Gebiet durchqueren und bis nach Ganzikolo vorstoßen.

Doch dafür benötigen wir einen Führer und denken dabei natürlich an Epata. Nach einer mühevollen Unterredung in Lingala erklärt sich Akundja bereit, uns seinen Sohn als Begleiter zur Verfügung zu stellen. Da dieser die meiste Zeit auf der Sangha verbringt und deshalb die Gegend gut kennt, wird er uns sicherlich von großem Nutzen sein. Wir beschließen, am nächsten Tag, dem 31. Juli, aufzubrechen.

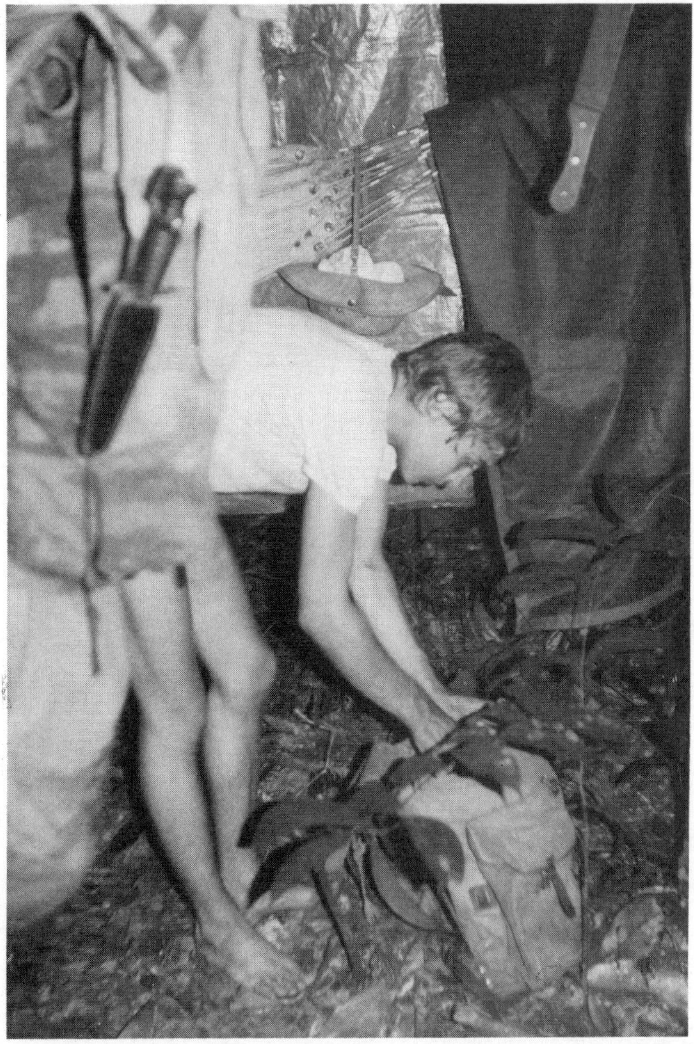

Hastig packen wir unsere Rucksäcke

Im Morgengrauen weckt uns Epata auf Pygmäenart. Er stößt einige lange Schreie aus.

„Eheeeee . . . ! Eheeeee . . . !

Noch ganz steif und verschlafen springen wir aus den Hängematten und packen hastig unsere Rucksäcke. Wir nehmen nur das absolut Notwendige mit, ein paar Filmrollen und einen Fotoapparat. Jean-François beobachtet uns bei den Vorbereitungen, etwas traurig, allein zurückbleiben zu müssen.

„Gut, dann ist alles klar", sage ich zu ihm. „Wir sehen zu, daß wir diesen Pygmäenstamm treffen und gehen dann weiter bis nach Ganzikolo. Bin gespannt, was wir dort vorfinden. Wenn die Gegend interessant ist, kommen wir etwas später nach Ganzikolo. Du brauchst nur in aller Ruhe auf uns zu warten und Hughes Bescheid zu sagen, wenn er zurückkehrt."

„O. K., und wenn ihr in einer Woche nicht wieder da seid, fange ich an, mir Sorgen zu machen", antwortet er grinsend.

Als wir aufbrechen, schultert Epata einen winzigen Tragkorb, der ein Stück Fleisch enthält, und wir besteigen die Piroge, die die Elefantenjäger dagelassen haben.

Ruhig gleiten wir durch die kleinen Kanäle, die zur Mitte des Sees und dann zu unserem Bwatu-Lager führen, wo auch die Fährte nach Ganzikolo beginnt.

Auf halbem Weg deutet Epata auf eine große schwimmende „Insel", auf der das Gras völlig niedergetrampelt ist.

„Elefant", sagt er mit glänzenden Augen.

Die Spuren sehen noch ganz frisch aus. Wahrscheinlich hat das Tier dort letzte Nacht seinen Durst gelöscht.

In der Fahrrinne, die zum Bwatu-Lager führt, müssen wir aussteigen und das letzte Stück bis zu den Oberschenkeln im Wasser zu Fuß zurücklegen, denn die Piroge ist zu schwer beladen, um sich durchsteuern zu lassen.

Wir finden unser altes Lager fast unverändert vor. Ein Blick auf die Uhr sagt mir, daß wir fast eine Stunde für die Fahrt über den See gebraucht haben. Ohne einen Moment zu verschnaufen, geht Epata auf den Pfad nach Ganzikolo zu.

Und als guter Pygmäe geht er schnell, fast im Trab. Eine wilde „Verfolgungsjagd" beginnt. Da der Weg schlecht ist – allerdings eine wahre Autobahn im Vergleich zu dem, was wir schon kennengelernt haben –, können wir kaum mit ihm Schritt halten.

In dieser Geschwindigkeit laufen wir vier Stunden hintereinander, zwischen Dornsträuchern, durch Lianen, über umgestürzte Bäume und Wurzeln, in denen sich die Füße leicht verhängen. Ohne die geringste Rast.

Trotz dieses Marschtempos zeigt uns Epata immer wieder Tierfährten, auf die wir stoßen. Hier ist eine, die sich ein Elefant gebahnt hat, besser als wir sie mit allen unseren Buschmessern freilegen könnten. Etwas weiter weg hat ein Wildschweinrudel den Humusboden mit seinen Hufen zerstampft. Dort sehen wir die Spuren einer Antilope. Wie alle Pygmäen besitzt Epata einen äußerst geschärften Sinn für den Urwald, diese Gabe des Fährtenlesens, die sie zu den besten Jägern Afrikas machen.

Wir überlassen ihm das Gewehr, mit dem er inzwischen umgehen kann, und er marschiert in ständiger Alarmbereitschaft an der Spitze.

Plötzlich hören wir rechts von uns ein Geräusch. Epata zielt aufs Geratewohl und verschwindet im Dickicht. Was wir jetzt vernehmen, klingt nach einem kurzen Kampf, dann taucht Epata mit einem großen Fasan in der Hand wieder auf. Ohne ein Wort zu sagen, schneidet er einige dünne Lianen ab, befestigt den Vogel auf seinem Tragkorb und setzt sich erneut in Trab.

Kurz darauf kommen wir zu einer Weggabelung. Einer der Pfade ist in sehr schlechtem Zustand. Es handelt sich um den, der nach Pokola führt. Auf unserem Marsch zum Djaka-See haben wir also tatsächlich die Fährte neu gebahnt.

Der zweite Pfad geht in Richtung Ganzikolo. Er zieht sich fast unsichtbar nach Nordwesten, windet sich durch den Urwald, weicht größeren Erhebungen aus, führt über riesige, vom Blitz gefällte Bäume, schlängelt sich durch gewaltige Brettwurzeln. Wir stolpern und kriechen über oder unter diese Hindernisse, waten durch kleine Sümpfe, Lianen schlagen uns ins Gesicht, Dornsträucher zerkratzen uns die Haut.

Ein unglücklicher Hieb mit dem Buschmesser, und ein wahrer Schwall winziger roter Ameisen rieselt auf uns herab. Ich glaube, bei dieser Gelegenheit habe ich den Rekord im Schnell-Striptease gebrochen! Die Tierchen verteilen sich in Windeseile über den ganzen Körper und beißen mit solcher Kraft zu, daß sie fast senkrecht stehen. Qualvoll!

Etwas später ist es eine dicke, haarige Raupe, die mir in den Kragen fällt, und Philippe muß mir die Haut mit dem Buschmesser schaben, um alle Borsten zu entfernen.

Als Ersatz für die Mahlzeiten, auf die wir den ganzen Tag verzichten, pflückt Epata hie und da mal ein paar Beeren, mal Kernobst wie Mobei, eine dicke gelbe Frucht von der Größe einer Ananas, deren mit Kernen durchsetztes Fleisch uns im Mund zergeht.

Unsere erste echte Pause machen wir nach sechs Stunden Marsch und der Durchquerung des Flüßchens Bogandie. Übrigens mehr zufällig, denn wir begegnen einer Horde Affen, und Epata hetzt ihr nach. Während er auf der Jagd ist, fabriziere ich mir eine Zigarette aus einer Viertelseite einer Nummer von „Science et Vie“ und einem Blatt Tabak. Seit einer Woche habe ich nichts anderes mehr zum Rauchen.

Epata erwischt einen Affen, und wir brechen zehn Minuten später im gleichen Tempo wie vorher auf. Wir müssen vor Einbruch der Dunkelheit den 50 Kilometer langen Pfad zurückgelegt haben. Das können wir schaffen, denn er ist „passierbar“.

Doch trödeln dürfen wir dabei nicht.

Wir versuchen ständig, Arme und Rucksack in eine bequemere Stellung zu bringen, um die Schultern und das Kreuz zu entlasten. Mal verschieben wir unser Gepäck mit dem Daumen, mal mit der Hüfte.

Drei Stunden noch geht es in der gleichen Geschwindigkeit weiter, obwohl die Fährte immer schlechter wird, und wir uns den Weg durch ein Gewirr von Dorngewächsen und umgestürzten Bäumen bahnen müssen, auf denen wir manchmal wie Seiltänzer balancieren.

Um diesen Rhythmus bei einer derartig schwierigen Bodenbeschaffenheit beizubehalten, gibt es nur ein Mittel: an alles, nur nicht ans Laufen denken. Ich sehe vor mir eine verschneite Berglandschaft, eine kleine Holzhütte, einen Kamin, in dem ein angenehmes Feuer prasselt. Vor meinen Augen taucht ein Lebkuchen mit Butter auf. Der Himmel weiß, weshalb. Denn ich esse Lebkuchen überhaupt nicht besonders gern. Doch ich verdränge schnell dieses Bild, denn auf meinen Lippen habe ich nur den salzigen Geschmack meines Schweißes. Philippe geht es auch nicht besser. Nur Epata scheint die Anstrengung nichts auszumachen.

Gegen 17 Uhr hören wir vor uns Rufe aus verschiedenen Richtungen, die im Urwald widerhallen.

„Babingas", sagt Epata und lächelt uns zu.

Wenige Minuten später erreichen wir eine schattige Lichtung, auf der sieben Hütten aus Blättern stehen, die sich kaum von dem Urwald abheben. Umgeben von Frauen und Kindern begrüßen uns sechs, sieben Männer im Lendenschurz.

Erschöpft, aber überglücklich lassen wir uns auf eine seltsame Bank aus Lianen fallen, die sich in der Mitte des Lagers befindet.

Die Pygmäen umringen uns, und Epata läßt es sich nicht nehmen, allen genau zu erklären, wer wir sind. Um die Atmo-

Das Pygmäenlager am Keli-Keli-Fluß

sphäre etwas aufzulockern, verteilen wir Salz und Tabakblätter. Allgemeine Begeisterung – der Bann ist gebrochen.

Die Kinder haben sich in die Hütten verkrochen und lachen, während sie uns beobachten.

Dieses Pygmäenlager scheint interessanter als das vom Djaka-See; Philippe und ich brauchen uns nicht lange zu beraten, um zu wissen, daß wir uns hier eine Zeitlang niederlassen wollen.

Doch zunächst möchten wir uns im Dorf Ganzikolo umsehen, wo sicherlich auch Pygmäen leben.

Epata drängt ebenfalls zum Aufbruch, da er sich wegen der nicht mehr allzu fernen Dunkelheit Sorgen macht. Kaum stehen wir auf, merken wir schon, wie sehr unsere Beine schmerzen und die Gelenke steif geworden sind.

Im selben Eiltempo geht Epata vor uns her, ohne sich nur ein einziges Mal umzusehen, um festzustellen, ob wir ihm auch folgen können. Mit der größten Leichtigkeit weicht er den Hindernissen im Urwald aus, und die Entfernung zwischen ihm und uns vergrößert sich manchmal gefährlich. Nach zehn bis fünfzehn Metern verlieren wir ihn jedesmal völlig aus den Augen und müssen nach ihm rufen, um wieder auf die richtige Fährte zu gelangen.

Ich bemühe mich immer stärker, an etwas anderes als an den Weg zu denken. Die Insektenschwärme, die sich auf meiner schweißgetränkten Kleidung niederlassen, kümmern mich kaum noch.

Kurz nach dem Pygmäenlager durchqueren wir den Keli-Keli, was „Fluß im Durcheinander" bedeutet. Doch erst als die Nacht hereinbricht, erreichen wir die Bomboa. Dieser Fluß ist lediglich ein paar Meter breit und fließt parallel zum Pfad, den er auf einer Länge von zwei Kilometern ersetzt.

Wir waten durch schwarzes, unheimliches Wasser in einem dichten Gewirr von Dorngewächsen und Baumstämmen. Über unseren Köpfen bildet der Urwald ein riesiges Gewölbe, von dem glatte und gewundene Schlingpflanzen herabhängen. Es kommt mir vor, als befände ich mich in einem gewaltigen, düsteren Tunnel, kalt und totenstill, wie ich ihn mir gut in einem Geisterzug vorstellen könnte.

Bis zum Bauch im Fluß stolpern wir häufig, und schmutziges Wasser spritzt in Fontänen hoch. Die Erschöpfung verbreitert den Abstand zwischen uns immer mehr. In der hereinbrechenden Nacht bekommt unser Marsch etwas Unwirkliches und Erlahmendes, denn wir sind völlig durchnäßt und schlottern vor Kälte.

Doch wir werden erlöst, als der Fluß in südlicher Richtung abbiegt. Wir laufen noch eine Weile durch Schlamm, dann haben wir endlich wieder festen Boden unter uns.

Noch eine Stunde Marsch, und dann umfängt uns totale Finsternis. Als so schwarz habe ich sie noch nie empfunden. Schon am Tag schimmert nur gedämpftes blaugrünes Licht durch das dichte Blattwerk. Und mit der Nacht zieht undurchdringliche Dunkelheit in den Urwald ein.

Wir fragen Epata, wie weit es noch bis nach Ganzikolo sei.

„Mwa Mossika (etwas weit)", antwortet er lakonisch.

Wir verringern den Abstand zwischen uns, um dem Vorausgehenden die Hand auf die Schulter legen zu können. Wenn der Boden ausgewaschen ist, ansteigt oder abfällt, tritt der Fuß leicht neben den winzigen Pfad und bleibt in dem dichten Pflanzenwirrwarr hängen, das ihn säumt. Dann folgt der unvermeidliche Sturz.

Jedesmal stößt Epata einen Ruf des Mitleids aus, doch er verlangsamt sein Tempo nicht. Und um nichts auf der Welt möchten wir ihn darum bitten.

Alle drei Sekunden zeigt er uns den Weg mit einem Ruf.

„Awa.. Awa... Awa... (Hier)!"

Noch fast zwei Stunden lang bedeutet dieses Wort für uns den Faden der Ariadne auf diesem Marsch, der uns an dantische Beschreibungen erinnert. Da sehe ich auf einmal durch das Urwalddickicht einen entfernten Schein, gelb und unscharf, der die schwachen Umrisse einer Lehmhütte beleuchtet.

Epata führt uns weiter mit seinen Rufen, und wir halten uns noch immer mit der Hand auf der Schulter des anderen. Auch nur der kleinste falsche Schritt und wir können in den Dornsträuchern landen, die hier wie Pilze aus der Erde schießen.

Noch einige wenige Meter, und wir erreichen einen weiten freien Platz in der Nähe des Flusses, der von viereckigen Lehmhütten gesäumt ist, vor denen anheimelnde Feuer brennen: Ganzikolo.

★

Ganzikolo

Muß man bei allem, was man tut, nach dem Warum fragen?

Sprachlos beobachten die Pygmäen unsere Ankunft. Wir humpeln aufs Dorf zu. Als wir näher kommen, erheben sich die Bewohner und treten aus dem Schatten. Hundert neugierige Blicke verfolgen uns. Die Kinder schwärmen aus, um die Neuigkeit zu verbreiten.

Epata ruft die Leute herbei, und wir werden zu einer Hütte geleitet. Dort sacken wir auf dem Boden zusammen, lehnen den Rücken gegen einen Holzpfahl, legen Hut und Gürtel ab. Zum erstenmal betrachte ich mir den erbärmlichen Zustand meiner Stiefel, das zerfetzte Leder, die zerrissenen Schnürsenkel. Wir sind total durchnäßt und zittern vor Kälte. Jemand bringt uns eine Sturmlampe.

Um uns herum haben sich jetzt Männer, Frauen und Kinder versammelt. Sie kauern im Schatten, starren uns mit weit aufgerissenen Augen an. Epata berichtet von unserem Marsch, und auf seine Anordnung hin werden uns verschiedenartigste Gerichte hingestellt: Maniok, gekochte Bananen, Foufou. Gierig verschlingen wir das Essen und trinken dazu perlenden, milchig-süßen Palmwein.

Als ein Pygmäe auf mich zukommt und mir eine alte, ganz zerdrückte Zigarette anbietet, begreifen wir, daß wir mit unserer

Pygmäenfrauen

Rückkehr zum Ufer der Sangha wieder in eine Art „zivilisiertes" Leben eingetreten sind. Wir rechnen auch ganz unbewußt damit, daß wir in den kommenden Wochen viel über die Beziehungen zwischen Pygmäen und Bantus erfahren werden, die wir sicher bald zu Gesicht bekommen.

Von dem vielen guten Essen gestärkt, stellen wir jetzt ein paar Fragen. Zu unserer Zufriedenheit merken wir, daß wir in Lingala große Fortschritte machen. Wir erfahren, daß Ganzikolo eigentlich aus mehreren Dörfern besteht, und daß sich in dem, das uns am nächsten liegt, die Häuptlinge der Pygmäen befinden. Wir beschließen, dort hinzugehen.

Nach einem letzten Schluck Palmwein – zehn Liter würden nicht einmal ein Kind ansäuseln – brechen wir zu diesem zweiten Dorf auf. Die Gelenke und Füße tun uns so weh, daß wir für den nur etwa hundert Meter langen Pfad, der dorthin führt, mehrere Minuten brauchen. Langsam folgen uns die Pygmäen.

Wir bleiben bei einer Hütte ohne Seitenwand stehen, vor der nur ein großes Feuer brennt. Dort haben sich die Pygmäenhäuptlinge versammelt. Wir nehmen neben den Männern Platz; lange Zigaretten aus Tabak- und Kassie-Blättern und frische, mit Palmwein gefüllte Kalebassen machen die Runde.

Die Gründung der Volksrepublik Kongo bescherte jeder Ortschaft, jedem Dorf, selbst dem entferntesten und abgelegensten ein „Politkomitee", das theoretisch der Bevölkerung die Probleme des Kongo bewußt machen soll. Doch im Innern des Urwalds fand sich niemand, der auch nur andeutungsweise politisch geschult war, und so bestehen die Mitglieder dieser Komitees aus denen, die das Glück gehabt hatten, eine Zeitlang die Schule zu besuchen.

Aber das wissen wir alles noch nicht, als wir uns den Palmwein genüßlich zu Gemüte führen. Es soll jedoch nicht lange dauern, bis wir es erfahren.

Ein junger Mann in langem Gewand, dem *Boubou*, bahnt sich einen Weg durch die Menge, die ängstlich auseinanderrückt. Bei uns angekommen, ruft er uns großartig „Bon soir" auf französisch zu.

Erstaunt drehen wir uns um und stellen fest, daß es sich schlicht um einen Bantu handelt.

„Ich bin der Sekretär vom Dorfkomitee", erklärt er großspurig. „Woher kommt ihr?"

In seiner Stimme schwingt unterschwellige Aggressivität mit. Wir erklären ihm, daß wir aus dem Urwald kommen, doch das sollen wir bald bedauern, denn diese Feststellung erweckt sein Mißtrauen. Der Kongo hat die Söldner nicht vergessen, und unsere Militäranzüge tragen nicht gerade dazu bei, es zu zerstreuen.

Es folgt ein richtiges kleines Verhör. Leicht belustigt stehen wir Rede und Antwort. Zum Schluß meint der Mann hochtrabend: „Na schön. Jetzt möchte ich eure Dingsda, den ... eure Papiere ..."

„Unsere Pässe vielleicht?"

„Ja, genau, die möchte ich sehen."

Endlich jemand, der schon mal etwas davon gehört hat, und ein zweiter Beweis dafür, daß wir uns wieder in der „Zivilisation" befinden. Doch erschöpft und müde antworten wir, daß es damit ja keine Eile habe.

„Doch, doch!" kreischt der kleine Kerl. „Ich möchte sie sehen. Sagt einem Pygmäen, er soll sie holen."

Dieser Zwerg geht uns langsam auf die Nerven. Als er merkt, daß sich niemand rührt, deckt er die Pygmäen in Lingala mit Schimpfwörtern ein. Bei diesem Wutausbruch stehen alle zitternd auf. Da wir einsehen, daß jede Verzögerung die Angelegenheit nur noch verschlimmert, kehren wir alle in einer Prozession zum ersten Dorf zurück.

Da taucht ein zweiter, etwa vierzigjähriger Bantu auf; sein Gesicht ziert ein schmaler Schnurrbart. Auf den ersten Blick glauben wir, daß es sich um eine wichtige Persönlichkeit aus dem Dorf handelt, denn er trägt einen dicken Wollsakko über seinem Boubou.

Wir haben uns nicht getäuscht. Es ist der Präsident des Komitees selbst, der uns die Ehre gibt. Die ganze Gegend muß inzwischen über unsere Ankunft Bescheid wissen, was mich, zugegeben, ziemlich ärgert.

Im Dorf angelangt, zeigen wir unsere Pässe vor. Obwohl sie sie verkehrt herum durchblättern, stellen sie fest, daß wir weder Schmuggler noch Söldner sind. Und sofort beruhigen sie sich. Wesentlich freundlicher erkundigen sie sich, wo wir zu schlafen gedenken.

„In der Hütte von Epata. Er lädt uns ein."

Es wundert uns, daß die beiden Männer vor Entsetzen nicht in Ohnmacht fallen.

„Was? Ihr wollt bei den Pygmäen wohnen? Dahinten?"

„Ja, warum nicht? Uns gefällt es."

Der Ausdruck auf ihren Gesichtern geht von Entsetzen in Empörung über. Die halten uns wohl für leicht übergeschnappte Weiße. Doch sie versuchen nicht, uns zu überreden, und ziehen beleidigt wieder in ihr Dorf.

Wir alle stoßen ein „Uff!" der Erleichterung aus. Aber der Zwischenfall scheint die Nacht mit Traurigkeit zu überschatten. Die Pygmäen lächeln nicht mehr. Sie wirken bedrückt. Philippe und ich sehen uns an. Wir haben einen kleinen Einblick in die Art und Weise bekommen, wie die Bantus die Pygmäen behandeln. Das kann ja heiter werden ...

Aber Epata lädt uns in seine Hütte ein. Im Innern ist es so düster, daß wir kaum die beiden etwas erhöhten Lagerstätten erkennen können, die sich an die Lehmwände lehnen. Er holt aus einer dunklen Ecke ein Stück Stoff und hängt es mit größter Sorgfalt vor den Eingang, um uns vor neugierigen Blicken zu schützen. In allen seinen Gesten zeigt sich sein genaues Gespür für Gastfreundschaft, für sein Bemühen, uns zu helfen, uns freundlich zu empfangen. Als er sich davon überzeugt hat, daß uns für die Nacht nichts fehlt, verläßt er uns ohne ein Wort.

Wir breiten unsere Hängematten auf der Streu aus vergilbten Palmenblättern einer der Lagerstätten aus und schlüpfen in die an ihnen befestigten Schlafsäcke. Nach diesen 50 Kilometern Eilmarsch durch den Dschungel fühlen wir uns wie durch den Fleischwolf gedreht. Wir stöhnen schon bei der kleinsten Bewegung. Trotzdem ist vorerst an Einschlafen nicht zu denken, denn unser Lager wimmelt von Ungeziefer. Kakerlaken laufen uns über den Rücken. Eine Eidechse vergnügt sich an der Decke aus

Palmenblättern, bevor sie sich mit einem dumpfen Klatschen auf den Boden fallen läßt.

Freitag, 1. August

Ich erwache aus meiner Starre. Philippe liegt zusammengekrümmt neben mir und schläft weiter. Ich stehe leise auf und trete vor die Hütte.

Die Pygmäen empfangen mich mit freundlichem Lächeln, und das Geräusch ihrer Stimmen weckt Philippe auf, den es auch nicht lange in der Hütte hält. Gemeinsam machen wir uns an die Erforschung der Umgebung.

Das Dorf Ganzikolo besteht eigentlich aus fünf „Vierteln", die eine üppige Vegetation umschließt und die jeweils etwa hundert Meter voneinander entfernt liegen. Nur ein schmaler Pfad verbindet sie. Zwei werden von Pygmäen und die restlichen drei von Bantus bewohnt. Die Bantu-Viertel haben die beste Lage am Ufer der Sangha.

Im fünften Viertel leben die Häuptlinge und Honoratioren der Bantus. Hier begegnen wir auch dem „Präsidenten", der auf der Schwelle seiner Hütte sitzt, der einzigen mit Lehmbinder erbauten: ein unwiderlegbarer, sichtbarer, sprechender Beweis seiner gesellschaftlichen Stellung.

Im Augenblick verzehrt der Präsident eine Portion geröstete Raupen. Um ihn herum sind drei, vier Kinder geschäftig bemüht, seine Wünsche zu befriedigen.

Wir begrüßen ihn und fragen ihn, wo wir uns etwas zu essen besorgen können. Er unterbricht sein gieriges Schmausen einen Moment.

„Ich esse jetzt erst mal", erwidert er, „und dann sehen wir weiter, ja?"

In seinem Ton, der sich seit gestern abend merklich gemäßigt hat, schwingt kein Egoismus mit. Nein. Das sind nur ganz natürliche Worte. Wir betrachten die Szene mit einem gewissen Abscheu. Uns überkommt das unangenehme Gefühl, daß wir es hier mit einem kleinen Dorftyrannen zu tun haben.

Nach Beendigung der Mahlzeit bringt ihm ein Kind Wasser zum Waschen. Er säubert sich die Hände und läuft dann mit uns durchs Dorf, auf der Suche nach etwas Eßbarem. Und hier wird uns klar, daß unser Präsident als Persönlichkeit von hohem Rang gelten muß, denn alle bieten uns mit freundlichem Lächeln Erdnüsse und süße Bananen an.

Anschließend führt er uns ans Ende des Dorfes in die Nähe des Flußufers. Dort wachsen Kakao-, Mango- und Mandarinenbäume.

Er bleibt bei einem solchen Baum stehen und ruft ein paar Kinder herbei, die uns gefolgt sind. Dann nimmt er von den unteren Ästen höchst seltsame Gegenstände aus Metallstücken und Stoffetzen ab: es sind Talismane.

„Die hängen da, damit die Kinder nicht an die Früchte gehen", erklärt er. „Wir sagen ihnen, wenn sie sie berühren, dann macht es peng...! Und sie sind tot. Ha! Ha! Ha...!"

Sehr witzig.

Sobald keine Amuletts mehr in den Ästen baumeln, klettern die Kinder gewandt die Stämme hoch und kommen beladen mit Mandarinen zurück. Eine ist wirklich reif, und die schnappt sich gleich der Präsident.

Wir verbringen den ganzen Vormittag mit diesem seltsamen Menschen und stellen ihm verschiedene Fragen.

„Leben hier viele Pygmäen?"

Immer noch haben wir diese Pygmäen im Kopf! Er platzt fast vor Ärger.

„Das sind alles Diebe!" kreischt er. „Hier ist alles voll von ihnen.

Aber in Ikelemba, da gibt's zuviel. Und wie! Zuviel . . . wirklich zuviel!"

„Und was machen die den ganzen Tag?"

„Die? Nichts machen die. Die klauen nur."

Davon kommt er eindeutig nicht los.

„Arbeiten sie nicht?"

„Ja doch, auf den Äckern beim Dorf."

„Und jagen sie?"

„Ja. Wir geben ihnen manchmal ein Gewehr. So ein Simplex, altes Gewehr aus der Kolonialzeit, und dann jagen sie für uns, denn die sind wie wilde Tiere, die Pygmäen. Wir lassen ihnen dann ein bißchen Fleisch übrig."

Wir erfahren anschließend, daß jeder Bantu eine bestimmte Zahl Pygmäen besitzt, die ihm gehören. Sie sind ihm gegenüber zu absolutem Gehorsam verpflichtet und arbeiten für ihn. Als Gegenleistung gibt er ihnen einen Teil der Ernte ab, aber insbesondere bekommen sie Maisschnaps, Palmwein, Tabak, ein paar Lumpen und Aluminiumkessel. Und damit hält er sie sich. Denn wenn die Pygmäen einmal ihren Urwald verlassen und an den Annehmlichkeiten der Bantus Geschmack gefunden haben, sind nur wenige bereit, wieder zu der Lebensweise ihrer Vorfahren zurückzukehren. Die Verlockung der Zivilisation und ihrer Sicherheit scheint stärker, und diejenigen, die diesem Ghetto entfliehen, bedauern dies meist später. Deshalb haben wir wohl so viele Überreste verlassener Lager im Urwald gesehen. Deshalb leben Pygmäen nur noch am Djaka-See und am Keli-Keli. Von Pygmäe zu Pygmäe, von Mund zu Mund verbreiten sich die Verlockungen der Zivilisation bis in den tiefsten Dschungel. Der Schnaps für den Mann, der Aluminiumkessel für die Frau, werden zu dem, was für den Gaucho der Pampa früher der Stacheldraht bedeutete: das gnadenlose Symbol des Endes eines harten, aber freien Lebens.

Verschiedene Pygmäen gehören seit Generationen einer Bantu-Familie. Vom Vater zum Sohn. Doch früher ließen sich nur wenige diese Bevormundung gefallen. Sie beschränkten sich auf den Tauschhandel mit ihren „Besitzern". Aber das ändert sich sehr schnell, denn die Pygmäen trennen sich jetzt viel leichter vom Urwald, um sich für immer in den Bantu-Dörfern niederzulassen.

Die Bantus zeigen ihnen, wie man ihre Äcker bestellt, und mit der Zeit übernehmen sie Bantu-Sitten und verzichten auf die Einehe. Da sie praktisch Leibeigene sind, werden sie von den Bantus wie Sklaven behandelt, sowohl für harte körperliche Tätigkeiten als auch zur Bereicherung ihrer großen Feste, denn die kunstvollen Tanz- und Musikdarbietungen der Pygmäen werden außerordentlich geschätzt.

Schicksalsergeben lassen sich die Pygmäen die unzähligen Kränkungen und Demütigungen gefallen, denen sie täglich ausgesetzt sind. Die Faszination des Lebens der Bantus – Viehzucht, Fischfang, Ackerbau und was sie über ihre „Besitzer" von der Zivilisation und ihren Gegenständen mitbekommen – prägt sie so stark, daß auch der kleinste Anflug von Widerstand oder Protest im Keim erstickt. Wie Zwerge, die sich in die Welt der Riesen verirrt haben, nehmen sie von ihren Herren und Meistern alles hin, glücklich, nach den Mühen des Tages ein paar ausgiebige Schlucke perlenden Palmwein trinken zu dürfen.

Das alles kann man aus den verächtlichen Bemerkungen des Präsidenten heraushören. Es dringt immer mehr in unser Bewußtsein, daß wir die Todesstunden der Pygmäen-Kultur miterleben, daß wir Zeugen eines Völkermords sind.

Dann lenken wir die Unterhaltung auf den Urwald. Wir begreifen schon sehr bald, daß unser Gesprächspartner und die meisten Bantus außer den Ufern ihres Flusses kaum etwas kennen. Nach ein paar Kilometern ins Landesinnere hinein beginnt für sie das Unbekannte, der Bereich der Gerüchte, der

Vermutungen, der Legenden. Denn die Bantus fühlen sich ihrerseits auch von der „Zivilisation" angezogen, doch auf einer höheren Ebene: Zigaretten, Bier, Brot, Kleidung. Sie möchten jetzt nicht mehr die Sangha verlassen mit ihren Händlern aus Ouesso, der „Stadt", die übrigens von Ganzikolo nicht sehr weit entfernt liegt. So verlaufen die Etappen der Entwicklung dieser Gesellschaften. Die Pygmäen streben nach dem Leben der Bantus, die Bantus sehnen sich nach den Vergnügungen der westlichen Zivilisation.

14 Uhr

Auf unserem Lager in Epatas Hütte ausgestreckt, betrachten Philippe und ich unsere Karte von der Gegend. Wenn ein grüngefärbtes, von blauen Äderchen durchzogenes Stück Papier den Namen Karte überhaupt verdient...

Wir haben bereits ein paar Fehler bei der Eintragung des Verlaufs von kleinen Flüssen und der Lage von Sümpfen festgestellt. Das macht uns etwas mißtrauisch. Außerdem wissen wir, daß sie mindestens fünfzehn Jahre alt ist und nach Luftaufnahmen gezeichnet wurde. Doch etwas Neueres gibt es nicht, und deshalb bleibt uns nichts anderes übrig, als sie zu benutzen.

Auf einmal hören wir, daß man uns von draußen ruft. Dazu ein eigenartiges Durcheinander von leisen Stimmen und eiligen Schritten. Etwas erstaunt und neugierig treten wir vor die Hütte und stehen einem Polizisten mit umgehängter Maschinenpistole und einem munteren Kerl gegenüber, der sich als der Regierungsbeauftragte für den Bezirk Ouesso erweist.

Die Buschtrommel gehört tatsächlich nicht ins Reich der Legenden. Denn in weniger als vierundzwanzig Stunden hat sich die Nachricht von unserer Ankunft wie ein Lauffeuer verbreitet, vom

Jäger zum Fischer, von Piroge zu Piroge, bis die Behörden von Ouesso davon erfuhren, und sich ihr Leiter höchstpersönlich aufgemacht hat, um sich an Ort und Stelle von dem Ereignis ein Bild zu machen.

Das ist ein ungewöhnliches Erlebnis für die Dorfbewohner, die es sich nicht nehmen ließen, die beiden Männer zu unserer Hütte zu begleiten. Noch einmal kommt das Problem vom Vortag zur Sprache: Sind wir Söldner oder Schmuggler? Der Schrecken scheint wirklich allen noch in den Knochen zu sitzen.

Sie stellen einige Fragen und durchsuchen dann gründlich unsere Sachen. Der Zwerg von einem Komitee-Sekretär beteiligt sich mit einer unangenehmen Neugier. Ihm bereitet es ein geradezu widerwärtiges Vergnügen, den Inhalt unserer Rucksäcke zu inspizieren.

Sie finden offensichtlich nichts Interessantes, außer Philippes Zeichenblock. Den beschlagnahmen sie, um später zu entscheiden, ob er zum Aufruhr anstiftet oder nicht. Wir geben uns die größte Mühe, unsere Notizhefte zu verbergen, und das gelingt uns tatsächlich. Das wäre auch der Gipfel gewesen, wenn sie uns die abgenommen hätten. Ein echtes Verbrechen in unseren Augen!

Wir erklären, daß wir in Brazzaville sämtliche Genehmigungen zum Besuch der Gebiete zwischen Sangha und Likouala erhalten hätten. Doch Brazzaville ist weit, über tausend Kilometer entfernt. Und unsere Genehmigungen befinden sich am Djaka-See.

Der Leiter des Bezirks denkt einen Augenblick nach, dann wendet er sich an den Präsidenten.

„Gut, dann schicken Sie jetzt ein paar Pygmäen zum Djaka-See. Die sollen einen Ihrer Kameraden mit den Papieren herbringen. Danach schaffen Sie sie alle mit der Piroge nach Ouesso, damit wir die Angelegenheit dort klären können."

Bevor sie sich wieder auf den Weg machen, schütteln uns die

beiden Männer die Hand, um uns zu bedeuten, daß das Ganze nicht weiter von Bedeutung ist. Doch sie können nicht begreifen, weshalb wir bei den Pygmäen leben wollen. Sie geben uns zu verstehen, daß uns eine Hütte beim Präsidenten zur Verfügung gestellt wird.

Nach dem Aufbruch der beiden hohen Amtspersonen bestimmt der Präsident drei Pygmäen für den anstrengenden 100-Kilometer-Marsch durch den Dschungel. Epata gehört zu ihnen, und als er mit uns allein ist, stöhnt er: „Ganzikolo, Ganzikolo. O nein!"

Ich kann mir vorstellen, daß er jetzt an Djaka und an die Freiheit im Urwald denkt, die er unseretwegen verlassen hat, um in Ganzikolo, dieser miesen Zivilisations-Enklave, zu landen.

Etwas später richten wir uns in unserer neuen Hütte ein. Der obere Teil der Lehmwände ist durchbrochen, was den Vorteil hat, daß wir die Hängematten dort befestigen können, wenn wir uns hinlegen. So brauchen wir uns nicht mehr mit dem Ungeziefer im Blätterlager herumzuschlagen.

Trotzdem werden wir in der Hütte nicht in Ruhe gelassen. Ich spreche gar nicht von den Insekten, sondern von den unzähligen Tieren, von denen es im Dorf wimmelt, und die je nach Belieben bei uns aus- und eingehen können. Da gibt es Ziegen, die die Bantus als gute Viehzüchter in großen Mengen besitzen, dann Hühner, die zur Produktion von . . . noch mehr Hühnern dienen, denn die Eier zu essen, gilt als Verschwendung. Und schließlich die Hunde. Klein, krummbeinig, kahl, ausgemergelt, mit angeknabberten Ohren. Sie wissen nicht, was sie mit dem Tag anfangen sollen und streunen wie wandelnde Skelette durch das Dorf.

Wir jagen das ganze Viehzeug aus der Hütte und setzen uns hin, um die Wunden an unseren Füßen zu behandeln. Wir müssen dabei sehr aufpassen, denn bei der Durchquerung der Bomboa hat sich jede kleinste Abschürfung vertieft, und die Infektionsgefahr nimmt zu.

Der Aufbruch von Epata und seinen Männern ist auf morgen festgelegt worden. Ich schreibe einen Brief an Jean-François, um ihm die Lage zu erklären, und bitte ihn, die Pygmäen zu begleiten, während Hughes am Djaka-See bleiben soll, um die Arbeit weiterzuführen. Dann übergebe ich ihn Epata und schärfe ihm ein, sehr gut auf dieses für ihn unverständliche Stück Papier aufzupassen.

Bald bricht die Nacht über der Sangha herein. Das Trommeln der Tamtams klingt wie das Klopfen eines Herzens im Dunkel. Man bringt uns eine Schale gerösteten Mais mit Fisch. Während des Essens genieße ich den Frieden, der sich über die Landschaft senkt.

Samstag, 2. August

Wie eine glühende Stahlplatte steht die Sonne am Himmel und strahlt unbarmherzig heiß auf das Dorf nieder.

Epata sucht uns noch einmal auf, bevor er zum Djaka-See aufbricht. Er wirkt gedrückt, und um ihn etwas aufzuheitern, geben wir ihm das Gewehr mit, das Jean-François wieder zurückbringen soll. Im Dschungel ist es immer noch besser als ein einfacher Speer.

Kurz darauf bekommen wir Besuch vom Präsidenten. Er hält einen schönen Fisch in der einen und eine mit einer durchsichtigen Flüssigkeit gefüllte Flasche in der anderen Hand.

„Das ist Maisschnaps“, erklärt er augenzwinkernd. „Schmeckt gut, beste Qualität. Wenn ihr wollt, verkaufe ich ihn euch.“

Wir haben ihn noch nie probiert, und aus Neugier kaufen wir ihm die Flasche ab. Es handelt sich, wie wir feststellen, um einen ganz normalen Schnaps, aber einen echten Rachenputzer!

Seine Herstellung ist ziemlich einfach. In einer Wanne werden Mais und gut gewässerter, danach vergorener Maniok vermischt.

Man kocht das Gemisch und fängt den Dampf tröpfchenweise in einem wassergekühlten Rohr auf. Die Flüssigkeit hat einen ziemlich hohen Alkoholgehalt und viele Liebhaber.

Der Palmwein wird aus einer *Molingué* genannten Palmenart gewonnen: Man schneidet eine tiefe Kerbe in das Ende des Stamms und stellt dort eine Kalebasse auf. Nach ungefähr 48 Stunden ist der Saft nach oben gestiegen und läuft in das Gefäß. Dieser sogenannte „Wein“ kann sofort getrunken werden und schmeckt dann sehr süß, oder man läßt ihn drei bis vier Tage gären, damit er seinen Namen verdient und ein paar Prozent Alkohol erwirbt.

Den ganzen Tag lang beobachten wir das Leben im Dorf und werden unsererseits von den Bantus beobachtet. Eine manchmal zumindest komische Situation.

Und dann, als die Dunkelheit hereinbricht, gehen wir auf den Dorfplatz, wo sich die Männer zum allabendlichen Palaver versammeln.

Wir kauen Zuckerrohr und hören ihrem Lachen und Reden zu. Immer noch beobachtet man uns ganz unauffällig, denn für sie kommen wir schließlich aus einer anderen Welt. Das eine erklärt wohl das andere, nämlich die Fragen, die der Präsident uns stellt. Die Unterhaltung verläuft in Französisch, denn, wie er uns selbst erzählt, ist er vier Jahre zur Schule gegangen.

„In Frankreich, ist es da kalt?“

„Ja, viel kälter als hier.“

Er denkt einen Augenblick nach, versucht sich die Kälte vorzustellen.

„Aber woanders ist es auch kalt.“

„Ja, in der UdSSR oder am Nordpol, zum Beispiel.“

„Viel kalt?“

„Puh . . . 50 oder 60° kälter als hier.“

„Was! Da können sie doch nicht leben, die Leute!“

„Doch. Mit sehr warmen Kleidern. Und am Nordpol dauern die Tage und die Nächte sechs Monate."

Der Ausdruck auf seinem Gesicht läßt sich nicht beschreiben.

„Hm! Aber das gibt's nicht! Unmöglich!"

„Doch. Wir wollen es Ihnen erklären. Aber dazu brauchen wir eine Sturmlampe und eine Mandarine."

Ungeduldig ruft der Präsident einen Befehl, und ein Kind läuft fort, um das Gewünschte zu holen. Dann erläutern wir ihm das Phänomen und benutzen dazu die Sturmlampe als Sonne. Ganz aufgeregt übersetzt der Präsident alles in Lingala. Starr vor Staunen und mit offenem Mund hören die anderen zu.

Danach überlegt er einen Augenblick und wendet sich selbstsicher, mit leuchtenden Augen an uns. „Also, die Erde, die ist ganz rund, und die Leute da unten, die fallen runter, oder?" flüstert er uns zu.

„Nein."

Mit diesem unbarmherzigen, endgültigen „Nein" zerstören wir sein Selbstbewußtsein. Eine Weile schaut er uns ungläubig an.

„Aha! So! Und wie geht das?"

Wir erklären es ihm.

„Aha! Die Weißen", meint er schließlich, „die sind zu schlau, einfach zu schlau!"

Etwa zwanzig Männer stehen um uns herum und hören sich interessiert die Übersetzung des Präsidenten an, der uns weiter Fragen über die Naturerscheinungen, Sonnen- und Mondfinsternis oder Erdbeben stellt, das er einmal hier in Gànzikolo erlebt hat. Jede Erklärung begleitet er jetzt mit einem Ausruf des Erstaunens und nagt dabei an den Fingerknöcheln.

„He! He . . . !"

Alles kommt an die Reihe: die Sterne, der Mond, die Sonne. Schließlich nickt der Präsident langsam mit dem Kopf, auf seinen Schultern lastet all das neue Wissen, das ihn schrumpfen läßt.

„Also wirklich", stellt er abschließend fest. „Euer Gott, der hat schon was geschaffen, hm!"

Sonntag, 3. August

Nach den Aufregungen bei unserer Ankunft ist das Dorf wieder zu seinem gewohnten, friedlichen Tagesrhythmus zurückgekehrt. Die Männer begeben sich zu den Maniok- oder Maisfeldern. Die Frauen legen große Platten aus Korbgeflecht, auf denen Raupen oder Maniok ausgebreitet sind, zum Trocknen auf die Dächer ihrer Hütten. Woanders wird Maisschnaps gebraut oder Palmenöl hergestellt, indem man die kleinen Nüsse zerdrückt, die sich im Innern der M'bila-Schalen befinden. Das Öl ist rot und dickflüssig, wie das Bambusöl. Ziegen, Hühner und Hunde laufen überall zwischen den Kindern herum, die auf dem staubigen Boden spielen.

Neben jeder Hütte steht auf einem Pfahl etwas, das man wohl als Hühnerstall bezeichnen muß, denn unser westliches Vokabular verfügt selten über das genaue Wort für die Dinge, die uns hier umgeben. Am Abend wird das Geflügel dort sorgfältig eingesperrt, um einen erfolgreichen Sturzflug der Habichte auf ihre Lieblingsbeute zu verhindern.

Etwas beunruhigt stellen wir fest, daß die Wunden an unseren Füßen tiefer werden. Unsere „Reiseapotheke" ist ziemlich beschränkt, und die offenen Stellen wollen einfach nicht verheilen.

Wenn alles gutgeht, müßte Jean-François morgen bei uns eintreffen.

Montag, 4. August, mittags

Auf dem Dorfplatz vor der Hütte eines schweigsamen alten Mannes, der als Richter fungiert, findet eine Verhandlung statt. Auf einem Liegestuhl aus Antilopenhäuten ausgestreckt, fordert er den Beschuldigten und den Kläger auf, rechts und links von ihm Platz zu nehmen, während etwa zehn „Beisitzer" sich um ihn herum gruppieren. In unserer Eigenschaft als Gäste des Dorfes gehören wir zu ihnen. Jede der betroffenen Parteien legt einen kleinen Geldbetrag vor ihn hin, der am Ende des Prozesses zwischen ihm und seinen Beisitzern aufgeteilt werden soll.

Im ersten Fall geht es um eine verworrene Diebstahlsgeschichte zwischen einer Frau und ihrem Mann. Beide legen ihren Standpunkt dar. Der Mann schimpft, schreit, droht, lehnt den Spruch, der ihn verurteilt, ab und beschließt, das Dorf zu verlassen, die einzige Möglichkeit für ihn, dem Urteil nicht zu entsprechen.

Der zweite Prozeß ist interessanter und typischer. Drei Pygmäen werden beschuldigt, Bananen von einem Feld gestohlen zu haben. In einem Fall wie diesem gilt der Pygmäe nicht als der direkt Verantwortliche. Es ist der Besitzer, der für ihn geradezustehen und gegebenenfalls Schadenersatz zu leisten hat. Und er bestimmt dann die Strafe, die er „seinem" Pygmäen aufzuerlegen gedenkt.

Der Besitzer der drei Angeklagten ist ein ehrwürdiger alter Mann, der niemals seinen Gürtel mit dem in einer Scheide aus Weidengeflecht steckenden Dolch ablegt. Er setzt sich zur Rechten des Richters, der bestohlene Besitzer nimmt zu seiner Linken Platz, und die Verhandlung läuft vor uns ab wie ein schlechter Scherz in unseren Augen. Zunächst fragt der Richter die drei Pygmäen, ob sie den Diebstahl zugeben. Sie bestreiten ihn, doch ein Bantu legt einen „Beweis“ vor: Frauen hätten sie dabei beobachtet.

Nachdem dieses Problem geregelt ist, müssen die Pygmäen sich zurückziehen. Das weitere geht sie nichts mehr an. Der Richter bespricht sich leise mit seinen Beisitzern, um die Strafe für den Besitzer festzulegen und um sich schlüssig zu werden, auf welche Weise man am besten diese Diebstähle der Pygmäen beenden könnte.

Es fällt uns schwer, dieser hastig geführten Unterhaltung zu folgen, doch nach einer halben Stunde wird das Urteil gefällt. Der Besitzer der Pygmäen muß dem Besitzer der Pflanzung eine kleine Entschädigung zahlen, und auf Empfehlung des Richters und der Mehrzahl der Beisitzer werden die drei Pygmäen dazu verurteilt, ein neues Feld für den Pflanzungs-Besitzer im Urwald zu roden, und zwar eine Fläche von etwa 100 Meter Länge und fünfzig Meter Breite. Außerdem unterstehen sie ihm während der Dauer der Arbeiten. Wenn man bedenkt, was es heißt, den Dschungel zu roden – vielleicht ein Jahr Plackerei –, dann kommt sie der Bananenschmaus teuer zu stehen.

Auf dem Rückweg zu unserer Hütte können wir feststellen, daß der kleine Pfad, der die fünf Dörfer von Ganzikolo verbindet, ein beliebter Arbeitsplatz ist. Einige Männer flechten auf eine sehr raffinierte Weise neue Palmendächer für die Hütten. Quadratisch zugeschnittene Palmenblätter werden kreuz und quer, einander überlappend, auf langen, steifen Holzstangen befestigt und anschließend mit Hilfe von flachgeklopften, dünnen Lianen zusammengefügt, man könnte fast sagen gesteppt. Die fertige Arbeit sieht tatsächlich so aus, als hätte man dazu eine Nähmaschine benutzt.

Etwas weiter weg höhlt ein Mann eine Piroge aus, mit einem Geschick, um das wir ihn beneiden. Wir begegnen auch Jägern. Die Jüngeren tragen alte Simplex-Gewehre, die Älteren benutzen lieber ihre wie Stahl glänzenden Bogen aus Hartholz. Sie haben sich flache Köcher umgehängt, die kleine Pfeile enthalten, die sie in ein Gift getaucht haben, dessen Geheimnis wir niemals ergründen sollten.

Und schließlich entdecken wir in einem Winkel den Präsidenten, der dabei ist, eine Fischreuse zu flechten.

„Man steckt das in den Fluß, wenn das Wasser hoch steht", erklärt er uns mit breitem Grinsen. „Und wenn es sinkt, hopp! Dann wimmelt es da drin von Fischen."

„Fischen Sie immer so?"

„Nein, wir nehmen auch Netze oder Gift. Ja, das ist eine Pflanze, aber eine geheime, die zerdrücken wir im Wasser. Die Fische werden davon verrückt, wißt ihr. Und dann, wenn sie eingeschlafen sind, dann fangen wir sie. Ha, ha, ha . . . !"

18 Uhr 30

Jean-François tritt in unsere Hütte, verschwitzt und durchnäßt, schmutzig, struppig. Ein kleiner Trupp Männer folgt ihm.

Er nimmt seinen alten, verbeulten Hut ab, setzt sich zu uns und verschlingt heißhungrig ein paar Maniok-Fladen.

Epata hat für den Weg zum Djaka-See und zurück das gleiche Tempo angeschlagen wie mit uns, und deshalb ist Jean-François schon da. Wir erzählen ihm schnell, was hier inzwischen alles los war und erklären ihm unsere Pläne, nämlich, sobald wir den Behördenkram in Ouesso abgewickelt haben, zu den Pygmäen am Keli-Keli-Fluß aufzubrechen. Unser Freund findet nicht gerade freundliche Worte für die Bürokratie.

„Und dabei bin ich doch, bevor wir Pokola verließen, überall gewesen . . .", sagt er bitter. „Am Djaka-See läuft alles ausgezeichnet. Bis gestern Hughes ankam, war ich allein. Die Pygmäen haben mich rührend verwöhnt. Ich glaube, allein schafft man es besser, von ihnen angenommen zu werden. Jetzt kommt Hughes an die Reihe, sein Glück zu versuchen, bis wir uns dann alle am Keli-Keli wieder treffen."

„In etwa zehn Tagen, wenn alles gutgeht. Als nächstes brechen wir morgen nach Ouesso auf. Aber jetzt erstmal wirst du das unschätzbare Vergnügen haben, ‚unseren' Präsidenten kennenzulernen."

Dienstag, 5. August (in der Morgendämmerung)

Der Präsident erwartet uns in Begleitung seiner vier Frauen vor seiner Hütte.

„Die Pirogen kommen gleich", sagt er. „Wir erwarten sie jeden Augenblick."

Wir warten, doch die Zeit geht vorbei, ohne daß etwas ankommt, außer einem Kind mit seinem langen Paddel auf dem Rücken. Der Präsident wird ungeduldig. Er geht weg, um sich zu erkundigen, dann zitiert er den alten Dorfhäuptling herbei.

Wir begreifen in wenigen Augenblicken, welche Rivalität zwischen dem neu eingesetzten Dorfkomitee und der traditionellen Ordnung herrscht, der alle gehorchen. Der Häuptling hat den Pirogenschiffern keinen Befehl erteilt, sich für die Fahrt fertigzumachen. Vielleicht will er auf diese Weise zeigen, daß er noch immer der erste Mann im Dorf ist.

Daraufhin bricht zwischen den beiden ein heftiger Streit aus. Sie verhalten sich völlig gegensätzlich. Sein weites Tuch um die Hüften geschlungen, spricht der alte Häuptling ruhig, aber bestimmt. Der Präsident hingegen brüllt vor Wut und trommelt sich wie ein Gorilla gegen die Brust.

„Wenn das so ist, dann werde ich eben hinfahren!" schreit er.

„Ich, der Präsident, ich nehme dann selbst das Paddel in die Hand."

Wild gestikuliert er herum, rot vor Zorn (Na ja!). Die Adern treten ihm an den Schläfen und Armen hervor. Einen Augenblick habe ich das Gefühl, ihn trifft gleich der Schlag. Aber nein, er hält sich ziemlich gut, obwohl seine Frauen kreischend in sein Gebrüll einstimmen. Der Lärm zieht immer mehr Leute an, die bei dieser Redeschlacht dabeisein wollen.

Doch der Präsident vergißt nicht, daß er nun nach Ouesso fährt. Immer noch schimpfend tauscht er sein Hüfttuch gegen leicht verschlissene europäische Kleidung aus, unterbricht sich alle Augenblicke, um vor seine Hütte zu treten, die Arme zum Himmel zu strecken und wüste Beschimpfungen dem zahlreichen Publikum entgegenzuschleudern.

Ich muß zugeben, die Szene wirkt auf uns ziemlich komisch, und wir können uns das Lachen nicht verkneifen, aber wir passen auf, daß es niemand bemerkt.

Endlich erklärt sich ein Mann bereit, ihn zu begleiten. Immer noch tobend und wild mit den Armen fuchtelnd, bedeutet uns der Präsident, ihm zu folgen, und wir steigen auf langen, in den Boden gehauenen Stufen zu einer der Anlegestellen des Dorfes hinab. Am Ende einer kleinen Bucht sind mehrere Pirogen vertäut. Andere, ältere, hat man absichtlich versenkt, um auf ihnen Maniok zu rösten.

Wir klettern in das Boot, und die Fahrt flußabwärts auf der Sangha beginnt. Doch kaum haben wir ein paar hundert Meter zurückgelegt, da entdecken wir ein Rinnsal am Bug der Piroge. Wir legen sofort an, und das Loch wird behelfsmäßig mit einem kleinen Erdklumpen verstopft. Und das hält tatsächlich ausgezeichnet.

Zu beiden Seiten von uns erheben sich majestätisch die Ufer der Volksrepublik Kongo und von Kamerun. Unverändert bieten sie unserem Blick ihre Mauern aus grünem Dickicht, aus denen von Zeit zu Zeit nur das Weiß eines riesigen Baumstamms auftaucht.

Unablässig ziehen Fischer ihre Bahn über den Fluß. Eine Frau rudert mit ihrer Piroge hin und her, um ihnen Palmwein aus einem großen Krug anzubieten.

Die Strömung ist stark, und unsere Piroge, so klein auf diesem breiten Fluß wie ein Papierschiffchen auf der Seine, macht schnelle Fahrt. Hier wirkt alles wie außerhalb der gewohnten Norm: die Sonne, die wie Feuer brennt, der endlose, phantastische Dschungel, die majestätische Sangha.

Kurz bevor wir in Ouesso ankommen, taucht die *Katia* am Ende einer Flußschleife auf. Es geschieht selten, daß sie so hoch nach Norden fährt. Aber wir haben gerade das Holzlager von Sokambo, das sie beliefert, passiert. Die Mannschaft an Deck begrüßt uns mit lauten Rufen, so lange, bis die *Katia* an uns vorbeigefahren ist. Wir freuen uns sehr, alle wiederzusehen und ein paar Neuigkeiten auszutauschen.

Und dann, nach einer weiteren Biegung, erscheint vor dem Urwald eine dünne, weiße Linie: Ouesso. Ouesso, die „Stadt“ im Norden, die letzte Bastion der Zivilisation auf dem ockerfarbenen Band des Flusses.

Für das gesamte Gebiet der Sangha gibt es in Ouesso eine Poliklinik, einen Flughafen, der den Ort dreimal in der Woche mit der Hauptstadt verbindet, eine Mission und ein paar Warenlager. Doch diese kleine Stadt mit ihren sechstausend Einwohnern bedeutet für die Fischer und Jäger der Gegend viel mehr. Für sie alle ist Ouesso der Inbegriff von Festen, Unterhaltung, Vergnügen. Cafés und die, die sich als solche bezeichnen, sind hier wie Pilze nach dem Regen aus dem Boden geschossen. Man kommt hierher, um zu trinken und zu tanzen, sein Elfenbein oder seine Häute zu verkaufen und um sein Geld auszugeben.

Längs der Uferböschung steht etwa ein Dutzend großer Häuser

im Kolonialstil, damals von der französischen Verwaltung errichtet und jetzt von den höheren kongolesischen Beamten bewohnt. Die übrige Stadt erstreckt sich ins Landesinnere, entlang einer breiten, nicht geteerten Straße, die von Backsteinhäusern, Zeugnissen der Arbeit der Missionare, gesäumt ist.

Es dauert zwei Tage, bis wir unsere Papiere in Ordnung gebracht und unsere friedlichen Absichten bewiesen haben. Sobald das alles erledigt ist, ändert sich die Haltung der Behörden uns gegenüber völlig, und wir sind plötzlich überall willkommen. Wir erhalten Philippes Zeichenblock zurück und nutzen den kurzen Aufenthalt, um unseren Proviant wieder etwas aufzufüllen.

Verschiedentlich wird uns davon abgeraten, weiter bei den Pygmäen zu leben. Manche erzählen uns die unwahrscheinlichsten Geschichten über sie, auf die sie jedoch Stein und Bein schwören. Sie behaupten, die Pygmäen seien ausgezeichnete Jäger, da sie sich – außerhalb der Reichweite neugieriger Blicke – unsichtbar machen, durch die Luft fliegen oder in ein Tier verwandeln könnten. Einige zitieren als Beispiel ihren Vater oder ihren Vetter, die angeblich durch den Fluch der Pygmäen gestorben seien. Mit solchen Überzeugungen hängt vielleicht die Art, in der sich die Bantus gegenüber den Pygmäen verhalten, zusammen.

Wir verlassen Ouesso am Nachmittag des 7. August mit einem zentralafrikanischen Schubboot, das flußaufwärts nach Norden fährt.

Kurz vor Einbruch der Nacht legen wir in der Nähe eines kleinen Lagers an. Dort finden wir eine Piroge und zwei Männer, die bereit sind, uns nach Ganzikolo zu bringen, nachdem sie einen Einblick in Philippes Zauberkünste bekommen haben.

Wir fahren bald ab. Die Piroge bleibt nahe am Ufer, um die Gegenströmungen auszunutzen. Die Nacht bricht mit der üblichen Plötzlichkeit herein. Und schon fallen die Mücken in wilden, gierigen Schwärmen über uns her. Wir singen vor uns hin, um die Stunden totzuschlagen und unsere unbequeme Sitzhaltung zu vergessen. In diesen Augenblicken der Untätigkeit wird uns die Zeit lang . . . schrecklich lang.

Die beiden Bantus tauchen ihre Paddel in die Sterne, die in der Nähe des Mondes im bleichen, unbestimmten Widerschein auf dem Fluß schwimmen. Wir hören den Geräuschen des Lebens zu, so durchdringend und überwältigend wie nirgendwo anders. Dem Geräusch des Jahrtausende alten Urwalds, des Wassers, das regelmäßig gegen die Piroge klatscht, oder eines nächtlichen Fisches, der fröhlich aus seinem Element springt.

Stellenweise liegen wie üblich riesige umgestürzte Bäume im Fluß. Wenn wir in ihre Nähe kommen, wird die Strömung stärker, und die beiden Pirogenschiffer beugen sich groß und stark vor dem Hindernis über ihre Paddel.

Kurz vor Ganzikolo liegt das Dorf Gatongo, das wir anlaufen. Bevor wir uns auf das letzte, jetzt sehr kurze Stück unserer Fahrt begeben, werden wir von den Fischern eingeladen, die Mahlzeit mit ihnen zu teilen. Sie tischen immer neue schmackhafte, scharf gewürzte Gerichte vor uns auf. Wir verlassen sie mit dem Versprechen, bald wiederzukommen und klettern mit den Bantus in die Piroge.

Bald hören wir das Trommeln von Tamtams. Die beiden Schiffer horchen angestrengt und halten mit dem Paddeln inne.

„Das Toten-Tamtam", sagt einer. „Jemand ist in Ganzikolo gestorben. Da wird heute die ganze Nacht getanzt."

Bald können wir ein großes gelbes Licht erkennen, das wie ein entfernter Brand leuchtend über dem Urwald schwebt. Der schwache Schein der Feuer von Ganzikolo.

Wir legen an und steigen mit einer Mischung aus Unruhe und Aufregung die langen Erdtreppen hoch. Von dem jetzt nahen Dorf dringen sehr laut das Trommeln der Tamtams und die Geräusche des Tanzes zu uns.

Endlich erreichen wir den Platz. Mir verschlägt es den Atem. Überall brennen große Feuer. Um sie herum tanzen die Pygmäen mit ganz absonderlichen Bewegungen und Schritten, und ihre etwas beängstigenden Schatten vergrößern sie auf den Lehmmauern der Hütten. Sie lösen sich ohne Unterlaß am Tamtam ab, um den gleichen wilden Rhythmus beizubehalten.

Ein großes Vordach aus Palmenblättern ist vor der Hütte des Häuptlings errichtet. Dort haben sich die Männer versammelt, ausgestreckt in ihren Sesseln aus Antilopen- oder Bongo-Häuten. Bongos sind gestreifte Antilopen, die man nur äußerst selten zu Gesicht bekommt. Es heißt, daß sie sich nie mehr als wenige Sekunden still verhalten. Große Kalebassen mit Maisschnaps oder Palmwein gehen von Hand zu Hand. Sie berauschen sich am Trommeln der Tamtams und am Alkohol.

Diese Szenen haben etwas Außergewöhnliches und schrecklich Primitives in der ganzen Schönheit des Begriffes an sich.

Unser unerwartetes Auftauchen bringt das Schauspiel einen Augenblick lang zum Stillstand. Ich fühle richtig, wie uns Hunderte von Augenpaaren anstarren. Und ich weiß, daß ihre Reaktion für den weiteren Verlauf der Ereignisse entscheidend sein wird. Willkommen oder unerwünscht?

Die Tamtams schweigen, die Tänze haben aufgehört. Doch alle strömen herbei, um uns willkommen zu heißen. Dann fängt das Trommeln und Tanzen wieder an. Wir können also bleiben.

Wir gesellen uns zu der Gruppe der Männer. Dort erfahren wir, daß es sich bei dem Toten um den Sohn des Häuptlings handelt. Wahrscheinlich ist er an Malaria gestorben. Wir erhalten Maisschnaps und Palmwein und schauen die ganze Nacht den Tänzen zu, dem Auftakt für die Beerdigungsrituale, die am nächsten Tag stattfinden sollen.

Es sind hauptsächlich die Pygmäen, die die Tänze bestimmen, die mit denen der Bantus kaum etwas gemein haben. Ihr „Ruf", der aus der Zeit der Pharaonen stammt, kommt nicht von ungefähr. Männer und Frauen drehen sich im Kreis, wiegen sich in den Hüften, bewegen den Kopf und springen, hüpfen, wirbeln dabei in rasendem Tempo auf dem staubigen Boden, knien nieder und schnellen wieder empor. Die kleinen Menschen aus dem Busch sind tatsächlich „Gottestänzer".

Bald danach ziehen sich die Frauen in ihre Hütten zurück, denn jetzt kommt die Zeit für die Gesänge und Tänze, die die Teufel aus dem Urwald locken sollen.

Auf dem Platz bilden sich zwei Gruppen. Die erste besteht aus den Tamtam-Trommlern und den Tänzern; die zweite aus den Pygmäen, die den Tanz mit Gesängen und Händeklatschen begleiten. Für alle fließt der Alkohol in Strömen.

So geht es weiter bis zur angeblichen Ankunft der Teufel. Ohne Unterlaß wirbeln die Männer über den Platz.

Ein paar Stunden vor Morgengrauen klettern wir erschöpft in die Hängematten. In unseren Ohren dröhnt noch das Trommeln der Tamtams.

In der Morgendämmerung

Das Trommeln der Tamtams hat aufgehört. Männer und Frauen bereiten sich in ihren Hütten auf die Zeremonie vor. Nur die Familienangehörigen des Toten halten weiter unter dem großen Palmen-Vordach Wache. Sie müssen dort fünf Tage und fünf Nächte ausharren, bis die Trauerzeit vorbei ist.

Aus der Hütte des Toten ertönt bald darauf lautes Weinen und Jammergeschrei. Etwa zwanzig Frauen stehen um die Witwen des Toten herum und walten ihres Amtes als Klageweiber. Mit ihren geschwärzten Gesichtern tragen sie alle Anzeichen größter Verzweiflung zur Schau; sie ringen die Hände und schlagen sich an die Brust.

Hinter dieser Hütte wird die Grube ausgehoben, die den Leichnam aufnehmen soll. Ein Mann bläst lange in ein Büffelhorn, und bei diesem ohrenbetäubenden Geheul läuft das ganze Dorf zusammen.

Nun wird die mit einem großen weißen Tuch bedeckte Leiche herausgetragen. Es herrscht völlige Stille. Man senkt den Toten in die Grube und füllt sie sofort mit Erde auf, bis ein kleiner Hügel entsteht. Die Witwen bedecken ihn mit langen, beschnittenen Zweigen und stoßen an den vier Ecken Pflöcke in den Boden.

Anschließend begeben sie sich wieder in ihre Hütte, und das bedeutet das Signal für die Tänzer und Sänger, die Totenfeier fortzusetzen. Dicht gedrängt bewegen sich Männer und Frauen über den Dorfplatz und schwenken dabei Sträuße aus Blättern.

Als die Tänze einige Stunden später aufhören, wird das Balafon (eine Art Xylophon) gespielt. Die Musiker begeben sich unter das Palmen-Vordach, wo sich noch immer die Familienmitglieder des Toten aufhalten. Die Trauer betrifft jetzt nur noch sie. Während der nun folgenden Tage und Nächte empfangen sie Gäste, die ihr Beileid bekunden, bieten ihnen Speisen und Getränke an.

Für uns besteht der Rest des Tages aus endlosen Palavern mit dem Präsidenten und den Pygmäen. Wir benötigen etwa zehn Träger, die am Djaka-See unsere Ausrüstung abholen und zum Keli-Keli-Fluß bringen sollen.

In Afrika dauern derartige Beratungen entsetzlich lang, denn alle haben unglaublich viel Zeit, und es gibt immer unzählige Dinge zu besprechen. Die Diskussionen nehmen kein Ende, und das Feilschen gehört unbedingt mit dazu. Es ist ein Spiel, bei dem wir fast von Anfang an mitmachen; es verleiht den Begegnungen mit den Menschen hier eine gewisse Würze.

Doch selbst bis zum Abend ist noch kein Beschluß gefaßt. Die Totenwache unter dem Palmendach dauert an. Die Feuer brennen. Die Balafon-Spieler werden die ganze Nacht hindurch weitermusizieren.

Samstag, 9. August

Am nächsten Morgen nehmen wir die Palaver wieder auf. Alle wollen mitreden und diskutieren angeregt über den Wert eines Tabakblattes oder einer Handvoll Salz. Und natürlich über den Wert von gutem Geld.

Am Abend setzt sich die Diskussion in Epatas Dorf fort, der die Expedition anführen soll, denn mit Hughes und unserer Ausrüstung werden wir erst am Keli-Keli-Fluß Wiedersehen feiern. Wir hocken alle im Schneidersitz, um uns herum die Pygmäenhäuptlinge und die Bantu-Honoratioren.

Doch bevor wir in das Endstadium des Palavers eintreten, tanzen die Pygmäen noch lange vor den Feuern. Jetzt fangen sie völlig erschöpft an zu sprechen.

Diejenigen, die sich am wenigsten für den Hundert-Kilometer-Marsch durch den Urwald begeistern, schauen in die Luft, als ob wir gar nicht vorhanden wären. Aber ihre Frauen, die gerne die paar Kilo Salz bekommen möchten, die wir ihnen anbieten, halten mit ihren Beschimpfungen nicht zurück. Ihnen stehen die Häuptlinge nicht nach, die sie förmlich beleidigen, weil sie sich eine Gelegenheit, wie wir sie darstellen, entgehen lassen. Doch all das Geschrei dient nur als Köder, und die Fröhlichkeit der Pygmäen gewinnt stets die Überhand. Immer wieder ebbt das Gekeife ab und wird vom Gelächter übertönt.

Endlich ist alles geregelt, und wir vermerken auf einem Stück Papier die Namen der Freiwilligen. Es sind acht. Der Lohn besteht aus zwei Teilen, nur zur einen Hälfte aus Geld und zur anderen aus Tabak. Epata übernimmt die Abwicklung des Unternehmens.

Treffpunkt am nächsten Tag im Morgengrauen ist unsere Hütte. Dann wollen wir das Gewehr, Patronen und einen weiteren Brief an Hughes mit den nötigen Erklärungen übergeben.

Sonntag, 10. August

In der Morgendämmerung verläßt der Trupp der neun Pygmäen Ganzikolo in Richtung Djaka-See. Und wir wollen uns am nächsten Tag auf den Weg zum Keli-Keli machen.

Die Luft ist frisch. Die Sonne, die langsam hinter dem Dach des Urwalds aufgeht, hat den Morgendunst noch nicht verscheucht.

Am späten Vormittag beschließen wir, endlich unser Versprechen einzulösen und den Leuten von Gatongo einen Besuch abzustatten. Da wir keine Piroge auftreiben können, müssen wir den schlechten Pfad benutzen, der dorthin führt. Der Dschungel ist so trügerisch, daß wir uns mehrmals fast verlaufen. Ganz zu schweigen von den Sümpfen. Die finden wir überall auf unserem Weg, und wir waten oft bis zum Bauch in der stinkenden, schwarzen Brühe.

Nachdem wir drei Stunden so durch den Urwald gekreuzt sind und unsere Spur für die Rückkehr mit geknickten Zweigen und Kerben in den Baumstämmen gut gekennzeichnet haben, gelangen wir endlich ans Flußufer. Dort sehen wir zwei Männer, die eine große Piroge aus Mahagoniholz fabrizieren. Gar kein Vergleich mit dem, was wir im Bwatu-Lager zustande brachten. Die Arbeit ist sehr fein, das Ergebnis langer Übung. Die Männer verwenden eine Art Miniaturspaten, um das Holz Span für Span auszuhöhlen. So sorgfältig ausgeführt, entsteht daraus sicherlich ein schlankes, rassiges Boot.

Etwas weiter entfernt am Ufer liegt Gatongo. Wir werden sehr herzlich empfangen. Dann nehmen wir uns in Anlehnung an die örtlichen Gepflogenheiten die Zeit, nichts weiter zu tun, als stundenlang von allem und nichts zu reden.

Für die Rückkehr stellt uns der Häuptling eine Piroge zur Verfügung, und sobald wir in Ganzikolo angekommen sind, begeben wir uns zur Familie des Toten, die sich immer noch unter ihrem Palmenvordach aufhält.

Zahlreiche Besucher leisten ihr Gesellschaft am Tag wie in der Nacht. Man bringt uns ein Antilopengericht und zerriebene Kokosblätter. Wir beteiligen uns an den langen, unendlich langen Gesprächen, bevor wir bei Einbruch der Dunkelheit in unsere Hütte gehen.

Mitten in der Nacht fangen die Tamtams wieder an zu trommeln, und bald darauf ertönt auch das Stampfen der Füße der Tänzer. Die Geräusche haben mich aufgeweckt. Eine ganze Weile liege ich wach und schaukele mich langsam in der Hängematte zu diesen dumpfen Rhythmen, die bis zum Morgen andauern werden.

Montag, 11. August, mittags

Wir lassen uns eine letzte Antilopenmahlzeit mit Erdnußsoße und gekochten Bananen schmecken, bevor wir zum Keli-Keli-Fluß aufbrechen.

13 Uhr

Wir verlassen Ganzikolo. Wir werden von allen herzlich verabschiedet. Ein Bantu erklärt sich bereit, uns bis zum Rand der Sümpfe des Bamboa-Flusses zu begleiten.

Für diesen neuerlichen Marsch sind unsere Füße in einem schlechten Zustand. Alle unsere Wunden haben sich gestern im Morast auf dem Weg nach Gatongo wieder geöffnet. Das Wasser vertieft die Verletzungen, und anfangs unbedeutende Kratzer sind inzwischen nässende Stellen.

Es freut uns, jetzt bei Tag das kleine Stück Pfad zu benutzen, das wir in der Nacht mit Epata gegangen waren. Die Vegetation sieht völlig anders aus, sie wirkt äußerst dicht; riesige dornige Bambusstauden recken sich zum Himmel. Wenn ich daran denke, wie oft wir auf diesem Stück Weg hingefallen sind, frage ich mich, wie es geschehen konnte, daß uns diese langen, spitzen Dornen nicht hundertmal durchbohrt haben. Der Pfad steigt und schlängelt sich auf alle Fälle gewaltig. Wir gehen schnell, da wir noch vor der Nacht unser Ziel erreichen wollen.

Nach einer Stunde gelangen wir auf die Kuppe eines kahlen Hügels, wo noch ein paar Überreste provisorischer Hütten stehen. Unter uns beginnen die Sümpfe; die Bamboa fließt etwas weiter entfernt.

Hier verläßt uns der Bantu. Jetzt müssen wir uns allein zurechtfinden, ohne Waffen. Wir verlassen uns auf unser Gedächtnis – über das wir schließlich in dreifacher Ausführung verfügen –, um die Keli-Keli zu finden.

Wie mit einem eisigen Griff umklammert uns das Wasser sofort an den Oberschenkeln, und wir gehen langsam im düsteren Tunnel der Bamboa vorwärts. Das erstemal, als wir hier vorbeikamen, war ich zu erschöpft, um mir die Umgebung zu betrachten. Doch jetzt überrascht mich die wilde Schönheit dieser Gegend. Hunderte von Lianen hängen von dem Pflanzendom herunter, in Ringeln oder gerade wie ein Stock. Wir klettern über umgestürzte Stämme oder kriechen unter diesen riesigen Dächern hindurch. Dort, wo das Wasser völlig stillsteht, erfüllt es die Luft mit einem widerlichen Gestank, und diese abstoßenden Dünste nehmen uns fast den Atem. Oft ist der Laubteppich so dick, daß wir bis zu den Knien in diese trockene, weiche Masse einsinken.

Das immer noch helle Licht der Sonne schlüpft begehrlich durch den dichten Vorhang der Bäume. Auch der kleinste Strahl, der hindurchkommt, spiegelt sich auf dem Wasser oder bringt die feuchten Blätter zum Glänzen, so daß durch dieses unwirkliche Licht wie mit Pailletten bestickte, glitzernde Flächen entstehen.

Mehrmals verlaufen wir uns, gelangen in tote Nebenarme, richtige Sackgassen. Wir kehren um und schlagen eine andere Richtung ein. So tasten wir uns vorwärts und erreichen schließlich das Ende der Sümpfe.

Dann geht es wieder weiter durch den Urwald. Die Dunkelheit bricht herein, und wir steigern das Tempo. Seit einigen Stunden hängt ein Unwetter in der Luft, und vorsichtshalber ziehen wir uns unsere wasserdichten Ponchos über, die auch die Rucksäcke bedecken und uns das Aussehen von Buckligen geben.

Schließlich durchqueren wir den „Fluß im Durcheinander", die Keli-Keli, deren durchsichtiges Wasser sich für uns unangenehm frisch anfühlt. Der Fluß ist nämlich so schmal, daß der Urwald ihn völlig überwölbt.

Und dann, ganz unerwartet, stoßen wir auf das Pygmäen-Lager. Im Schatten der Dunkelheit und bucklig wie wir aussehen, müssen wir einen unheimlichen Eindruck machen, denn die Pygmäen bekommen Angst und wollen die Flucht ergreifen. Doch wir nehmen sofort unsere Umhänge ab, und nach einer kurzen Weile haben sie sich von ihrem Schrecken erholt.

Keli-Keli: der Fluß im Durcheinander

Wo die Pygmäen die Zivilisation der Weißen entdecken.

Die sechs Hütten des Lagers stehen ungefähr im Halbkreis an einer kaum gerodeten Stelle des Urwalds. Es hat sich dem Dschungel so völlig angepaßt, daß es praktisch mit der Vegetation verschmilzt.

Zunächst installieren wir provisorisch unsere Hängematten mit Hilfe der Pygmäen, die uns anschließend in die an drei Seiten offene Versammlungshütte einladen. Auf dem Boden liegen Antilopenfelle und entrollte Baumrinden.

Die Frauen bringen uns ein paar gekochte Bananen, und Philippe unterhält sie mit kleinen Zaubertricks, deren Wirkung uns inzwischen gar nicht mehr überrascht.

Um uns nicht nachzustehen, holen die Pygmäen Kreisel hervor, die sie aus einer, in der Mitte mit einem spitzen Holzstift aufgepfählten, großen weißen Bohne fabriziert haben. Sie drehen sie sehr geschickt mit den Fingerspitzen und halten sie uns dann hin, so als ob sie sagen wollten: „Da, versucht das doch auch mal." Doch Kreisel kennen wir schließlich seit unserer Kindheit, und es gelingt uns sehr bald, es ihnen gleichzutun. Womit wir sie natürlich ziemlich enttäuschen . . .

Wir fühlen uns hier richtig wohl. In Ganzikolo haben wir einen konkreten Einblick in die Lage der Pygmäen bekommen, die in echter Knechtschaft lebten. Wir mußten mit ansehen, wie übel ihnen ständig mitgespielt wurde, wie man ihnen für eine Antilope ein Glas Palmwein gab, wie man sie für einige wenige Bananen, die sie vielleicht überhaupt nicht gestohlen hatten, mit einem Jahr „Zwangsarbeit" bestrafte.

Wir haben mit der Sangha auch wieder die Bantus verlassen. Wir leben jetzt nur noch unter jenen Pygmäen, die ihre Unabhängigkeit beweisen wollen, indem sie in den Urwald zurückkehren. Die Bantus wissen natürlich, daß sie dort sind. Doch ihr Territorium beschränkt sich auf die Ufer des großen Flusses, und nur sehr wenige wagen sich so tief in den Dschungel. Dazu bedarf es eines Anreizes, zum Beispiel des begehrten Elfenbeins der Elefanten.

Als wir sie verlassen, um uns zum Schlaf in die Hängematten zu legen, stimmen die Pygmäen einen von unendlicher Traurigkeit erfüllten Gesang an. Fast lautlos klingt die Melodie in der aufkommenden Kühle der Nacht. Die Worte bestehen nur aus aneinandergereihten Vokalen, doch wir empfinden sie als eine Musik von seltener Schönheit. Diese Klänge sind unser letzter Eindruck in dieser ersten Nacht im Pygmäenlager am Keli-Keli-Fluß.

Dienstag, 12. August

Wir wachen völlig durchfroren auf, da wir keine anderen Decken besitzen als die wasserdichten Ponchos.

Als wir aufstehen, erleben wir eine angenehme Überraschung. Während wir schliefen, haben die Pygmäen eine kleine Bank gegenüber der Versammlungshütte errichtet. Sie machen sie uns zum Geschenk, und wir sind sehr beeindruckt von der freundschaftlichen Geste dieser ungelenken, harten Männer.

Alle fünf Familien, aus denen das Lager besteht, haben sich um ihre Feuer versammelt und bereiten die Morgenmahlzeit zu.

Wir hoffen, daß Hughes mit den Trägern heute abend hier eintrifft. Unterdessen bauen wir an einer noch freien Stelle im Rund der Hütten eine Art Unterstand für unsere Hängematten.

Nachdem das geschafft ist, nehmen wir die „Küche", ein Räuchergestell, einen Tisch und eine Bank in Angriff. Alles wirkt ganz solide und eigentlich gar nicht so ungemütlich.

Bei Tag sieht dieses Pygmäenlager anders aus als das, durch welches wir auf unserem Weg nach Ganzikolo gekommen sind. Als wir uns beim Häuptling danach erkundigen, erfahren wir, daß sie es aus Bequemlichkeitsgründen mehr in die Nähe des Flusses verlegt haben.

Unsere Behausung am Keli-Keli-Fluß

Trotzdem beschließen wir, noch einmal in das alte Lager zurückzukehren, um unsere fotografische und architektonische Dokumentation zu vervollständigen. Jean-François und ich übernehmen diese Aufgabe, und wir stoßen schon ein paar hundert Meter in Richtung Djaka-See auf die früheren Hütten, die der Dschungel bereits teilweise überwuchert hat. Wir knipsen schnell zwei, drei Rollen ab und stellen dann entsetzt fest, daß unsere Beine von allen möglichen Flöhen und Zecken wimmeln, die sich hier zu Tausenden eingenistet haben.

Fluchtartig verlassen wir den Ort, um uns im Lager von dem Ungeziefer zu befreien und bei dieser Gelegenheit auch die Wunden an unseren Füßen zu reinigen. Vielleicht wird es besser, wenn wir wieder über unsere vollständige Reiseapotheke verfügen. Im Moment „doktern" wir mehr oder weniger herum.

Die Frauen kehren vom Sammeln zurück. Ihre „Ernte" besteht aus dicken Raupen, die mehr Haare haben als der Schnurrbart eines Grenadiers. Sie werden in einen besonderen, mit glühendem Holz gefüllten Korb gelegt, den die Frauen eine ganze Zeitlang schütteln. Dann kommen die Tierchen über dem Feuer auf Roste aus Flechtwerk. Sie gelten als Leckerbissen, und jeder bedient sich mit Freuden. Ich finde, sie schmecken etwas nach Krabben, nur weniger fleischig. Auf alle Fälle sind sie absolut nicht abstoßend.

Den Kindern wird die Zeit nicht lang, sie haben ständig etwas zu tun. Wenn ein Jäger mit einem Affen über der Schulter heimkehrt, machen sie vor der Versammlungshütte Feuer und werfen das Tier hinein, nachdem sie es ausgeweidet haben. Wenn es fast verkohlt ist, schneiden sie es in Stücke und legen diese über die Räuchergestelle. Die Kinder lernen bereits mit drei bis vier Jahren, mit dem Beil oder dem Speer umzugehen. Manche haben fast keine Finger mehr, andere große Wunden an den Beinen, aber alle üben sich tapfer in der harten Arbeit des Urwaldmenschen.

Die übrige Zeit beschäftigen sie sich mit den winzigen Armbrü-

Die Kinder finden immer etwas zu tun

sten, die ihnen ihre Väter zurechtmachen, obwohl die älteren lieber mit Speeren hantieren.

Die Mitglieder des Lagers zu zählen, kostet uns nicht viel Zeit: fünf Männer, fünf Frauen und acht Kinder bewohnen es. Obwohl es eine so kleine Zahl ist, müssen die Jäger sich jeden Tag weiter vom Lager entfernen, um auf Wild zu stoßen. Das Nomadentum im Dschungel setzt kleine, homogene Gruppen voraus.

16 Uhr

Wir folgen den beiden ältesten, fünfzehnjährigen Kindern, die nicht weit vom Lager entfernt auf die Suche nach sehr dünnen Lianen gehen, die in den Wipfeln der Bäume wachsen.

Die v-förmigen Beile über der Schulter, suchen sie sich einen, der ihnen geeignet erscheint. Dann klettern sie mit Hilfe einer dicken Liane, die sie um die Taille und um den Stamm schlingen, den Baum hinauf. Mit dem Beil kerben sie kleine Treppenstufen und gelangen so bis zum Wipfel, wo sie die Lianen abschneiden. Die werfen sie auf den Boden, sich selbst lassen sie an Schlingpflanzen, die bis zur Erde hängen, hinabgleiten.

Wir verbringen den Rest des Nachmittags im Lager und beobachten die Vorbereitungen zum Abendessen. Affenfleischstücke werden aus den Räuchergestellen geholt und zum Kochen aufgesetzt. Wir probieren sie später mit einer ockerfarbenen Soße, die sehr stark riecht.

Die Männer haben es sich zum Essen in der Versammlungshütte bequem gemacht, während die Frauen vor ihren eigenen Behausungen bleiben. Zwischen zwei Bissen Affenfleisch wird munter geredet und gelacht. Ganz unauffällig bricht die Dunkelheit herein, und lediglich die Feuer erhellen die Nacht.

Wir halten uns noch lange in dieser Gemeinschaftshütte auf, um uns mit den anderen zu unterhalten und zu amüsieren. Doch wie am Abend zuvor warten die Pygmäen, bis wir in den Hängematten liegen, um ihre seltsamen Gesänge anzustimmen.

Ich höre eine ganze Weile zu und beobachte dabei den Rauch der Feuer, der dick zum Blätterdach aufsteigt und dabei die Baumwipfel in völliges Dunkel taucht.

Hughes und die Träger sind nicht angekommen. Ich mache mir keine allzu großen Sorgen, denn mit dem, was sie schleppen müssen, wollen sie vielleicht den Weg in zwei Etappen zurücklegen.

Mittwoch, 13. August

Ich frage mich, woher die Pygmäen von der Keli-Keli stammen. Nach einem kurzen Blick auf das, was sich in den Hütten befindet, komme ich zu der Vermutung, daß sie gelegentlich zum Warentausch Verbindung mit ihren Artgenossen in Ganzikolo aufnehmen, wo sie sicherlich früher auch einmal gelebt haben. Die Patronen, die wir ihnen zeigen, sind ihnen nicht unbekannt, und außerdem hüten sie einen kleinen Vorrat an Maniok, der wahrscheinlich von dem Handel mit den Pygmäen aus Ganzikolo herrührt.

Heute früh bieten wir ihnen jedenfalls Kaffee an, den wir von unserem Aufenthalt in Ouesso noch übrig haben. Er scheint ihnen zu schmecken. Das freut uns, denn wir versuchen, den Kontakt nicht auf der üblichen Tauschbasis herzustellen, sondern durch gegenseitige Geschenke, damit sie uns so weit wie möglich in ihren Kreis aufnehmen.

Wir haben an diesem Tag das Lager kaum verlassen, um Hughes nicht zu verpassen, falls er heute kommt. Das tut uns auch gut, denn im Laufe der Zeit bereiten uns unsere Wunden immer größere Sorgen. Sie sondern klebrigen Eiter ab, der sich mit Blut vermischt und an unseren Strümpfen festhaftet. Mir wird etwas angst, denn ohne gesunde Füße können wir den zweiten Teil unserer Expedition, die Erkundung der praktisch unbekannten Gebiete östlich des N'Doki-Flusses, nicht durchführen.

Wie jeden Tag sind die Frauen zum Nahrungsammeln fortgegangen, und ich habe sie ein Stück ihres Weges begleitet. Sie kommen mit Körben voller Raupen, Wurzeln, Mandeln und verschiedenster Nüsse zurück.

Die Jäger können mit ihrer Beute auch zufrieden sein. Der eine trägt eine Schopfantilope, die er bereits zerteilt und in ihre Haut gewickelt hat. Der andere bringt einen Affen und eine große Antilope.

Heute abend gibt es also Essen im Überfluß. Aufgrund der klimatischen Bedingungen kann man sich kaum haltbare Vorräte anlegen. Man stopft in sich hinein, solange etwas da ist, und fastet, wenn es nichts gibt. Wie sie alle, übernehmen auch wir die Gewohnheit, im gegenwärtigen Augenblick zu leben und das, was er uns bietet, voll zu nutzen, denn niemand weiß, was die nächsten Tage bringen werden.

In einer Umgebung, in der das Gesetz des Dschungels herrscht, kommt diese Haltung ganz von selbst. Sie ist vielleicht mit einer der Gründe dafür, daß die kulturelle Entwicklung der Pygmäen auf dieser primitiven Stufe stehenbleibt. Im Urwald besteht das Leben aus einem ununterbrochenen Kampf, dessen nahezu einziges Ziel das Essen ist. Die Nahrung bestimmt alles. Das ist der Grund, weshalb sich ihre Kunst praktisch auf dem Nullpunkt befindet. Mit Ausnahme der Musik und des Tanzes, wo sie mit wenigen Instrumenten auskommen. Und durch ihr natürliches Talent haben sie in diesem Bereich einen in den anderen afrikanischen Gesellschaften wahrscheinlich beispiellosen Höhepunkt erreicht. Daher ist auch ihre Vorstellung von dieser Welt, die sie nicht verändern, sehr archaisch. Der Urwald wird von guten und bösen Geistern bevölkert, die keine bildliche Form annehmen, nur als abstrakte Begriffe existieren.

Wenn man sich das klarmacht, kann man ohne weiteres verstehen, daß auf sie jeder glitzernde oder nützliche Gegenstand und alles, was Annehmlichkeit verspricht, wie Tabak, Alkohol oder Hanf, einen unwiderstehlichen Reiz ausübt. Hanf, den sie sich selbst hier auf eine Art und Weise beschaffen, die wir nie herausfinden sollten. Obwohl man mit der Vermutung, daß auch hier, wie überall, das Tauschgeschäft eine Rolle spielt, nicht falsch liegt. Da die Pygmäen Hanf so selten bekommen, rauchen sie ihn sehr sparsam. Für ihn gibt es eine besondere Pfeife. Es ist ein langes Rohr mit einer Art großem Trichter am Ende, in dem der Hanf brennt.

Donnerstag, 14. August

In der eisigen, grauverhangenen Morgendämmerung taucht Hughes hinter Mokimadjeke, einem der Träger, im Lager auf.

Drei Wochen sind inzwischen vergangen, seit ich ihn zuletzt gesehen habe. Er hat unheimlich abgenommen, wie wir vermutlich alle, und seine aufgeschürften Hände sind mit Pflastern bedeckt.

Die übrigen Träger folgen mit Epata, der von seiner Tochter Bongo Mali begleitet wird. Hughes bringt vom Djaka-See die verschiedensten Gegenstände mit, die er dort eingetauscht hat. Die Pygmäen können nicht begreifen, warum wir uns mit all den Tragkörben, Beuteln aus Tierhäuten oder Sumas belasten wollen!

Um unser Wiedersehen zu feiern, brechen wir unseren Vorrat an „Süßigkeiten“ an, der aus drei Büchsen gesüßter Kondensmilch, in unseren Augen der Gipfel des Wohlgeschmacks, besteht.

„Ist am See alles gutgegangen?“ fragen wir ihn, während wir zum Schluß sogar noch das Blech ablecken.

„In jeder Hinsicht“, antwortet Hughes. „Wenn man allein ist, kann man sich viel stärker integrieren. Während eurer Abwesenheit haben sie neue Hütten gebaut. Mir kommt es so vor, als ob das Djaka-Lager zu einer Art Zufluchtsort für die Pygmäen wird.“

Er grinst. „Und dann bekam ich jeden Tag Honig. Abgesehen davon, wachsen sich unsere Notizen über die Pygmäen langsam zu einer dicken Akte aus.“

„Und die Insektensammlung, wie steht's mit der?“

„Eher bescheiden. Die Ameisen haben die Hälfte vernichtet, und der Schimmel erledigte den Rest. Nur den Schmetterlingen geht es noch ganz gut. Das Pergamentpapier schützt sie wirklich phantastisch."

„Und die Filme?"

„Das läßt sich nicht sagen. Die sind noch in ihrer Verpackung, und ich habe mich bemüht, die wasserdichten Büchsen so wenig wie möglich zu öffnen. Aber inwieweit das nützt, werden wir dann in Paris sehen."

„Wir haben dich eigentlich schon etwas früher erwartet", sage ich zu ihm.

„Ich weiß, aber das war alles nicht so einfach mit dem Gepäck und den schlechten Bodenbedingungen. Besonders nicht für den Träger der Kiste, der überall hängenblieb, und den wir dann mit dem Buschmesser freihauen mußten."

Wir räumen die Tragkörbe aus und verstauen den Inhalt so gut es geht unter unserem Blätterdach. Die Träger begeben sich unterdessen in die Hütten, um sich auszuruhen.

Dann machen sich meine Freunde fertig für den Aufbruch nach Ganzikolo, um einer Einladung des Präsidenten zur Unabhängigkeitsfeier zu folgen, die vom 13. bis zum 15. August begangen wird, und die er als verantwortungsbewußter Leiter des Dorfkomitees persönlich organisiert.

Da wir annehmen können, daß dort einiges geboten wird, nehmen sie die Kamera, das Tonbandgerät und Fotoapparate mit.

Ich will hierbleiben. Zum einen, weil ich meine Stiefel nicht mehr anziehen kann, und zum anderen, weil ich auch gerne einmal ein paar Tage allein mit den Pygmäen leben möchte.

Philippe behandelt seine Wunden mit viel Gaze und Verbänden und wickelt dann seine Füße in Plastiksäcke, um sie gegen das Wasser zu schützen, wenn sie in der Bamboa waten.

Um 11 Uhr ungefähr brechen sie auf, während die Träger aus

ihren Körben geräuchertes Antilopenfleisch holen und ihre Mahlzeit beginnen. Ich koche mir Reis und gebe ihnen dann davon ab.

Das durchschnittliche Alter der Erwachsenen im Lager dürfte kaum über dreißig Jahre liegen. Es gibt hier nur eine alte Frau, die uns ununterbrochen angrinst. Sie ist schon ein ganz besonderer Fall mit ihrem verschmitzten Lächeln, ihren quicklebendigen Äuglein, ihrem faltigen Bauch und ihren verwelkten Brüsten, die ihr fast bis zum Lendenschurz herunterhängen. Ohne Zähne, mit den ausgerissenen Ohrläppchen wirkt sie tatsächlich höchst drollig, und wir haben ihr gleich den Spitznamen „Die Alte" gegeben. Ich weiß jetzt, wie ich mich ihr gegenüber verhalten muß. Erst schenke ich ihr ein strahlendes Lächeln, dann lache ich etwas. Sie neigt daraufhin den Kopf und wiegt sich in den Hüften, bevor sie in schallendes Gelächter ausbricht.

Ich versuche, einen ihrer Tragkörbe gegen Salz einzutauschen. Sie packt die Gelegenheit beim Schopf, aber da sie findet, daß der Korb, den ich ausgewählt habe, nicht in einwandfreiem Zustand ist, nimmt sie ihn mir wieder ab und fängt an, neue Tragriemen zu flechten. Als Nadel benutzt sie dazu ein Antilopenhorn, und es entsteht ein Band von wunderbarer Gleichmäßigkeit.

13 Uhr

Ich entschließe mich, mich aus der endlich vollständigen Reiseapotheke zu bedienen, damit die Wunden an meinen Füßen Schorf ansetzen. Ich mache sie alle auf, um den Eiter zu entfernen, und reinige sie sorgfältig, bevor ich sie dick mit Salbe einschmiere. Dann bedecke ich sie mit Gaze und klebe den Verband mit viel Heftpflaster fest. Epata und die anderen beobachten mich stillschweigend. Doch sobald ich aufstehe, kommen sie zu mir, um mir ihre Wunden zu zeigen.

Ich hole also die Apotheke wieder hervor und behandle die Verletzungen, bei denen es sich „lohnt". Manche Stellen sind so tief, daß ich für ihre Heilung nichts tun kann. Doch Fröhlichkeit und Sorglosigkeit sind die beste Arznei der Pygmäen, und sie leben mit diesen Wunden, an die sie sich mit der Zeit gewöhnen.

Etwas später bringt mir Epata eine enorme Portion Antilopenfleisch mit M'bila-Soße. Ich esse, bis mir fast der Bauch platzt, denn die üblichen Rationen sind eher spärlich. Seit langem habe ich vom zu reichlichen Essen keine Bauchschmerzen mehr gehabt.

16 Uhr

Die Träger verlassen das Lager, um nach Ganzikolo zurückzukehren. Nur Epata bleibt, um mir Gesellschaft zu leisten. Mittlerweile ist zwischen ihm und uns echte Freundschaft entstanden. Er ist außerdem eine unschätzbare Hilfe für uns in allen Dingen, die den Urwald betreffen.

Als ich gerade ein bißchen Ordnung in unsere Sachen bringe, fällt mir unsere Mini-Enzyklopädie der afrikanischen Säugetiere in die Hand. Ich öffne sie vor den Pygmäen, die mich in wenigen Sekunden schwatzend und drängelnd umlagern. Epata nimmt das Buch und blättert es ungelenk durch. Die anderen blicken ihm über die Schulter, und ihre Verblüffung erreicht ein mir bis dahin unbekanntes Ausmaß.

Jetzt dreht Epata eine Seite nach der anderen um und kann sich an den Bildern gar nicht sattsehen. Von Zeit zu Zeit wendet er sich mir zu, deutet auf eine Zeichnung, nennt den Namen des dargestellten Tieres und sieht mich fragend an, ob ich ihm zustimme. Jedesmal, wenn sie einen Affen, eine Antilope oder einen Elefanten erkennen, stoßen sie ein „Oh!" der Überraschung und der Bewunderung aus. Bei der Abbildung einer Giraffe halten sie plötzlich an. So ein Tier ist ihnen noch nie unter die Augen gekommen, und sie lachen eine ganze Weile über diesen langen Hals, der kein Ende zu nehmen scheint. Als sie beim Gorilla anlangen, versuchen sie, sein Wutgebrüll, das Stampfen der Füße und das Trommeln mit den Fäusten auf der Brust nachzumachen und so furchterregend auszusehen wie er.

Fast eine Stunde lang sind die Pygmäen mit den Bildern beschäftigt. Als Epata glaubt, daß er sich alles ganz genau angeschaut hat, gibt er mir das Buch sehr behutsam zurück mit einem Blick, der wohl besagen will: Also so was! Einfach sagenhaft!

Am Abend, als die Dunkelheit hereinbricht, treffen sich die Männer in der Versammlungshütte, und wir unterhalten uns noch lange im Schein der Feuer. Zum erstenmal zeigen sie Interesse für uns und fragen mich, wo ich wohne.

Als ich ihnen erkläre, in einem Land, das Frankreich heißt und das sehr weit weg liegt, daß man lange laufen muß, um dorthin zu gelangen, daß man einen Fluß durchqueren muß, der so breit ist, daß man die Ufer nicht sehen kann, schütteln sie erstaunt die Köpfe.

Epata kommt mit dem Gesicht ganz nahe an mich heran und fragt: „Tabak, Wein, Gewehre, gibt's das bei euch?"

„Ja, jede Menge. Und unsere Häuser sind so hoch, daß sie fast in den Himmel reichen. In unseren Lagern leben so viele Menschen, daß wir übereinander wohnen müssen."

„Und Büffel, Elefanten, Affen, gibt's davon mehr als hier?"

„O nein! Die haben wir nicht."

„Und was essen die Leute dann?"

„Es gibt Tiere, die so ähnlich aussehen wie Büffel, aber die alles tun, was man will. Wenn man Hunger hat, dann schlachtet man sie einfach, ohne sich viel anzustrengen."

„Also so was wie die Hunde von den Bantus?"

„So ungefähr, aber das Fleisch ist besser."

Verblüfft starren sie mich an, und mir wird jetzt klar, welche ungeheure Phantasie sie brauchen, um all das, was ich ihnen gerade beschrieben habe, zu „sehen". Ganz benommen, fast erschlagen von dem, was sie hören, blicken sie ins Leere und wiederholen ununterbrochen „Frankreich, Frankreich". Ich weiß nicht, wie sie sich das Land vorstellen, aber ich glaube, daß sie von nun an Frankreich und die Franzosen außerordentlich bewundern.

Zum Abschluß dieser abendlichen Runde lassen sie eine lange Zigarette aus Blättern herumgehen, und jeder raucht schweigend und denkt vielleicht an die Wunder, die hinter jenem „Fluß" liegen, der so breit ist, daß man seine Ufer nicht sehen kann.

Freitag, 15. August

Am Morgen bittet mich Epata noch einmal um die Enzyklopädie. Ich hole sie ihm und außerdem eine schon mehrere Monate alte Zeitschrift, in der Gebäude und Fotografien von Frauen um die Jahrhundertwende abgebildet sind. Ich erkläre ihm, daß sie Frauen von uns zu Hause darstellen, und die finden sofort sein Interesse. Er studiert sie genau, eine nach der anderen, blickt mir gerade in die Augen und meint: „Gut, sehr gut."

Aber wie soll ich ihm klarmachen, daß sie heute ein bißchen anders aussehen?

Während sich auch die anderen die Enzyklopädie von neuem betrachten, setze ich mich auf die Bank vor der Versammlungshütte und mache mir Notizen vom Tag. Bongo Mali gesellt sich zu mir und beobachtet, ihren Kopf an meinen Arm gelehnt, die kleinen Zeichen, die mein Kugelschreiber auf dem Papier hinterläßt. Von Zeit zu Zeit richtet sie sich auf und schenkt mir ein strahlendes Lächeln, das ihre spitz zugefeilten Zähne entblößt.

Ich versuche ihr den Nutzen dieser Kritzeleien zu erklären, die ich gerade mache. Aber sie kann ihre Blicke nicht von den magischen Formen wenden, die das Papier bedecken.

10 Uhr

Mit den Augen von Kindern, die vor einem Bonbon-Berg stehen, schielen die Pygmäen auf das Gewehr. Sie wissen zwar nicht genau, wie es funktioniert, aber einige von ihnen haben in Ganzikolo gesehen, wie ihre Artgenossen aus der „Hüfte" schießen, und würden es ihnen gerne gleichtun. Das ist eine Methode, die dann ihren Zweck erfüllt, wenn das von dem Jäger angelockte Tier bis zum Greifen nahe an ihn herankommt. Ich mache den Versuch und reiche die Waffe einem der Männer. Er packt sie begeistert und verschwindet sofort damit im Urwald.

Kurz darauf verlassen fast alle Pygmäen das Lager, um ihren Beschäftigungen nachzugehen. Epata und Bongo Mali machen sich auf den Weg nach Ganzikolo. Nur der Häuptling, zwei Frauen und ich bleiben an der Keli-Keli.

11 Uhr

Weinen und Stöhnen dringt aus einer der Hütten. Vor zehn Tagen hat eine Frau entbunden, und anscheinend ist nicht alles glatt gegangen, denn sie leidet noch immer unter Schmerzen.

Eine Frau hilft der Kranken aus der Hütte. Die Kranke trägt nichts weiter als Talismane, die sich um ihre Fußgelenke, ihre Arme und ihre Taille winden. Bei jedem Schritt jammert sie leise. Ihre Begleiterin stützt sie und fängt langsam an, sie zu waschen.

Obwohl das Lager wie ausgestorben wirkt, fehlt es mir nicht an

Arbeit. Ich muß zunächst die Insektensammlung gründlich reinigen und versuchen, soviel wie möglich davon zu retten. Dann nehme ich Essigäther und töte damit die, die wir in den letzten Tagen gefangen haben. Jean-François und nach ihm Hughes sind am Djaka-See wirklich fleißig gewesen.

Das restliche Material hat nur unter der Feuchtigkeit gelitten. Alle Sachen aus Leder oder Fell schimmeln in geradezu atemberaubender Geschwindigkeit. Rucksäcke, die Halfter der Fahrtenmesser, Kleidungsstücke... wirklich traurig, außer für Jean-François, der darüber Buch führen muß.

Die Inventur unserer Vorräte ist schnell erledigt: schon seit einiger Zeit besitzen wir nur noch Reis und etwas Kaffee. Wir haben etwa dreißig Patronen Munition und ungefähr vierzig Tabakblätter. Nur Salz fehlt uns nicht.

Einige Kinder sind von ihren Spielen im Urwald heimgekehrt. Wie Erwachsene drehen sie sich lange Zigaretten aus Blättern und fangen unter dem Versammlungshüttendach friedlich an zu rauchen. Ich versuche, diese zumindest drolligen Szenen zu filmen, doch sobald sie das Surren der Kamera hören, halten sie sich die Augen zu und laufen weg in den Dschungel, bis das Geräusch aufhört. Wie soll ich ihnen zeigen, daß die Kamera keinerlei Gefahr für sie bedeutet?

Ich rufe den Häuptling, einen Mann in den besten Jahren mit einer Nase, die mehr breit als lang ist, und der einen Stutzbart trägt. Ich zeige ihm das Stativ, das ich auf seine Höhe herunterschraube, und winke ihn heran, damit er durch den Sucher schaut. Zuerst fürchtet er sich, aber ich grinse ihm ermunternd zu, um seine Angst zu verscheuchen.

Dann gibt er sich einen Ruck, und ich bewege ein paarmal die Gummilinse. Er stößt ein kurzes „Oh!" aus, die Art der Pygmäen, ihre Überraschung zu artikulieren, löst seinen Blick vom Sucher, um mit eigenen Augen zu betrachten, was die Kamera gezeigt hat, wiederholt dieses Manöver ein paarmal, bevor er mit einem völlig verblüfften Ausdruck etwas dümmlich zu lachen anfängt.

Er schaut so komisch drein, daß alle, die um ihn herumstehen, sich vor Lachen biegen und sich darum streiten, wer als erster durch das Wunderguckloch sehen darf.

Als alle ihre Neugier befriedigt haben, lasse ich die Kamera mitten im Lager stehen, damit sie sich an ihren Anblick gewöhnen können, und statte der kranken Frau einen Besuch ab.

Um die Hütte zu betreten, muß ich mich tief bücken. Im Innern kann man feststellen, wie solide alles gebaut ist. Die kreisförmig angeordneten Gewölbestreben stecken tief im Boden, die „Balken" bestehen aus sorgsam zusammengefügtem Flechtwerk. Die Blätter haben die Farbe des geräucherten Fleisches angenommen, denn das Fett, das mit dem Qualm des Feuers aufsteigt, bleibt an ihnen haften. Als Liegestatt dient eine breite, entrollte Baumrinde, die auf zwei Rundhölzern ruht. Die Küchengeräte liegen unordentlich auf den Tierfellen verstreut, die den Boden bedekken. Doch die Sumas und die Musikinstrumente befinden sich säuberlich abgelegt in einer Ecke. Nur die Speere lehnen wegen ihrer Länge draußen an der Wand der Hütte.

Die Frau hat sich auf ihrem Lager neben dem Baby ausgestreckt. Sie singt leise vor sich hin, wie alle Pygmäenfrauen, wenn sie allein sind.

Ich störe sie nicht länger und gehe hinüber zu meiner Hängematte, um mich langzulegen und in Ruhe eine Zigarette zu rauchen. Der Qualm steigt kerzengerade nach oben, stößt gegen die undurchdringliche Mauer der Plastikplane und löst sich langsam in der Luft auf.

Es herrscht völlige Stille, trotz der Geräusche des Urwalds. Sie erweckt schon ein eigenartiges Gefühl, diese Einsamkeit, die nur ganz selten von dem Gezwitscher der Vögel, dem üblichen Gezänk der Affen oder dem Rieseln der herabfallenden Blätter unterbro-

Die Pygmäen bewahren sämtliche Gerätschaften in ihren Hütten auf, nur die Speere lehnen wegen ihrer Länge draußen an der Hütte

chen wird, die den Boden wie rostfarbener Schnee bedecken.

Die Insekten gehen mir auf die Nerven. Aber gar kein Vergleich mit den Qualen, die wir im Bwatu-Lager ausstehen mußten. Die Fadenwurm-Fliegen schwirren lautlos um mich herum. Man merkt es gar nicht, wenn sie sich auf der Haut niederlassen, und so können sie völlig ungestraft zustechen. Ziemlich lästig!

16 Uhr 30

Die Jäger kehren zurück. Demjenigen, der mein Gewehr trug, ist es gelungen, eine Antilope zu erlegen. Die Kinder stürzen herbei, und ich filme die Szene, wie das Tier ausgeweidet wird. Diesmal laufen die Kleinen nicht weg. Ich glaube sogar, daß die Kamera sie endlich erobert hat.

Als das Fleisch fertig gekocht ist, kommt ein Kind und bringt mir die Innereien und glühende Holzstücke, um mein Feuer anzufachen. Im stillen danke ich ihnen für diese Delikatesse, denn sie wissen, daß wir Leber ganz besonders gern essen.

Seit einer Stunde ist es Nacht. Die Feuer können kaum die Dunkelheit verdrängen, die über allem liegt. Ich sitze den Männern gegenüber, die sich leise unterhalten, und rauche friedlich eine Zigarette.

Plötzlich ertönt aus der Hütte der kranken Frau lautes Stöhnen, Jammern und Weinen. Auf der Stelle herrscht völliges Schweigen. Sogar die Kinder hören auf zu reden.

Dann setzt das Gespräch wieder ein wie vorher. Jeder gibt seine Ansicht über den Zustand der Kranken zum besten.

Ich stehe auf, gehe zu unseren Sachen und taste in den großen Schachteln unserer Reiseapotheke herum. Ich habe keine Ahnung, was der Frau fehlt, aber möchte doch sehen, ob ich ihr helfen kann.

Die Pygmäen verstehen meine Absicht, und das ganze Lager versammelt sich vor der Hütte. Aber ich bestehe darauf, daß mich niemand außer dem Ehemann hineinbegleitet.

Ich trete ein, und sofort legt sich mir der Rauch eines Feuers, das in einem Winkel brennt, auf die Stimmbänder. Mit dem Baby im Arm ruht die Kranke auf ihrem Rindenlager. Zum erstenmal sehe ich, wie jung sie ist. Höchstens 18 Jahre. Ich setze mich auf die Antilopenfelle, während der Mann seiner Frau aufhilft und mir ihre linke Hinterbacke zeigt.

Am Eingang drängen sich die Pygmäen, um eine bessere Sicht zu haben, die Kinder schlängeln sich zwischen den Beinen der Erwachsenen hindurch. Ich tue so, als ob ich wütend würde, und alle verdrücken sich hastig nach draußen, um einen Augenblick später zurückzukommen. Auf ihren braunroten Gesichtern, über die die Schatten der Feuer huschen, spiegeln sich Interesse und Neugier.

Ich betrachte mir die Hinterbacke der Frau, kann aber äußerlich absolut nichts entdecken. Und deshalb bleibt mir nichts weiter übrig, als den Schmerz mit ein paar für diesen Zweck bestimmten Tabletten zu lindern.

Und so packe ich mit ausladenden, feierlichen Gesten alle unsere Medikamente aus, öffne die Schachteln und Flaschen, schüttele Röhrchen, hole Spritzen heraus . . . und nehme schließlich drei Pillen: zwei Aspirin und eine gegen Schmerzen.

„Mai (Wasser)."

Man bringt mir eine Schale voll, und ich zeige der Frau, wie sie die Tabletten schlucken soll. Alle reden ihr gut zu und loben sie jedesmal, wenn sie eine nimmt.

„E! e . . . !"

Als wir das hinter uns haben, hole ich ein Novalgin-Chinin, aber ich traue mich nicht, es ihr gleich zu geben, denn ich weiß nicht, wie ihr Organismus, der noch nie mit einem Medikament in

Berührung gekommen ist, auf das Aspirin reagiert. Deshalb überlasse ich die dritte Tablette lieber ihrem Mann und schärfe ihm ein:

„Lobi na n'tonog, akolia oyo e!" (Das muß sie morgen früh nehmen, klar?)

Er nickt bejahend mit dem Kopf.

„E, lobi" (Ja, morgen).

Mit der gleichen Feierlichkeit packe ich meine Apotheke wieder zusammen und verlasse würdigen Schrittes die Hütte.

Draußen finden wir uns alle zusammen, um zu rauchen. Üblicherweise zündet einer von ihnen eine lange Zigarette aus Blättern an, die dann von Hand zu Hand weitergereicht wird. Aber heute abend ergreife ich die Initiative mit einer meiner letzten Zigaretten aus Brazzaville und rauche sie langsam, indem ich jeden Zug voll auskoste. Mit großer Freude stelle ich fest, daß sie mich ganz natürlich in ihrem „Tabak-Kreis" akzeptiert haben.

Dann bringen uns die Frauen das Essen. Ich erhalte einen Kloß aus zerquetschten Bananen und drei große Stücke Affenfleisch. Mir entfährt ein Seufzer, denn langsam bekomme ich die Affen über. Zäh, faserig, von scharfem Geschmack und mit einer gallertartigen Fettschicht umgeben, hat das Fleisch mich noch nie besonders gereizt. Ganz abgesehen von der ledrigen Haut, die mitgekocht wird. Aber mein Magen ist leer, und ich esse es.

Danach gibt es einen zweiten Gang. *Esembas*, große weiße, in Wasser gedünstete Termiten. Diesmal unterdrücke ich den Seufzer und futtere die Insekten in kleinen Portionen. Eigenartig weich, haben sie einen honigartigen Beigeschmack. Alle um mich herum lachen über meine mißtrauischen Blicke und langen gierig zu.

Schon früh liege ich heute in der Hängematte. Mir fehlt die Anwesenheit meiner Freunde. Im Osten macht sich ein großer Vogel bemerkbar. Sein heiserer und gleichzeitig schriller Schrei scheint in die Luft zu steigen, um in Kaskaden wieder herabzufallen und sich einen Weg zwischen den Bäumen und Schlingpflanzen hindurch bis zu meinem Gehirn zu bahnen, das ihn registriert. Aber ist es wirklich ein Vogel?

Samstag, 16. August

Heute morgen scheint es der Kranken besserzugehen. Aber ich glaube nicht, daß das am Aspirin liegt.

Ich koche etwas Reis, den ich stark salze und pfeffere, bevor ich ihn den Pygmäen bringe. Das letzte Mal habe ich festgestellt, daß ihnen dieses für sie unbekannte Gericht sehr gut schmeckt. Der Häuptling nimmt mir den Blechnapf ab, ruft die Kinder und verteilt den Reis ganz gerecht unter allen, die da sind, bevor er sich selbst etwas nimmt.

Die Männer machen sich fertig für die Jagd, auf die sie einzeln gehen. Sie prüfen die Festigkeit der Eisenspitzen ihrer Speere, der Sumas oder der kleinen Dolche mit den rautenförmigen Griffen, die sie an ihrem Gürtel aus Lianen tragen.

Einer der Jungen, etwa zwölf Jahre alt, folgt ihnen. Er kommt eine Stunde später als erster zurück und trägt umgehängt ein großes Stachelschwein. Das Tier wurde mit einem Speerstich in die Seite erlegt.

Während er es enthäutet und mir die langen Stacheln aufhebt, behandele ich meine Füße, deren Zustand sich verschlechtert. Das Laufen fällt mir schwer. Und ich kann gar nicht mehr daran denken, meine Stiefel anzuziehen.

14 Uhr 30

Erschöpft und müde tauchen meine drei Freunde aus dem Urwald auf. Sehr ansprechend sehen sie wirklich nicht aus, und ich weiß, daß ich auch nicht besser dran bin. Verdreckt, zerzaust, muffig und verschwitzt stinkend, mit Kleidern, die kaum wiederzuerkennen sind, aufgeschürften Händen, ehemals weißen Buschhüten, die inzwischen schwarz sind, – da frage ich mich wirklich, wie es kommt, daß die Pygmäen sich vor so zerlumpten Riesen wie uns nicht fürchten.

„Es hat sich nicht gelohnt", brummen sie, als sie ihre Rucksäcke neben den Hängematten befestigen. „Wegen der Totenwache, die noch nicht vorbei war, hingen alle stockbesoffen und schnarchend in ihren Sitzen, als wir ankamen. Wir hielten uns deshalb hauptsächlich bei den Pygmäen auf, die zur Feier unserer Ankunft einen Tanz aufführten. Abgesehen davon, noch zwei erfreuliche Dinge. Erstens haben uns die Bantus Pirogen und Träger versprochen für die Fahrt nach Pokola, wann immer wir wollen, und zweitens bringen wir Palmöl, Mehl, Bananen und Maniok mit. Wir können uns jetzt *beignets* machen."

„Und mich", sagt Hughes, „haben sie eine lebende Malingué-Larve probieren lassen."

Vor Abscheu verzieht er das Gesicht, bevor er fortfährt: „Puh . . . Pfui! Das ist so schwabbelig, das glitscht einem zwischen den Zähnen weg. Als ich sie endlich erwischte und reinbiß, fühlte es sich an, als ob sie mir im Mund zerplatzte, wie eine ölige Blase. Widerlich . . Puh!"

Wir lachen alle über dieses Pech und reden nicht mehr davon.

Trotz allem machen meine Freunde einen zufriedenen Eindruck und packen pfeifend ihre Rucksäcke aus. Die Lebensmittel werden unterm Dach in einem unserer kleinen Fischernetze aufgehängt, gut geschützt. Dorthin folgen auch die Insekten, Schuhe, Hüte, Gürtel und Kleider, und so sieht unser Unterschlupf richtig gemütlich aus.

Ja, ich glaube, wir fühlen uns in diesem Augenblick alle wohl. Die Zukunft erscheint uns in rosigem Licht. Am Anfang des nächsten Monats wollen wir wieder in Pokola sein, um den zweiten Teil unserer Expedition vorzubereiten. Wir müssen uns beeilen, denn die Regenzeit beginnt Mitte September, und wenn wir uns zu lange aufhalten, wird es bestimmt nicht allzu lustig für uns. Aber von diesem Standpunkt betrachtet, scheint uns das Leben wunderschön.

Am Abend unterhalten wir uns von Hängematte zu Hängematte. Es sind dies für uns die einzigen Momente des Friedens und der Entspannung, die Momente, die uns Ruhe geben und die wir nach einem harten Urwaldtag mit seiner Feuchtigkeit, seiner Hitze, seinen Insekten, seinen Verletzungen sehr zu schätzen wissen. Wir sprechen und sprechen, einfach nur aus der Freude am Sprechen. Von den verschiedensten Dingen, wie die Pygmäen einen Teil unserer Zivilisation und wir einen Teil der ihren kennenlernen, von dem, was in Europa geschieht, von unseren nächsten Expeditionen.

Die kranke Frau weint und erfüllt die Nacht mit ihren Schreien und Schluchzern, die im Dschungel widerhallen. Ich höre, wie ihr Mann sanft mit ihr spricht und sie tröstet.

Sonntag, 17. August

Die ganze Nacht haben mich die Wunden an meinen Füßen wachgehalten. In dieser Hinsicht sind meine Freunde kaum besser dran als ich, und ich mache mir wegen der Fortsetzung unserer Expedition Sorgen.

11 Uhr

Hughes und Philippe beenden den Bau unseres Tisches und einer Bank. Ich behandle einen Pygmäen, der sich fürchterlich am Fuß verletzt hat. Im Eingang zu seiner Hütte wiegt der Vater des Neugeborenen sein Baby und schwenkt eine pyramidenförmige Klapper, die wunderschön geflochten und mit Körnern gefüllt ist, vor ihm hin und her. Seine Frau jammert nicht mehr. Ich habe ihr nochmals Aspirin gegeben.

Philippe packt jetzt vor den Kindern alles aus, was sein eigener wasserdichter Rucksack enthält. Neugierig schauen sie zu und versuchen ihn nachzuahmen, indem sie auch in seinen Block

Auch die Erwachsenen lassen sich jetzt von Hughes filmen

hineinzeichnen. Diese Szene kann ich jetzt problemlos filmen. Wir haben die Kinder sozusagen gezähmt.

Fast alle sind im Lager. Sie beschäftigen sich vor ihren Hütten, sprechen mit den Nachbarn und brechen immer wieder in lautes Gelächter aus. Die Frauen flechten neue Tragkörbe oder kochen Raupen. Die Männer machen Musik oder reparieren ihre Waffen.

14 Uhr

Die Entlausungsstunde hat geschlagen. Zu dritt, unter ihnen die „Alte", sitzen sie hintereinander und fummeln dem, der vor ihm ist, in den kurzen Haaren herum. Sie fühlen, schauen genauer hin, und wenn sie eine Laus gefangen haben, zerdrücken sie sie vorsichtig zwischen Daumen und Zeigefinger. Und wenn sie schön dick und fett ist, zerknacken sie sie mit den Zähnen . . .

16 Uhr

Jean-François und ich sind mit dem Wasserschleppen vom Fluß an der Reihe. Ich habe die Keli-Keli noch nie ohne Rucksack auf dem Rücken und völlig erschöpft von einem anstrengenden Fußmarsch gesehen. Jetzt bewundere ich ganz überrascht die Schönheit der Gegend. Das Wasser ist von kristallener Klarheit und fließt langsam über einen mit Kieselsteinen – den einzigen, die wir im Busch je zu Gesicht bekamen – vermischten weißen Sand. Trotz ihrer geringeren Dichte an den Ufern wölbt sich die Vegetation zu einem durchgehenden Blätterdach über dem Fluß. Kaskaden von Schlingpflanzen streifen seine Oberfläche und wachsen dann in tausend eigenartigen Schnörkeln wieder in die Höhe. Ein paar Blätter fallen ab und werden von der Strömung wie verirrte kleine

Boote mitgenommen. Überall herrscht Leben. Es säuselt im Blattwerk, es knackt in den Zweigen, es raschelt auf dem Boden, es huscht über die Äste. Es kreischt, ruft, lockt.

Montag, 18. August

Wieder eine schlaflose Nacht. Wenn mich nicht die Flöhe überfallen, dann sind es die Schmerzen an den Füßen, die mich wachhalten. Ich untersuche meine Füße genauer und stelle mit Entsetzen fest, daß Sandflöhe ihre Eier in den Wunden abgelegt haben. Eines der Kinder kommt mir zu Hilfe.

„Yanzis?" (Sandflöhe?)

„E, yanzis migi." (Ja, voll von Sandflöhen.)

Mit einer Nadel versucht das Kind, sie herauszuholen, aber sticht dabei mehrere Eier auf, die in die Wunde auslaufen. Ich desinfiziere alles, so gut es geht, aber ich fürchte, daß das jetzt nicht viel nützt. Die Ränder sehen grünlich aus, wie angeschimmelt, und die Wunden selbst sind voller Eier von Sand- und anderen Flöhen.

Die Pygmäen haben ein großes Jagdnetz hervorgeholt, das sie jetzt mit neuen Lianen verbreitern. Diese Netze dienen einer Form der gemeinschaftlichen Jagd, die wir leider nicht mehr miterleben, da die Hauptsaison seit mehreren Monaten vorbei ist. Aber sie erklären uns die Methode: Das Netz wird an einer für wildreich gehaltenen Stelle des Urwalds in einem Kreisbogen gespannt. Mit ihren Speeren bewaffnet, stellen sich die Jäger dahinter auf, während die Frauen und Kinder in die entgegengesetzte Richtung gehen und dabei soviel Lärm wie möglich machen, um ihnen das Wild zuzutreiben. Diese Jagden werden in wenigen Monaten wieder beginnen, und jetzt, in der Zeit der Pause, vergrößern und reparieren sie das Netz.

Am späten Vormittag treffen etwa zehn Männer, Frauen und Kinder im Lager ein. Eines ist ihnen allen gemein: Sie haben schreckliche Verletzungen am Körper.

Wir verstehen sofort. Die Neuigkeit, daß wir die Lagerbewohner behandeln, hat sich auf geheimnisvolle Weise im Urwald verbreitet, und die Pygmäen kommen herbei, vielleicht aus ähnlichen Lagern wie unserem, die sich irgendwo verstreut im Dschungel befinden. Wir können nicht anders, wir müssen ihnen helfen, selbst wenn der Bestand unserer Reiseapotheke dabei zusehends abnimmt.

Ich nehme mir eines der Kinder auf den Schoß und desinfiziere ihm eine handgroße Wunde auf dem Oberschenkel. Philippe verbindet sie, und ich behandle den nächsten. Wir vier bilden eine Kette, und auf diese Weise kommen alle innerhalb der nächsten Stunde an die Reihe. Die Kinder schreien, die Mütter weinen aus Mitleid mit, und die Männer setzen sich in eine Ecke, damit sie das alles nicht mit ansehen müssen.

Die Kinder sind am schlimmsten betroffen. Einige werden sicher das Ende des Jahres nicht mehr erleben. Aber wir verbinden, was das Zeug hält. Anschließend flüchten sie sich in die Arme ihrer Mütter und hören auf zu weinen, sobald sie von ihnen zum Klang einer Klapper gewiegt werden.

Doch schon ein paar Minuten später kugeln sie wieder auf dem Boden herum, und wir müssen eine ärgerliche Miene aufsetzen, damit die Eltern sie tatsächlich daran hindern, aus den Hütten zu laufen.

Diese „Arbeit" strengt sehr schnell an, und wir ruhen uns abwechselnd in der Hängematte aus. Das Lager sieht jetzt aus wie ein richtiges Krankenhaus, und es gibt kaum jemand, der nicht einen Verband trägt, einschließlich uns. Ein trauriger Anblick, der sich bis zu unserem Aufbruch nicht ändern wird.

Vor drei Tagen habe ich mir die Fußsohle an einem spitzen Holz aufgerissen. Ich kann nicht mehr auftreten und schaffe es gerade noch, mich hüpfend im Lager fortzubewegen. Einer der Männer, die wir behandelt haben, kommt, um mich zu trösten, und bringt mir zerstampfte Palmnüsse. Die Kinder fangen für uns wunderschöne Schmetterlinge, die hier überall herumflattern, und Hughes nimmt sie ihnen ab, um sie sofort unter das schützende Pergamentpapier zu legen.

20 Uhr

Meine Freunde schlafen. Von meiner Hängematte aus betrachte ich die geduckten Hütten im Dunkel, die Glut der Feuer, die langsam erlischt, die Lichtflecken des Mondes auf dem Boden.

Ich schlafe ein beim Geräusch des Laubes, das auf unser Dach rieselt.

Dienstag, 19. August

Als wir aufstehen, haben die Frauen bereits mit dem Flechten von Tragkörben begonnen. Die „Alte" benutzt dazu ein Antilopenhorn als Nadel, das sie, wenn sie es gerade nicht braucht, in die Nasenscheidewand schiebt. Das verleiht ihr ein kannibalisches Aussehen, worüber man lächeln muß, wenn man ihr freundliches Wesen kennt.

Eine andere Frau setzt sich zu ihr. Um uns zu amüsieren, steckt sie sich ihr Antilopenhorn in die Nase und ihre Zunge durch die Öffnung, die sich in der Mitte ihrer Oberlippe befindet, und in der im allgemeinen die aus Holz gemachten Schmuckstücke hängen. Mit den Tätowierungen, die sie außerdem verzieren, sieht sie zugegebenermaßen ziemlich furchterregend aus, ein Eindruck, der verschwindet, sobald sie anfängt zu lachen. Und mir fällt es schwer, sie zu filmen, so sehr erheitert mich ihre Vorführung.

Jean-François macht heute das Experiment, das wir bei allen Pygmäengruppen, denen wir begegneten, versucht haben: Er führt ihnen das Tonband mit unserer Musikauswahl vor. Von Beethoven bis Pink Floyd. In wenigen Minuten haben sich alle in der Versammlungshütte eingefunden und reißen starr vor Verblüffung die Augen auf. Dann beginnen einige, sich im Takt zu wiegen, andere verharren bewegungslos und klatschen nur in die Hände oder hören angespannt zu.

Die „Alte" geht zum Tonbandgerät und hält ihr Ohr an das Gerät. Ich verzichte darauf, ihren Gesichtsausdruck zu beschreiben.

Der Häuptling hat ein seltsames Musikinstrument hervorgeholt, das wir hier zum erstenmal sehen. Es ist ein quadratisches, ausgehöhltes Stück Holz, über das sich kleine, federnde Eisenfäden spannen, die er mit seinen Fingern zupft. Zu diesen schrillen Tönen fängt seine Frau an, sich in den Hüften zu wiegen und ihn mit dem Rasseln einer Klapper zu begleiten.

Jean-François hat das Tonband zu unserem eigenen Vergnügen weiterlaufen lassen.

„Am Anfang macht es Spaß", gesteht er uns ein, „aber später bekommt man Heimweh davon."

Und er stellt den Apparat ab.

15 Uhr 30

Wir haben die ganze Zeit damit zu tun gehabt, die neu eingetroffenen Kranken zu behandeln, zu desinfizieren und zu verbinden.

Jetzt kehren die Jäger zurück, die langen Speere in der Hand, die Dolche in den Halftern aus Lianengeflecht, die kleinen Fellbeutel umgehängt, die ihnen gegen die Schenkel schlagen, und ein Kind auf den Fersen.

Ich bin wütend, daß ich ihnen seit einigen Tagen nicht folgen kann. Meinen Freunden geht es kaum besser. Philippe hat vor kurzem auch Sandflöhe in seinen Füßen entdeckt. Neue Wunden sind entstanden, als ihm ein Kind die Eiter-Trauben herausholte. Ein Teufelskreis, aus dem man nicht herauskommt.

Am Abend treffen sich die Pygmäen bei der Versammlungshütte, um zu singen und zu tanzen. Die Kinder trampeln auf den Boden, heben die Knie in die Höhe und schwenken die Arme vor und zurück. Mit ihren schrillen Stimmen fangen die Frauen im Knien an zu singen und schwingen dazu ihren Oberkörper. Die Männer begleiten sie mit ihrem dumpfen Gesang.

Auf die ersten Melodien folgen neue. Heiser beschreiben sie das Abenteuer einer Jagd. Ein Mann singt allein, und die anderen begleiten ihn mit Keuchen und Händeklatschen.

Bevor wir uns hinlegen, spielen wir ihnen eine Aufnahme vor, die Jean-François am Djaka-See gemacht hat. Es handelt sich um das Tonband, auf dem eine alte Frau Kindern Märchen erzählt. Das löst angeregte Unterhaltung zwischen den Pygmäen aus, denn dieses Mal führen wir ihnen keine unbekannte Musik vor, sondern ihre eigenen Geschichten. Und unsere „Kräfte“ stellen für sie unergründliche Geheimnisse dar.

Mittwoch, 20. August

Die kranke junge Frau fängt wieder an zu weinen. Ihr Jammern durchbricht den dünnen Schleier des morgendlichen Nebels. Alles schweigt, machtlos.

Die Pygmäen berühren gerne alles, was sie nicht kennen. Heute vormittag reißt Jean-François ein von der Feuchtigkeit weichgewordener Film im Fotoapparat. Er zieht ihn heraus, um ihn wegzuwerfen, als der Häuptling, von dem Glanz angezogen, schnell herbeikommt und ihn mitnimmt.

Er setzt sich in die Versammlungshütte und betrachtet aufmerksam den fremdartigen Gegenstand. Mehrere andere Pygmäen gesellen sich zu ihm und befühlen verwundert den Film. Dann besprechen sie sich untereinander. Der Häuptling überlegt, wie er ihn verwenden könnte. Er entschließt sich endlich für einen Gürtel, aber er weiß nicht, wie er ihn befestigen soll ... Also wickelt er den Film vorsichtig wieder auf und steckt ihn in seinen Beutel aus Antilopenhaut. Jetzt gehört er zu seinen wertvollsten Besitztümern, Pfeife, Tabak, Hanf und all den anderen geheimnisvollen Dingen, die sie uns niemals zeigen.

Doch dieser Tag soll uns noch eine große Enttäuschung bringen, denn kurz nach diesem Zwischenspiel erklärt mir der Häuptling lakonisch, während er ins Leere starrt. „Es gibt hier kein Wild mehr. Und vor allem, die Frau ist krank. Wir gehen eine Zeitlang nach Ganzikolo."

Sein Gesicht mit den rassigen Zügen scheint unbewegt. Wir besitzen nicht die Kräfte, um die Frau zu heilen. Deshalb hofft er vielleicht auf die Bantu-Zauberer in Ganzikolo. Seine Entscheidung ist endgültig. Wir können nicht daran rütteln.

Wir sind natürlich ziemlich niedergeschlagen. Aber wenn ich unsere körperliche Verfassung, besonders die unserer Füße betrachte, glaube ich, daß wir uns eine Ruhepause gönnen sollten, bevor wir uns an den zweiten Teil unserer Expedition machen. Wir wollten erst Anfang September aufbrechen. Unser Zeitplan verschiebt sich eben etwas nach vorne. Das ist alles.

Doch heute zieht nur die Hälfte des Lagers fort. Die meisten Frauen und ein Mann bleiben noch einen Tag da, um die angefangenen Flechtarbeiten zu beenden. Die anderen haben ihren gesamten Besitz schnell in den Tragkörben verstaut, und dann verschwinden sie im Urwald, die kranke junge Frau rittlings auf dem Rücken ihres Mannes.

Das Lager kommt uns jetzt etwas leer vor. Die Frauen sind Lianen holen gegangen, die sie zu Stricken zusammenwickeln. Später lösen sie die Fasern von den Pflanzen ab, um diese zum Flechten zu verwenden.

Unterdessen tummeln sich die unbeaufsichtigten Kinder im Staub. Wir schimpfen sie. Aber wie soll man einen Pygmäen daran hindern, in Bewegung zu bleiben?

Philippe und ich, die es am schlimmsten erwischt hat, denken an den Rückweg nach Pokola und an die Fußmärsche, die uns noch bevorstehen. Wir versuchen deshalb, uns aus Antilopenhaut Sandalen zu schustern, um nicht barfuß laufen zu müssen. Alles, was wir dazu benötigen, haben wir bei der Hand: Haut, Faden, Nadeln, und in einigen Stunden fabriziert sich jeder von uns ein Paar. Ich gebe meinem „Schuhwerk" die Form von römischen Sandalen, was ihnen, wie ich finde, ein ausgesprochen ästhetisches Aussehen verleiht. Philippe verstärkt seine durch geflochtene Schnüre unter der Sohle.

Donnerstag, 21. August

Am frühen Vormittag verlassen die restlichen Pygmäen endgültig das Lager.

Wir bleiben allein und nehmen uns jetzt Zeit, unseren eigenen Aufbruch vorzubereiten. Allgemeines Reinemachen und Aussortieren.

Um 16 Uhr falten Jean-François und Hughes ihre Hängematten zusammen und machen sich mit den Rucksäcken auf den Weg, um in Ganzikolo Träger und unseren treuen Epata zu holen.

Vor dem Aufbruch nach Pokola macht Hughes letzte Eintragungen in sein Tagebuch

21 Uhr 30

Ein überaus trübseliger, düsterer Tag. Ich schreibe an unserem Tisch aus Rundholz im Schein der Taschenlampe, die ich an einem Ast über mir befestigt habe. Ihr Licht schluckt das des Mondes und drängt das übrige Lager in völliges Dunkel. Mir gegenüber füllt Philippe ebenfalls sein Notizbuch auf.

Der Urwald hallt von den unzähligen, uns jetzt so gut vertrauten Geräuschen wider. Neben uns steht das Tonbandgerät, das die Rufe der Tiere und das Rieseln der toten Äste aufnimmt, die mit ihrer Blätterladung in Kaskaden von den Bäumen fallen.

Wir fühlen uns mit uns selbst im Frieden und legen von Zeit zu Zeit unsere Kugelschreiber hin, um uns ein bißchen zu unterhalten und unsere Eindrücke auszutauschen. Seltene Momente innerer Ruhe, die wir jedesmal sehr bewußt genießen.

Freitag, 22. August

Wir werden von den Stimmen mehrerer Pygmäen geweckt und blicken in die Gesichter von Epata, Metunga, Mokubi, Bakongazolo und all den anderen, die lachend um uns herumstehen. Bongo Mali ist auch dabei.

Epata hält mir ein zweimal sorgsam gefaltetes Papier hin. Es trägt das Datum von gestern und stammt natürlich von Jean-François und Hughes, die uns bestätigen, daß alles bestens geklappt hat.

Bongo Mali macht sich daran, meine Füße mit großer Aufmerksamkeit zu inspizieren. Sie schaut mich ganz betrübt an und beginnt, mit einem spitz zugeschnittenen Bambus mir neue

Sandflöhe aus den Wunden zu holen. Sie haben sich inzwischen überall eingenistet und ihre Eier unter der Haut abgelegt. Wenn die weiße Eiertraube einmal heraus ist, kann man den Sandfloh auf der Spitze kaum erkennen. Einmal platzt Bongo Mali so eine „Traube", aber ich sehe, wie gewissenhaft sie die Wunde säubert, damit sie nicht hinterher von diesen Mistviechern wimmelt.

Epata hat Philippes Antilopensandalen entdeckt und sie angezogen. Und mein Freund muß lange auf ihn einreden, bevor er sie wieder hergibt.

10 Uhr

Wir verlassen das Pygmäenlager an der Keli-Keli. Bald wird der Urwald diese vergängliche Arbeit des Menschen hochmütig wieder auslöschen. Die Hütten fallen dann in sich zusammen, und einige Holzbögen schlagen Wurzeln. Der Regen schwemmt die Blätter hinweg, und nichts bleibt, nichts als eine kaum erkennbare Lichtung.

Mit umgehängtem Gewehr gehe ich an der Spitze, um das Tempo unseren Möglichkeiten anzupassen. Schon nach den ersten Schritten wird das Laufen für Philippe und mich zu einer entsetzlichen Qual.

Die Durchquerung der Keli-Keli, der Marsch durch die Sümpfe der Bamboa, die Schlingpflanzen, die Insekten, die Ameisen, die im Vorbeigehen auf uns herabfallen, die Stürze, das alles erlebe ich wie in einem schmerzhaften Traum, dem ich nur als unbeteiligter Zuschauer beiwohne.

Als wir in Ganzikolo ankommen, brennt die Sonne wie aus geschmolzenem Blei unbarmherzig auf uns nieder, und ich bleibe erst im letzten Dorf stehen. Dort treffen wir auf Hughes und Jean-François, die es sich im Schatten des Vordachs der Hütte des

Richters in Liegestühlen aus Antilopenhaut bequem gemacht haben.

Alle vier betreten wir die Hütte. Eine reichhaltige Mahlzeit erwartet uns hier, zubereitet von der dicken Matrone, die die Rolle der „Beignet-Maschine" spielt. Wir essen eine große Portion zerstampfte Maniokblätter mit Erdnüssen, und dazu gekochte Maiskolben.

Satt und zufrieden bleiben wir noch eine ganze Weile sitzen, um zu rauchen und uns zu unterhalten, während wir den Weg der Küchenschaben und der Spinnen über die Lehmwände der Hütte beobachten. Hughes hat sich eine kleine Schleuder mit einem Gummi fabriziert und bombardiert sie ganz methodisch.

„Wir sind gestern abend angekommen", erzählt er. „Es herrschte Vollmond, und die Pygmäen führten den Teufelstanz auf. Ein phantastisches Schauspiel . . . Einer von ihnen stellte den Teufel dar. Er war von Kopf bis Fuß in ein seltsames Palmblätterkostüm gekleidet und wirbelte ununterbrochen herum. Wirklich einmalig! Schade, daß ihr das verpaßt habt."

Samstag, 23. August

Die junge Frau, die ich im Lager an der Keli-Keli behandelt habe, ist im Dorf von Epata gestorben.

Hughes und Jean-François hatten sich dorthin begeben, um wegen der Pirogen für unsere Fahrt nach Ouesso anzufragen. Sie wurden von Weinen und Jammergeschrei empfangen. Am Eingang zu einer Hütte sahen sie die Leiche.

Zum erstenmal schlug ihnen echte Feindseligkeit von allen Pygmäen entgegen. Der Mann der jungen Frau kam auf sie zu, deutete mit dem Finger auf das Ende des Dorfes und stieß hervor: „Fort!"

Diese unglückselige Wende macht uns zutiefst betroffen. Niemand wird je erfahren, was dieser Frau fehlte. Doch die Pygmäen scheinen uns für ihren Tod verantwortlich zu machen. Oder zumindest für unsere Unfähigkeit, ihr zu helfen. Wir hatten doch so viele „Kräfte".

Jetzt drängt es uns noch mehr, Ganzikolo so schnell wie möglich zu verlassen. Aber trotz der Versprechungen der Bantus stehen uns erst morgen Pirogen zur Verfügung. Und was die Paddler anlangt, so müssen wir versuchen, welche in Gatongo aufzutreiben.

Sonntag, 24. August, 10 Uhr

Ich setze mich in der Nähe der Hütte des Richters hin und überlege, wie ich den Schmerz in meinen Füßen lindern könnte.

Die dicke Matrone ist da und macht ein mitleidiges Gesicht, als sie die Wunden sieht. Dann, nach einem Moment des Nachdenkens, zieht sie mich hoch und schleppt mich zu ihrer Hütte. Dort steckt sie mir die Füße in warmes Wasser.

„Ah, yanzis, malamute e? (Ah, die Sandflöhe, das ist schlimm, was?)", sagt sie voll Bedauern.

Jetzt kommen mehrere Frauen herbei, erfassen meine Füße und fangen an, die Sandflöhe herauszuholen. Ich verbringe eine ziemlich unangenehme Viertelstunde. Das Ergebnis: 22 Mistviecher weniger, 22 neue Wunden und zwei abgebrochene Fingernägel. Eine schöne Jagdbeute!

Und da sie anscheinend davon ausgehen, daß ich von Kopf bis Fuß von Ungeziefer wimmele, nehmen sie sich auch gleich meine Haare vor, um sie nach Läusen abzusuchen. Doch zu meiner großen Erleichterung finden sie nichts. Ich habe wirklich Glück gehabt.

In einer großen Piroge fahren wir in Richtung Gatongo

Am frühen Nachmittag verlassen wir vier Ganzikolo mit einer großen Piroge in Richtung Gatongo, um dort Paddler anzuheuern.

Jean-François bedient das Ruder, und wir lassen uns von der Strömung treiben. Eine Viertelstunde später legen wir am Dorf an.

Der Häuptling freut sich, uns wiederzusehen, aber er hat leider im Augenblick keine Männer für uns. Deshalb beschließt er, uns höchstpersönlich zu begleiten, denn wir brauchen mindestens einen Paddler, der die Piroge flußaufwärts nach Ganzikolo zurückbringt.

Die Fahrt nach Ouesso verläuft ohne Probleme. Wir wechseln uns in der glühenden Sonne, die wir auf unseren nackten Körpern trotzdem nicht als unangenehm empfinden, beim Paddeln ab.

Als wir ankommen, ist mein linker Fuß zur doppelten Größe angeschwollen, und ungeachtet ihrer eigenen Verletzungen müssen mich meine Freunde auf dem Rücken bis zur Mission schleppen.

N'Doki: der Fluß, der tabu ist

Du zitterst, Gerippe!
Doch noch mehr würdest du zittern,
wenn du wüßtest, wohin ich dich führe.
Turenne

Bei unserem erbärmlichen Anblick empfängt uns Pater Blanchet, der Missionar von Ouesso, ganz besonders herzlich. Zwei Zimmer werden uns zur Verfügung gestellt, und ich kann endlich wieder das unsäglich schöne Gefühl genießen, mich in einem echten Bett auszustrecken.

Gleich am nächsten Tag transportieren mich meine Freunde zu der Poliklinik, wo sich die Kranken drängen und das bereits überlastete Personal mit der Schilderung ihrer Leiden überschwemmen. Meine Freunde gehen in einen anderen Raum, wo man sich ihrer annimmt.

Wieder kommt eine schmerzhafte Viertelstunde auf mich zu. Ohne viel Rücksicht öffnen die Helfer eine Wunde nach der anderen mit Wattebäuschen und drücken Eiter und Sandfloheier heraus. Danach werden sie gereinigt, desinfiziert und verbunden. Schließlich bekomme ich noch eine anständige Dosis Penicillin verpaßt, die mich für den Rest des Tages lahmlegt.

Die nächsten fünf Tage verbringe ich fast ausschließlich im Bett und lasse mich pflegen und verhätscheln. Manchmal mache ich mit Hughes einen Ausflug auf dem Gepäckträger eines Fahrrads, das dem Pater gehört. Die übrige Zeit schmökere ich in den Büchern aus der Bibliothek des Missionars, mit dem wir auch sehr häufig unsere Mahlzeiten einnehmen.

Wir warten auf die Ankunft des nächsten Schubbootes, das in Richtung Süden und nach Pokola fährt. Am Abend des 28. August legt die *Frédérique*, das Schwesterschiff der *Katia*, in Ouesso an. Gleich am nächsten Morgen schaffen wir unsere Ausrüstung dorthin und verlassen die Stadt im Norden, um den gewundenen Schleifen der Sangha flußabwärts zu folgen.

An Bord macht sich einer der Leute aus der Mannschaft daran, uns die letzten Sandflöhe zu entfernen. Na ja ... die letzten ist vielleicht nicht das richtige Wort, denn er findet noch 26 in Hughes' Fuß. Ein netter Rekord!

Und ich entdecke an mir eine Filzlaus-Kolonie. Ich habe wirklich seltenes Glück!

In Pokola feiern wir fröhliches Wiedersehen mit Dejouy. Diesmal bekommen wir von ihm eine größere Hütte als bei unserem ersten Aufenthalt. Wir richten uns gemütlich ein, und ich versuche als erstes, die verflixten Filzläuse loszuwerden. Dagegen hilft nur ein Mittel. Mich von der Brust bis zu den Knien vollkommen zu rasieren und den Körper mit Petroleum abzuwaschen. Radikal, aber etwas ätzend, eine brennende Erfahrung, die ich da mache.

In den folgenden Tagen füllen wir unseren Vorrat an Reis und Tabak etwas auf und sortieren aus, was wir auf den zweiten Teil unserer Expedition mitnehmen wollen. Den Rest packen wir in unsere Kisten, die auf ein Schubboot der Holzgesellschaft verladen werden, das nach Brazzaville fährt, wo sie Michel Lecerf in Empfang nehmen will.

Es macht uns Mühe, alles zu verstauen, denn unsere Ausbeute an Insekten und Objekten von den Pygmäen nimmt ziemlich viel

Hughes und Patrice bei der Vorbereitung für die zweite Expedition

Platz ein. Wir müssen alles beiseite lassen, was nicht mehr viel taugt, und versuchen, die Last, die wir zu schleppen haben, soweit wie möglich zu begrenzen.

Aber wir überanstrengen uns nicht mit diesen Vorbereitungen, denn uns ist es am wichtigsten, daß unsere Füße völlig ausheilen. Das wird noch etwa zwei Wochen dauern, und uns bleibt genügend Zeit, alle Vorkehrungen für unser nächstes Vorhaben zu treffen.

Unser Plan ist, quer durch die Gebiete östlich des Djaka-Sees bis in das Land der Kaboungas und zum Telle-See vorzudringen. Nur knapp 150 Kilometer trennen die beiden Seen, aber wir müssen mit mindestens zwei Monaten rechnen, bis wir den Ubangi erreichen. Die Gegenden sind praktisch unbekannt, und man kann die Weißen, die sich dort einmal aufgehalten haben, an den Fingern einer Hand zählen. Wir haben also an diesem Teil unserer Expedition größtes Interesse, denn wir möchten herausfinden, ob es tatsächlich Pygmäengruppen gibt, die jeden Kontakt mit den Bantus ablehnen.

Für dieses Unternehmen haben wir uns die ungünstigste Jahreszeit ausgesucht. Der Beginn der Regenzeit fällt mit unserem Aufbruch zusammen. Uns klingt die Warnung von Dejouy im Ohr: „Überlegt es euch, denn bei diesen Unwettern, die sich mit den Regenfällen der gemäßigten Zonen überhaupt nicht vergleichen lassen, gehen richtige Wolkenbrüche auf den Urwald herunter. Und der ist dann auf Hunderten von Quadratkilometern überschwemmt, und da kommt kein Mensch mehr durch!"

Nachdem wir all das gründlich hin und her überlegt haben, einigen wir uns auf folgenden Plan: Wir fahren die Sangha bis zum Dorf Ikelemba an der Mündung der N'Doki, des Flusses, der tabu ist, nach Süden. Dort versuchen wir, eine Piroge, Paddler und zwei Pygmäen aufzutreiben, die uns flußaufwärts bis zu einem Ort namens N'Dalo begleiten, der ungefähr auf der Höhe des Djaka-Sees liegt. Nach den Auskünften, die wir erhalten haben, muß von dort ein von Elefanten benutzter Trampelpfad etwa zwanzig Kilometer nach Osten führen. Ein Stückchen wären wir damit weiter. Und dann? Weiter nach Osten mit Hilfe des Kompasses. Land der Kaboungas, Telle-See, Ubangi. Auf dem Papier sehr einfach.

Die beiden Pygmäen, die wir noch finden müssen, bilden einen festen Bestandteil unseres Plans. Nicht nur, weil sie uns helfen sollen, unser Material zu transportieren, sondern auch, um die Expedition mit Nahrung zu versorgen. Ihre Jagdkunst ist einer der Angelpunkte für das Gelingen unseres Abenteuers. Denn wenn wir genug zu essen haben, können wir monatelang durchhalten.

★

Zwischendurch unterhält Philippe seine Bantu-Freunde mit Zaubertricks

Unsere zwei Wochen Ruhepause in Pokola benutzen wir auch, um regelmäßig die Pygmäenstämme der Gegend aufzusuchen und soviel wie möglich über ihr Leben zu erfahren.

Je weiter die Heilung unserer Füße fortschreitet, desto häufiger verlassen wir unsere Hütte, um in den Urwald und zu den Pygmäenlagern zu gehen. Wir verbringen unsere Zeit dort mit Jagen, Fotografieren und Tonbandaufnahmen. Und auf einem dieser Jagdausflüge begegnen wir unserer ersten Schlange. Eine schwarze Mamba schlüpft mir zwischen den Beinen hindurch. Ein weiterer Beweis, falls er noch nötig ist, für die Furchtsamkeit dieser Reptilien, die beim leisesten Geräusch das Weite suchen.

Freitag, 12. September

Unsere liebe *Katia* hat gestern an der lehmigen Böschung von Pokola festgemacht. Als wir heute morgen an Bord gehen wollen, müssen wir zunächst bis zu den Knöcheln durch einen ockerfarbenen Schlamm waten, der klebriger ist als Kleister. Seit drei Tagen gehen Wolkenbrüche auf den Urwald nieder, sozusagen als Auftakt für die eigentliche Regenzeit.

Wir nehmen Abschied von Dejouy. Wir verlassen ungern diesen kenntnisreichen, interessanten Einzelgänger, der uns nochmals rät, bei unseren Unternehmungen vorsichtig zu sein.

Um elf Uhr legt die *Katia* von Pokola ab, das bald im milchigen Nebel verschwindet. Wir fühlen uns glücklich und in ausgezeichneter Verfassung. Die Haut auf unseren Wunden ist noch recht dünn, aber wenn wir aufpassen, werden wir sicher bald nichts mehr davon merken.

15 Uhr

Dier ersten Hütten von Ikelemba tauchen am Ufer auf. Zwei Pirogen verlassen das Dorf und paddeln uns entgegen. In der ersten befindet sich zu unserer Überraschung Raphael, der für einige Zeit die Elefantenjagd aufgegeben hat.

Er freut sich sichtlich, uns wiederzusehen, und wir verladen unser Material in seine Piroge. Nachdem wir den Männern der *Katia* ein letztes Lebewohl zugerufen haben, legen wir mit Kurs auf das Ufer ab.

Wir kommen an einer kleinen, von schwimmendem Gras gesäumten Bucht an und steigen einen steilen Pfad hoch, um zu dem Dorf zu gelangen, das den Fluß überragt.

Schließlich erreichen wir einen breiten, am Anfang mit Palmen und weiter hinten mit Bananenstauden bepflanzten Vorplatz. Dort stehen in weitem Abstand voneinander etwa dreißig Hütten aus Lehm oder Poto-Poto.

Uns empfängt das Gackern der Hühner und das klagende Meckern der Ziegen, und dann tauchen auch etwa zehn Männer auf, die auf uns zugehen. Raphael macht sich sogleich zum Vermittler, um dem Häuptling und den Dorfältesten den Grund unseres Kommens zu erklären. Zufriedengestellt nicken die Männer mit dem Kopf und bringen uns in einer Hütte unter, die sich im Bau befindet, in der wir aber schon unsere Hängematten befestigen können.

Als wir uns eingerichtet haben, gehen wir gemeinsam zum ersten Pygmäenlager in der Umgebung des Dorfes.

Auf einem Flecken aus festgestampfter Erde, der von großen Termitenhügeln bedeckt ist, drängen sich etwa zwanzig Laubhütten aneinander.

Der Pygmäenhäuptling, der Boka heißt, kommt auf uns zu. Er trägt einen Haarschopf mitten auf dem Kopf und einen Fliegenwedel in der Hand, den er ständig schwenkt.

Eine lange Unterhaltung beginnt, in der über die von Krokodilen verseuchte N'Doki, Elefanten und Gorillas, vom Lohn und den beiden Pygmäen, um die wir ihn bitten, wie auch von der Zeit gesprochen wird, die unsere Expedition dauern soll. Schließlich einigen wir uns, und Boka ruft zwei seiner Männer herbei.

„Hier sind Tato und Bandja, mein eigener Sohn. Sie sollen euch begleiten."

Im Gesicht der beiden Pygmäen ist keine Gefühlsregung zu erkennen.

Samstag, 13. September

Heute feiert Hughes seinen 21. Geburtstag. Ich bin jetzt der einzige, der noch 20 ist. Ich schenke ihm meine letzte Dose Kondensmilch, die er sorgfältig ganz tief in seinen Rucksack schiebt. Für den Notfall, wie er sagt. Wenn wir uns wirklich einmal das Leben versüßen müssen.

Jetzt, wo das Problem unserer Pygmäen-Begleiter gelöst ist – und zwar ganz außergewöhnlich schnell –, brauchen wir uns nur noch auf die Suche nach einer Piroge und zwei Bantu-Paddlern zu machen. Raphael, der die N'Doki gut kennt, will uns begleiten. Aber sonst erklärt sich niemand dazu bereit.

Den ganzen Tag bemühen wir uns um einen Freiwilligen, der mit uns dieses Abenteuer wagen will. Die meisten verdrücken sich, kaum daß sie uns sehen. Wir fangen schon an zu verzweifeln, als wir in einem Nachbarlager auf den liebenswertesten und sympathischsten Menschen unserer ganzen Reise treffen, auf Eugène.

Eugène ist ein Neuling an der Sangha. Er hat Brazzaville verlassen, um sein Glück als Jäger in den Gebieten des Nordens zu suchen. Mit seinen 25 Jahren, einem kurzen Bärtchen, der unvermeidlichen Mütze auf dem Kopf, ist er der Inbegriff eines glücklichen Menschen, voller Leben, sorglos und unendlich großzügig. Wir kennen ihn noch kaum, da schenkt er uns schon ein wunderbares Sklavenarmband aus dem vorigen Jahrhundert, das er in seiner Hütte wie einen Schatz verwahrte.

Eugène, der liebenswerteste Mensch auf unserer gesamten Reise

Und ohne überhaupt gefragt zu werden, bietet er sich von selbst an, uns die N'Doki hinauf zu begleiten.

Hughes und Jean-François haben ein Pygmäenlager in der Nähe des Dorfes Idongo aufgesucht. Strahlend bringen sie eine Krokodilhaut und eine Armbrust für die Vogeljagd. Das ist eine ganz eigenartige Waffe, die in einem langen Holzzylinder in Form eines Gewehrlaufs endet. Als Sehne dient eine breite Liane. Mit dem Gerät werden kleine Pfeile abgeschossen, deren Spitze vergiftet ist. Trotz des Platzes, den die Waffe benötigt, entschließen wir uns, sie zu behalten.

Wir haben einen guten Teil des Tages damit zugebracht, mit den Dorfältesten zu palavern, denn wir wollen endlich Bescheid wissen, ob der Trampelpfad der Elefanten, der angeblich von N'Dalo nach Osten führt, tatsächlich existiert. Die Alten bestätigen uns sein Vorhandensein. Als sie noch jung und kräftig waren, haben sie diese Gebiete durchstreift und dabei einen Pfad benutzt, den auch die Elefanten nahmen. Doch das ist schon sehr lange her, und seitdem war niemand mehr dort. Ob es die Piste noch gibt, kann uns keiner sagen.

Am nächsten Tag sträuben sich Tato und Bandja, mit uns mitzugehen. Erst machen sie ihren Entschluß rückgängig, dann ringen sie sich doch dazu durch, uns zu begleiten, und schließlich weigern sie sich wieder. Sie wissen anscheinend nicht genau, was sie wollen. Wir überlassen es Raphael, das Problem mit ihnen zu regeln. Am Abend erklären sie sich endgültig einverstanden, mit uns zu gehen.

Montag, 15. September, 5 Uhr 03

Raphael rüttelt an meiner Hängematte und beugt sich mit dem Gesicht über mich. In seinen runden Augen lassen sich bereits Spuren des grauen Stars erkennen.

„Es wird Zeit", sagt er. „Ich gehe jetzt mit Tato die Piroge holen."

Bevor er verschwindet, schüttelt er noch die Hängematten meiner Freunde, und als ich aufstehe, steigt mir schon der ölige Geruch der Péqués in die Nase, die die Frauen auf ihren Feuern kochen.

Wir gehen mit unseren vier Rucksäcken und den zwei Seesäkken, in denen sich die Ausrüstung befindet, die wir mitnehmen, zur Anlegestelle hinunter. Etwa zwanzig Dorfbewohner begleiten uns. Auf dem weißen Sand liegt eine große, ungefähr zehn Meter lange Piroge. Wir nehmen sechs kräftige Paddel, deren Enden spitz zulaufen, und klettern ins Boot.

Eugène setzt sich an den Bug, Raphael ans Heck, und nach einem kurzen Lebewohl verlassen wir Ikelemba. Schon 300 Meter weiter weg vermischt sich das ockerfarbene Wasser der Sangha mit dem tiefschwarzen der N'Doki.

Wir nutzen die Gegenströmungen an den Ufern aus, als wir die N'Doki hinaufpaddeln, und erreichen in einer Stunde nach unserem Aufbruch von Ikelemba die drei ständigen Lager, die den Fluß säumen. Wir laden hier Vorräte für mehrere Tage ein, Bananen, Maniok, getrockneten Fisch und sogar ein lebendes Huhn.

Bevor wir abfahren, schenkt mir Eugène, der mich in sein Herz geschlossen hat, einen wunderschönen Pantherzahn.

Die N'Doki ist ein sehr eigenartiger Fluß. Wie alle Wasserläufe, die nicht breiter als zwanzig Meter sind, hat er überhaupt keine

Ufer. Zu beiden Seiten des Flußbetts beginnen überflutete Waldgebiete, die sich von einigen hundert Metern bis zu mehreren Kilometern in den Dschungel hinein ausdehnen.

Der Fluß schlängelt sich in Windungen durch eine Vegetation von mannshohem schwimmenden Gras, die sich hinzieht, fast soweit das Auge reicht. Ganz hinten am Horizont taucht die Mauer des Urwalds auf, die steil ins schwarze Wasser abfällt. Es kommt uns vor, als würden wir auf einer riesigen Savanne fahren.

Ohne Unterlaß fliegen zahlreiche Vögel über unseren Köpfen, prächtige Reiher oder kreischende Papageien. Manchmal scheucht die Piroge eine Entenfamilie auf, die elegant Reißaus nimmt. Große Fische springen aus dem Wasser und spritzen uns voll, während Kriebelmückenschwärme gierig über uns herfallen. Ich verstehe jetzt, warum die vier Schwarzen vor der Abfahrt grobe, durchgescheuerte Wolljacken übergezogen haben, und trotz der Sonne, die ihre Strahlen auf das Wasser schießt, ziehen wir nicht ein einziges Kleidungsstück aus.

Von Zeit zu Zeit deutet Eugène lachend auf die Spuren, die ein Flußpferd oder ein Elefant beim Baden hinterlassen hat. An einer anderen Stelle zeichnet sich im hohen Gras der schwarze Rücken eines Krokodils auf der Jagd ab.

Den ganzen Tag wechseln wir uns an den Paddeln ab. Mit Ausnahme der Bantus, die ihre ständig in der Hand behalten. Unermüdlich.

Etwa um 5 Uhr nachmittags taucht rechts von uns eine schmale Fahrrinne auf.

„Hier am Kanal befindet sich ein Lager", erklärt Eugène.

Doch schon nach wenigen Metern läßt sich die schwerbeladene Piroge nicht mehr vorwärts bewegen. Die Hände zu Trichtern geformt, stoßen Eugène und Raphael lange Rufe aus, bis eine kleine, von einem Kind gelenkte Piroge erscheint.

Dreimal heißt es hin- und zurückgehen, dann befinden wir uns

Wir fahren den N'Doki hinauf

alle zweihundert Meter vom Fluß entfernt auf festem Boden. Dort steht ein winziges Lager, wo uns der säuerliche Geruch von Maniok empfängt, der in alten, unbrauchbaren Pirogen röstet.

Hier leben einige Wochen lang fünf Personen, um zu jagen und Fische zu fangen. Einige Dutzend Antilopen, Affen, Vögel und Fische räuchern über großen Feuern.

Während eine Frau das Essen zubereitet, tauschen die Jäger bei uns Krokodilzähne, Python- und Bongohäute, Vogelschnäbel und Antilopenhörner, die überall herumliegen.

Wir erhalten unsere Mahlzeit getrennt an einem kleinen Tisch aus Lianen serviert, während es sich die Bantus in einem und die Pygmäen in einem anderen Winkel bequem machen.

Wir haben unsere Hängematten an den Bäumen am Rand des Urwalds befestigt, lassen uns noch eine letzte Pfeife am Feuer schmecken und legen uns dann schlafen.

Dienstag, 16. September

Ein leichter Nebel hängt über der N'Doki, als wir im Morgengrauen zurückkommen. Wir legen uns kräftig in die Paddel, um gegen die Strömung anzurudern und gleichzeitig, um uns aufzuwärmen.

Vom Heck aus bestimmt Raphael den Takt, indem er jeden Paddelschlag skandiert.

„Iaaaa . . . Iaaaaa"

So schnell es geht, holen wir mit den langen Holzstangen aus. Tato hinter mir paddelt wie wild, sobald ich mich umdrehe, aber wenn ich wieder nach vorne schaue, wird er sofort langsamer . . . Niemand kann etwas dagegen tun. Die „Schiffahrt" ist nicht ihr Bereich, sie ziehen die endlosen Märsche durch den Dschungel vor. Ihre Schenkel sind im Vergleich zu den Armen erstaunlich muskulös. Das trifft besonders für Bandja zu, der so lustig aussieht mit seinem Mund in Form eines Topfdeckelgriffs und seinem Haarschopf, der von einem Ohr zum anderen verläuft und oben auf dem Kopf etwas dicker wird.

Bald wirft eine warme Sonne helle Flecken auf den Fluß. Herrliche Bäume beugen ihre Wipfel über das Wasser und streifen es mit ihren Ästen. Andere sind mitten in die Strömung gestürzt und lassen uns nur eine schmale Fahrrinne. Einige Äste haben sich in das Flußbett gebohrt, und das Wasser, das sie ständig bewegt, scheint sie gleichsam mit Leben zu erfüllen.

Farbenprächtig schillernde Tukane fliegen sorglos im Gezweig. Von einsam stehenden Bäumen aus beobachten große Fischadler gleichgültig unsere Fahrt.

Jean-François schießt uns einen für das Mittagessen. Dumpf fällt er auf einem kleinen Flecken schwimmenden Grases nieder. Wir lenken den Bug der Piroge hinein, um unsere Fahrt zu stoppen, und Bandja bereitet sich vor, unsere Hauptmahlzeit „an Bord" zu holen.

Das Buschmesser zwischen den Zähnen kriecht er wie ein Sioux auf dem Kriegspfad über das schwimmende Gras und packt den Adler, dessen Flügelweite fast zwei Meter beträgt. Es ist ein wunderbares, schwarzweißes Exemplar mit unglaublich spitzen Fängen.

Jetzt liegt er da und leistet unserem armen Huhn Gesellschaft, das sich völlig verängstigt auf Bandjas Suma erleichtert! Der findet das überhaupt nicht komisch und schleudert das Tier wütend in eine Ecke der Piroge.

Um die Mittagszeit kommt plötzlich ein heftiger Wind auf. Der Himmel überzieht sich mit bedrohlichen schwarzen Wolkenbänken, und in wenigen Augenblicken bricht das Unwetter los, stürmisch und kurz. Wir schützen uns, so gut es geht, unter unseren wasserdichten Ponchos oder den Plastikplanen vor dieser

Jean-François begutachtet den Adler, den er geschossen hat

Sintflut. Doch der Guß hört schnell wieder auf, und die Sonne scheint von neuem an dem von dem Regen blankgeputzten Himmel. Vielleicht wollte uns die Natur nur einen Moment daran erinnern, daß die Regenzeit kurz bevorsteht.

Eugène sorgt dafür, daß wir acht in der Piroge in Stimmung bleiben. Außerdem haben wir gar keine Zeit, uns zu langweilen, denn zu viele Dinge gibt es um uns herum zu bewundern. Die Fahrt ist für uns eine richtige Augenweide.

Dann treffen wir am Nachmittag wieder auf eine Fahrrinne, die sich rechts von uns zwischen dem Gras in den Urwald zieht.

„Da ist das Lager von Mobala, das letzte, in dem jemand wohnt. Danach kommen keine Menschen mehr. Am besten, wir schlafen hier, sonst müssen wir die Nacht in der Piroge verbringen."

Alles verläuft genauso wie am Vortag, und nach einer Stunde sitzen wir alle mit den vier Männern aus dem Lager zusammen.

Einer von ihnen, der eine Kreissäge aus flachen, zusammengeknüpften Schlingpflanzen auf dem Kopf trägt, bringt uns den Schädel eines Krokodils und einen Elefantenunterkiefer, den Raphael gleich als Sitz benutzt.

Aber Eugène ruft mich. „Wir haben kein Fleisch für heute abend. Komm, wir gehen auf die Jagd."

Da er immer noch so begehrlich auf das Gewehr schielt, drücke ich es ihm grinsend in die Hand, und wir machen uns in den Urwald auf.

Eugène geht voraus und pflückt mir von Zeit zu Zeit ein paar N'dolong-Dolos, kleine rote Beeren, die am Boden wachsen. Manchmal bleiben wir stehen, um den Geräuschen des Urwalds zu lauschen und zu beobachten, ob sich ein Tier uns nähert.

Plötzlich rauscht ein Tukan mit lautem Flügelschlag über uns hinweg. Er läßt sich in das Blattwerk sinken, schwebt zwischen den Ästen und ruht sich auf einem aus, als Eugène ihn erlegt.

Genau in diesem Augenblick kommt kreischend eine Horde

Affen daher. Ich packe das Gewehr und versuche sie zu verfolgen. Vergebliche Mühe. Ich falle in einen Sumpf und verliere sie aus den Augen.

Als wir zurückkehren, setzt ein leiser, feiner Nieselregen ein. Ich stelle mich in einer der auf allen Seiten offenen Hütten unter. Die Männer bereiten das Essen vor, während wir uns um die Befestigung unserer Hängematten kümmern.

In der Stille, die kaum von dem Rieseln des Regens gestört wird, breitet sich im Lager eine eigenartige Stimmung aus. Wir rauchen schweigend, das Wasser tropft von unseren Hüten. Der Boden verwandelt sich in ockerfarbenen, glitschigen Schlamm. In die Dämmerung dringt dünner Nebel, dessen durchsichtige Schleier über den Dächern der Hütten aufreißen.

Wir bleiben nicht lange beim Abendessen – Tukan mit Maniok – sitzen, sondern klettern bald in die Hängematten. Nur noch kurz hören wir das Tropfen des Regens und die Stimmen der Männer, die sich unterhalten, dann schlafen wir ein.

Mittwoch, 17. September

Nach zwei Stunden Fahrt mit der Piroge kommen wir an dem Nebenfluß vorbei, der zum Djaka-See führt. Er beschreibt einen großen Bogen und verschwindet in nordöstlicher Richtung.

Die Vegetation hat sich jetzt vollkommen geändert. Der Fluß wird langsam schmaler, die undurchdringliche Mauer des Urwalds rückt dichter an das Wasser heran. Wir benutzen immer noch die Gegenströmungen und schwimmen an diesem Pflanzendickicht entlang, dessen Wurzeln bereits im Wasser stehen.

Lange, goldbraune, in den Astbeugen zusammengerollte Pythonschlangen lassen sich fallen, als wir näher kommen. Zweimal hintereinander versuchen wir, eine für unser Abendessen zu erlegen. Das erste Mal nehme ich das Gewehr, das zweite Mal schlage ich mit dem Buschmesser zu. Aber sie schnellen wie Sprungfedern in die Höhe und gehen getroffen sofort unter, trotz Eugènes Bemühungen, sie noch rechtzeitig zu erwischen.

Auch die in den Fluß gestürzten Bäume werden immer zahlreicher. Dann muß man jedesmal auf den Stamm springen und die Piroge dorthin ziehen, wo sie am niedrigsten sind, um sie über das Hindernis zu bringen.

Doch dadurch bekommen wir auch manchmal Gelegenheit, so faszinierende Dinge zu beobachten wie die großen, fächerförmig

Immer dichter schließt uns der Dschungel ein

ausgebreiteten Äste, die vollständig von feinen Spinnweben überzogen sind.

Zum Essen schieben wir die Piroge in die Dschungel-Mauer, wo sie sofort im Gewucher der Schlingpflanzen hängenbleibt. Eugène verteilt an jeden seine Portion Maniok, Hühnerfleisch und geräucherten Krokodilschwanz, den wir von Mobala mitgebracht haben. Von den Bäumen aus beobachten uns neugierige, sich zankende Affenhorden. Wir schießen keinen, denn Ente oder Adler schmeckt uns wesentlich besser.

Später erlegt Jean-François doch einen, und Philippe einen Habicht. Vögel gibt es in Hülle und Fülle, und es ist ein Anblick wie im Märchenwald, wenn all diese verschiedenen Arten auffliegen, sobald sie uns bemerken.

Über uns liefern sich Sonne und Wolken einen gnadenlosen Kampf um den Besitz des Himmels. Erst gießt es in Strömen, dann brennt die Sonne auf uns herab, und schließlich regnet es wieder.

Die Pygmäen haben keine Vorstellung von der Zeit. Eugène und Raphael können sich kaum noch halten vor Lachen, weil Bandja glaubt, wir seien schon seit fünf Tagen unterwegs. Wie alle Pygmäen kennt auch er sein Alter nicht, und das ist ihm völlig egal. Er begnügt sich mit wenig, ißt den Maniok auch roh und die Klauen der Vögel.

Bei Einbruch der Nacht erreichen wir das Lager Ketekelingué, das von Mangin für seine Elefantenjagden errichtet wurde. Diesmal gibt es keine Fahrrinne, die zum Festland führt. Uns umgibt nur ekelerregender Sumpf, über dem eine Insektenart, die wir nicht kennen, einen unerträglichen Lärm veranstaltet. Am liebsten möchten wir uns die Ohren zuhalten.

Bis über die Knie waten wir in dieser Kloake, um das Material an Land zu schaffen. Raphael und Philippe fallen hin, Jean-François und ich sinken gefährlich ein.

Das Lager, das wir vorfinden, besteht nur aus zwei von den

Unwettern stark mitgenommenen Hütten. Raphael beschwert sich.

„Das ist viel Schmerzen", sagt er und läßt sich unter einer von ihnen nieder. „Ich krank."

Bald wird es dunkel, und nach einem frugalen Mahl befestigen wir die Hängematten im Urwald. Hughes und ich bringen unsere nebeneinander an, nachdem wir im Schein der Taschenlampe fast eine Stunde lang das Gestrüpp entfernt haben.

Wir stehen neben den Hängematten und ziehen uns schnell aus, da schreit Hughes vor Schmerz plötzlich auf. Ich richte die Lampe auf ihn und unterdrücke einen Schauder des Ekels. Er ist von Kopf bis Fuß mit schwarzen Ameisen bedeckt, die er auf den Kleidern nicht gespürt hat. Direkt zu unseren Füßen krabbelt eine riesige Kolonne dieser Viecher, und mir laufen sie bereits die Beine hoch. Mit einem Gefühl von Abscheu und Entsetzen schütteln wir uns, schlagen sie uns gegenseitig auf der Haut tot und springen hastig in die Hängematten!

Donnerstag, 18. September

Die Nacht ist eisig. Wir zittern in der Kälte der Morgendämmerung. Raphael ärgert sich, weil die Pygmäen die Nacht genutzt haben, um in der Piroge Maniok zu essen. Er fängt an, sie fürchterlich zu beschimpfen, aber gibt es bald auf. Ihm scheint die kühle Luft auch etwas auszumachen, und er fühlt sich müde. Heute könne er nicht paddeln, meint er.

Wir lösen uns deshalb öfter an den Paddeln ab, um so früh wie möglich N'Dalo zu erreichen. In Gedanken an den Film von unserer Expedition drehen wir heute einige Sequenzen mit der Piroge aus der Entfernung.

Dazu klettern Hughes und ich auf die Bäume mitten im Fluß.

Wir beginnen gerade mit der Filmarbeit, da müssen wir zu unserer unangenehmen Überraschung feststellen, daß aufgrund der Feuchtigkeit die Antriebswelle der Kamera die Emulsion vom Film ablöst. Es ist nicht das erste Mal, daß wir derartige Probleme haben. Aber wir glaubten, nach den wiederholten Reinigungen während unserer Ruhepause in Pokola, damit nicht mehr behelligt zu werden. Eine verfrühte Hoffnung, wie wir sehen, und wir fragen uns nun, wie viele Filmrollen unbrauchbar geworden sind.

Um die Mittagszeit kommen wir in N'Dalo an. Es ist einer der seltenen Plätze, wo das Festland bis zum Fluß reicht. Ein großer Zitronenbaum wächst in der Nähe des Wassers und zahlreiche Früchte bedecken den Boden. Etwas weiter entfernt stehen die Überreste der zwei Hütten des ehemaligen Lagers.

Vom Unerforschten in die Hölle

Der Wert verlangt nach Gefahr.
Seneca

Den Nachmittag über ruhen wir uns aus, während sich die Männer um unsere Versorgung kümmern. Tato und Bandja kommen mit einer großen Ration Palmnüsse zurück, die beiden Bantus bringen einen Affen, den wir am Abend essen.

Wir machen kein Hehl aus unserer Freude, daß es endlich wieder weitergeht. Ein kurzer Erkundungsausflug in die Umgebung hat uns gezeigt, daß es keinen einzigen Pfad gibt, der ins Innere führt. Die Wege, die früher einmal die Elefanten getrampelt hatten, sind völlig verschwunden. Darauf mußten wir gefaßt sein.

Die beiden Pygmäen scheinen deswegen völlig verunsichert, sie tragen alle Zeichen mühsam unterdrückter Furcht zur Schau. Es kommt mir deutlich so vor, als ob sie es bedauerten, uns begleitet zu haben.

Ich betrachte unsere vor fünfzehn Jahren nach Luftaufnahmen hergestellte Karte. Das Gebiet, das wir aufsuchen wollen, besteht aus einem großen grünen Fleck, auf dem keine anderen Namen verzeichnet sind als die der Flüsse und der Dörfer des Landes der Kaboungas. Den Eintragungen von Sumpf- und Überschwemmungsgebieten im Urwald stehe ich höchst mißtrauisch gegenüber, denn das ändert sich von Jahr zu Jahr beträchtlich. Fehler in den Angaben haben wir bereits in der Gegend um den Djaka-See festgestellt. Viele kleine Flüsse wichen in ihrem Verlauf von der Zeichnung auf der Karte ab.

Wir schätzen, daß N'Dalo etwa 150 Kilometer von der Sangha entfernt liegt. Eine Schätzung, die auf der Anzahl der Stunden beruht, die wir mit der Piroge zurücklegten, um das Lager zu erreichen. Das sind natürlich sehr ungenaue Angaben, um sich später allein mit dem Kompaß orientieren zu können. Doch wir haben keine andere Wahl. Uns bleibt eine Gewißheit bei diesem Abenteuer: Wenn man immer nach Osten geht, stößt man unweigerlich auf den Ubangi, der von Norden nach Süden fließt, selbst wenn es zwei Monate dauern sollte...

Freitag, 19. September

Langsam verschwindet die Piroge hinter einer Flußbiegung. Eugène und Raphael winken uns ein letztes Lebewohl zu. In N'Dalo war ihr Auftrag beendet, und sie paddeln jetzt zurück in Richtung Ikelemba.

Vor ihrer Abfahrt zeigte uns Eugène sehr deutlich seine Besorgnis um unser weiteres Schicksal.

„Behaltet das geladene Gewehr immer in Reichweite und paßt auf die wilden Tiere auf", riet er uns und trat dabei von einem Fuß auf den anderen, als ob er zögerte, uns allein zu lassen.

Mit dem Aufbruch der beiden Bantus reißt für uns die letzte Verbindung zur Zivilisation. Die Würfel sind gefallen. Wir haben unseren Rubikon überschritten. Die beiden Pygmäen verbergen jetzt nicht mehr ihre Furcht. Aber ihr Schicksal knüpft sich nun an das unsere, und das heißt zunächst losmarschieren.

Wir betrachten uns eine Weile die Pflanzenmauer, unentschlossen, wo wir den ersten Schlag mit dem Buschmesser führen

Wir treten zum Nahkampf mit dem Dschungel an

sollen. Aber dann einigen wir uns und treten in gedrängter Reihe zum Nahkampf mit dem Dschungel an, und zwar nicht nur im übertragenen Sinn des Wortes.

Aber wir haben noch nicht zehn Minuten gehauen, da tut sich vor uns ein Anblick auf, der so einmalig ist, daß wir vor Bewunderung stillstehen . . .

Wir befinden uns plötzlich in einem richtigen Bambus-Tempel. Etwa fünfzehn riesige Bambusstauden wachsen mit ihren langen „beringten" Stämmen ungefähr acht Meter in die Höhe, biegen sich dann zueinander in die Horizontale und bilden dabei ein Geflecht, das aussieht wie ein Spinngewebe. Auf dem Boden liegt kein Blatt, kein Zweig, wächst keine Pflanze. Nur eine völlig ebene Fläche im grünlichen Schatten des Urwalds.

Es fällt uns schwer, uns von diesem ungewöhnlichen, phantastischen Anblick zu lösen. Doch leider fehlt uns die Zeit zum Träumen. Wir müssen weiter.

Wir sechs schleppen jeder gut zwanzig Kilo, was unsere Schritte nicht gerade beflügelt. Und wenn man sich dazu den Weg mit dem Buschmesser freihauen muß, lassen die Kräfte schnell nach, und wir wechseln uns ständig ab, um nicht zu früh schlappzumachen.

Doch wir freuen uns, wieder im Dschungel zu sein, wir freuen uns über das blaugrün schimmernde Licht, die vielfältigen Rufe der Tiere, die von Baum zu Baum widerhallen wie im Gewölbe einer riesigen Kathedrale, deren Pfeiler die gewaltigen Stämme mit ihren eindrucksvollen Brettwurzeln bilden.

Nur das Geräusch der Buschmesser stört das Leben des Urwalds. Bald kommen wir in eine Gegend, wo die Kassien wachsen, diese enormen Blätter, die drei bis vier Meter vom Boden in die Höhe ragen. Elefanten haben hier richtige Tunnel in die Vegetation gewühlt, die sich überall kreuzen. Der Fluß befindet sich in der Nähe, und sie kommen hierher, um zu trinken oder sich zu baden. Doch diese Spuren verunsichern Tato und Bandja nur noch mehr, da sie wissen, wie wenig unser 12er Kaliber gegen diese Muskel- und Knochenmassen ausrichtet.

Jetzt geht das Vergnügen wieder los. Wir kommen so langsam voran, daß die Gorillafliegenschwärme uns mühelos folgen und ununterbrochen attackieren können. Am schlimmsten ist es, wenn sie durch die Luftlöcher unserer Hüte krabbeln und sich zu Dutzenden in den Haaren festsetzen.

So gut es geht, versuchen wir, unseren Weg in der Art der Pygmäen zu kennzeichnen. Niemand weiß, ob wir ihn nicht noch einmal benutzen werden.

Einige Stunden später beschließen wir, unsere Marschmethode zu ändern, um nicht zu schnell zu ermüden. Wir teilen uns in zwei Gruppen auf, und während sich die eine neben den Rucksäcken ausruht, arbeitet sich die andere ohne Last mit dem Buschmesser weiter. Jede Stunde wechseln wir ab und tragen das Gepäck ans Ende des freigelegten Stücks.

Wir durchqueren schlammige, in kleinen Bodensenkungen stehende Gewässer; hier haben Elefanten die Spuren ihrer riesigen Füße gut sichtbar hinterlassen. Die Angst der Pygmäen ist jetzt fast zum Greifen, und uns überkommt nun auch eine gewisse Unruhe.

Wir befinden uns durch die erzwungene Ruhepause in Pokola in guter körperlicher Verfassung und glauben, durchhalten zu können, solange wir uns halbwegs richtig ernähren.

Ich bilde mit Philippe und Tato eine Gruppe. Als wir einmal mit dem Ausruhen dran sind, gebe ich dem Pygmäen das Gewehr, denn Affenhorden tummeln sich in der Nähe. Er geht los, und wir beobachten, wie eigenartig sich ein paar kleine Vögel zwischen dem Pflanzendickicht fortbewegen. Unglaublich schnell fliegen sie um die zahllosen Hindernisse herum.

Tato hat ohne Schwierigkeit einen Affen erlegt, und wir machen uns auf den Weg. Die Buschmesser werden schwer in unseren Händen. Die Rucksäcke, die allzu oft in den Schlingpflanzen und Dorngewächsen hängenbleiben, scheuern auf den Schultern.

Am späten Nachmittag erreichen wir schließlich das Ende dieser stickigen Gegend und kehren in den Urwald zurück. Doch es wird Zeit, ein Lager zu errichten, wenn uns die Nacht nicht überraschen soll.

Wir schicken Bandja auf die Jagd, während Tato ihren Windschirm baut. Wir kümmern uns unterdessen um einen Platz für die Hängematten und befestigen die Rucksäcke daneben. Ein Feuer wird angezündet, der Affe ausgeweidet und zum Kochen aufgesetzt.

Bandja kommt mit einer herrlichen Antilope zurück, die bald den Weg unseres „Vetters" nimmt, wie die Bantus sagen.

Mit all dem Fleisch vor den Augen, steigt die Stimmung der beiden Pygmäen sichtbar, und wir sechs sitzen in fröhlicher, gelöster Atmosphäre zusammen.

Doch wir wollen uns von dieser momentanen Heiterkeit nicht täuschen lassen, und beschließen, in Schichten Wache zu schieben, um nicht Gefahr zu laufen, daß Bandja und Tato das Weite suchen. Wir befinden uns noch in der Nähe der N'Doki, und es könnte gut sein, daß sie die Fahrt auf einem Floß dem abenteuerlichen Marsch ins Land der Kaboungas vorziehen.

Ich übernehme also die erste Wache, Hughes die zweite, Jean-François die dritte und Philippe die vierte bis zum Morgengrauen.

Es herrscht unglaublicher Frieden in dieser Einsamkeit neben dem Feuer, das den Urwald in den Schatten drängt. Der Geist begibt sich auf Wanderschaft, verliert sich im Nichts, zieht hierhin und dorthin, entspannt sich. Fast ungern rüttele ich Hughes aus dem Schlaf, als seine Schicht beginnt.

Wir haben beschlossen, jedem unserer Lager den Vornamen einer Frau zu geben: Dieses hier heißt Betty.

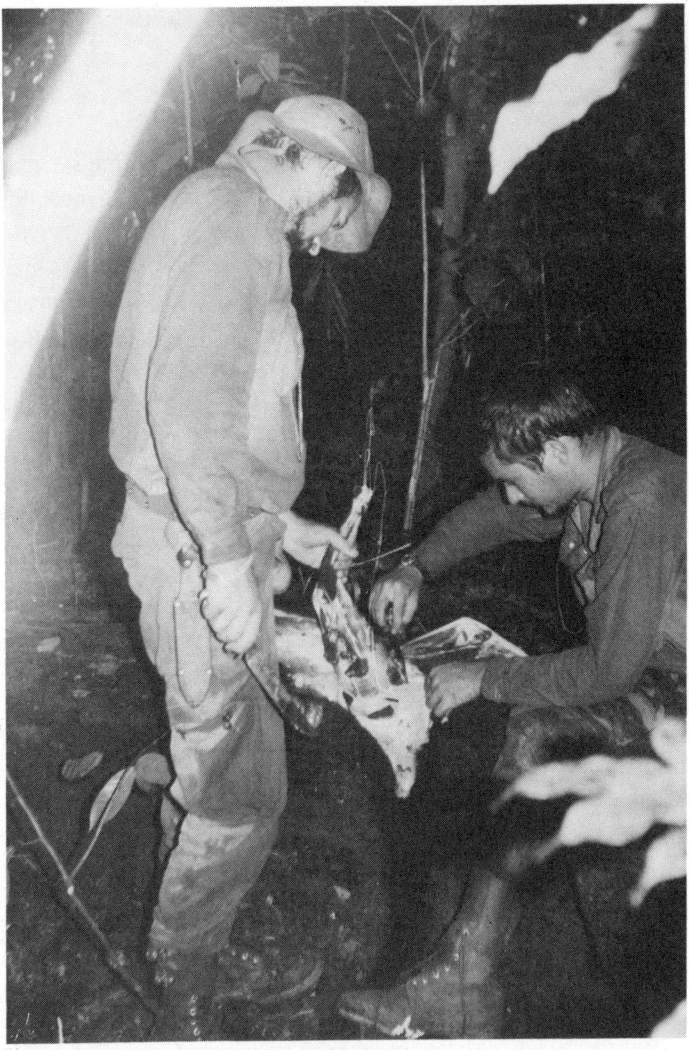

Jean-François und Philippe beim Ausweiden des Affen

Edith-Lager

Der Morgen hält eine unangenehme Überraschung für uns bereit. Tato ist verschwunden. Mit ihm der Rest des Essens und nicht nur seine, sondern auch Bandjas Waffen.

Nach der Rekonstruktion des Verlaufs der einzelnen Wachen nehmen wir an, daß es geschah, als sich Philippe und Jean-François ablösten, und zwar so leise, wie das nur ein Pygmäe fertigbringt.

Bandja hört nicht auf, sich über den „Verrat" von Tato zu beklagen, der ihm nur seinen Dolch gelassen hat. Ich bemühe mich eine Stunde lang, ihm begreiflich zu machen, daß das Land der Kaboungas näher ist als die Sangha, und daß er besser mit uns in unserer Richtung geht, so weit wir kommen. Wir versprechen ihm alle möglichen Geschenke, und endlich entschließt er sich. Doch ohne große Begeisterung.

Tatos Flucht stellt uns vor das Problem der Ausrüstung, die er getragen hat. Zu unserem Leidwesen müssen wir nochmals unsere Sachen sortieren und auf rund fünfzehn Kilo verzichten. Wir „opfern" alles, was wir nicht unbedingt brauchen: Bogen, Python- und Krokodilhäute, Antilopenhörner, Elefantenzähne, Reiherschnäbel usw. Den Rest verteilen wir auf unsere eigenen Rucksäcke und erleichtern unser Gepäck noch dadurch, daß wir auch die Schlafsäcke aus unseren Hängematten trennen. Ein Problem bekommt für uns jetzt absoluten Vorrang: genügend zu essen und mit unseren Kräften hauszuhalten. Das nächste mit Sicherheit bewohnte Dorf liegt mindestens 45 Tagesmärsche weit entfernt, und es ist deshalb für uns lebenswichtig, in Form zu bleiben.

Wir verlassen das Betty-Lager ziemlich spät am Vormittag, nachdem wir alles, was wir zurücklassen, in einen Seesack gepackt haben. Und den hängen wir in einen Baum mitten im Dschungel. Im Innern steckt auch ein Brief mit Erklärungen. Falls jemals zufällig eine Expedition hier vorbeikommen sollte...

Da wir finden, daß die Methode, die wir gestern benutzten, zu langsam und kaum weniger anstrengend ist, gehen wir jetzt gemeinsam weiter und lösen uns stundenweise mit dem Buschmesser ab.

Wir versuchen, soweit es geht, den von den Elefanten gebahnten „Tunnels" zu folgen. Selbst wenn sie leicht von der östlichen Richtung abweichen. Hauptsache, wir halten einen „Durchschnitts"-Kurs. Doch auch das ist nicht gerade einfach, denn nach welchen Anhaltspunkten sollte man sich in dieser Vegetation richten, die uns von allen Seiten umschließt?

Trotzdem müssen wir es versuchen, denn um ins Land der Kaboungas zu gelangen, haben wir nur einen engen, zwei Kilometer breiten, von riesigen Überschwemmungsgebieten im Urwald umgebenen Korridor. Wir fürchten nur etwas, und zwar, daß die Regenfälle diesen Korridor unter Wasser gesetzt haben. Unsere einzige Hoffnung besteht darin, daß wir von ihm nur noch ungefähr zwanzig Kilometer Luftlinie entfernt sind.

Die Spuren der Elefanten bleiben genauso zahlreich. Fußstapfen, Kothaufen, mit getrocknetem Schlamm bedeckte Baumstämme, an denen sie sich nach ihrem Bad in den Wasserarmen gescheuert haben.

In bestimmten Abschnitten ist die Pflanzenmauer so dick und dicht, daß uns manchmal der Mut verläßt. Unzählige Dorngewächse versperren uns den Weg. Sie hängen sich überall in den Kleidern fest, verbeißen sich, zerren an ihnen, zerreißen sie. Sie ritzen Hals und Hände auf, und der Nachfolgende muß dem, der vor ihm geht, immer wieder zu Hilfe kommen.

Mehrmals durchqueren wir kleine, in Bodensenkungen eingebettete Wasserläufe. Häufig rutschen wir dann aus, fallen in den klebrigen Schlamm und ziehen den Vorauslaufenden, der sich an den Schlingpflanzen festzuhalten versucht, mit in den Dreck.

Aufgrund der nur sehr ungenauen Schätzung unseres Ausgangspunktes und des gerechtfertigten Mißtrauens gegenüber der Zuverlässigkeit unserer Karte, ist es uns praktisch unmöglich, den exakten Verlauf dieser unzähligen Gewässer festzustellen. Wir haben nur noch ein Ziel vor Augen, und das heißt Osten. Osten, der Sonne entgegen. Wir klammern uns an diese Idee, von der einzigen Furcht beherrscht, im überschwemmten Urwald, dem schlimmsten aller Übel, zu landen.

Jede Stunde gestatten wir uns eine Pause von zehn Minuten. Gerade genug Zeit, um eine verschimmelte Zigarette zu rauchen und die Buschmesser zu schärfen.

Soweit wir können, ernähren wir uns von wilden Beeren und von Obst, von N'dolong-Dolos in den Kassien-Gebieten, sonst von Mobeï. Aber wir finden sie nur sehr selten. Entgegen einer weit verbreiteten Ansicht ist der Dschungel gar nicht so reich an Eßbarem, wie man annimmt.

Am Spätnachmittag erreichen wir ein etwas weniger bewachsenes, aber dafür sumpfbedecktes Gebiet. Kaum zehn Minuten waten wir darin herum, als wir auf eine grunzende Wildschweinherde treffen, die sich im Schlamm suhlt. Sie befindet sich in etwa fünfzehn Meter Entfernung, zum größten Teil durch die Bäume verdeckt.

Bandja strahlt plötzlich über das ganze Gesicht. Ich reiche ihm das Gewehr, und schon stürzt er auf die Tiere zu. Ein trockener Knall, und es beginnt eine wilde Flucht. Er hat zu weit geschossen, und die Kugeln stecken irgendwo in den Bäumen.

Etwas beschämt kommt er zurück, mit einem Blick, der besagen soll: Ach, wenn ich nur meinen Speer gehabt hätte! Es wird also heute kein Fleisch geben, und unser ganzer Vorrat besteht nur noch aus knapp zwei Kilo Reis. Und etwas Tee.

Jede Stunde gönnen wir uns eine kurze Pause

Bei Einbruch der Dunkelheit verlassen wir diese Sumpfgegend und bauen hastig unser Lager auf.

Wir kochen uns zwei Handvoll Reis, den wir untereinander aufteilen, und servieren ihn auf Kassie-Blättern als Teller. Das ist reichlich mager nach einem ganzen Tag anstrengenden Fußmarsches. Aber niemand beklagt sich.

Wie gestern halten wir wieder abwechselnd Wache, und jeder kocht für den, der ihn ablöst, einen Becher heißen Tee. Und diesmal bleibt Bandjas Hütte unter ständiger Beobachtung.

Die Zänkereien von Schimpansen „untermalen" meine dreistündige Wache. Vielleicht gibt es morgen Fleisch.

Gilberte-Lager

Im Morgengrauen tobt ein heftiger Kampf zwischen uns und verschiedensten Insekten. Bienen, Fadenwurm- und Gorillafliegen haben zum Großangriff geblasen; sie kriechen sogar unter die Moskitonetze und die Plastikplanen! Ameisen bedecken meinen Rucksack und hängen an ihm wie krabbelnde, raschelnde Trauben.

Während wir sie in die Flucht zu schlagen versuchen, kocht uns Jean-François ein paar Handvoll Reis, den wir wieder von unseren Kassie-Blättern essen und uns dabei, so gut es geht, gegen die Insekten zur Wehr setzen.

„Eßt keine Biene mit", warnt Jean-François. „Wenn sie euch in die Kehle sticht, könnt ihr daran ersticken!"

Seinem Rat folgend kauen wir mit geschlossenem Mund, und Bandja ahmt uns nach. Er sitzt etwas abseits von uns in einem Winkel, um, wie er sagt, den Bienen aus dem Weg zu gehen.

Wir lassen ihn, denn mit dem Anbruch des Tages nimmt unser Mißtrauen ab. Und das soll sich rächen. Er verschwindet plötzlich vor unseren Augen. Und einem Pygmäen im Urwald hinterherzulaufen, hat keinen Zweck!

Jetzt sind wir allein. Einen Augenblick bleiben wir unentschlossen, dann entscheiden wir uns nach einer kurzen Diskussion dafür, unser Vorhaben fortzuführen, so weit wir es schaffen.

Gerade in diesem Moment kommen die Schimpansen, die sich letzte Nacht so laut zankten, an uns vorbei. Jean-François und ich vergessen alles andere und springen auf, um sie zu verfolgen.

Ich schieße zwei Affen an, die ins Gestrüpp stürzen, aber davonlaufen. Die Vegetation ist so dicht, daß man sie aus nächster Nähe erwischen muß. Wenn sie in einer Entfernung von mehr als zehn Metern zu Boden gehen, können wir sie in dem undurchdringlichen Pflanzengewirr nicht mehr finden. Jetzt hätten wir die Pygmäen gebraucht.

Wir kehren also ohne Beute ins Lager zurück. Hughes und Philippe erklären uns, daß wir ihrer Meinung nach während unseres Marsches nicht mehr jagen dürften, da das erlegte Tier schließlich auch transportiert werden müsse, und wir bereits wegen Bandjas Flucht noch mehr zu tragen hätten.

Wir zielen deshalb nicht auf den Schimpansen, der plötzlich vor uns auftaucht. Hoch aufgerichtet auf einem Ast, etwa zehn Meter von uns entfernt, schwingt er uns eine Faust entgegen und stößt dabei schrille Schreie aus. Er ist in fürchterlichem Zorn und beschimpft uns ausgiebig. Vielleicht haben wir seine Gefährtin angeschossen, und er ist zurückgekommen, um uns zu sagen, was er davon hält. Uns überkommt das gräßliche Gefühl, einem wütenden und gleichzeitig verzweifelten Menschen gegenüberzustehen.

Wegen Bandjas „Rückzug" müssen wir uns von weiteren zehn Kilo Gepäck trennen, was diesmal nicht ohne lange Diskussionen über die Wichtigkeit jedes einzelnen Gegenstandes abgeht. Was übrigbleibt, wird auf unsere Rucksäcke verteilt, da aber die wasserdichten Hüllen der Kamera und des Fotoapparats nicht mehr hineinpassen, müssen wir sie künftig in der Hand tragen, mit allen Unbequemlichkeiten, die das mit sich bringt. Aber die beiden Dinge zurückzulassen, dazu werden wir uns niemals durchringen.

Eine Stunde, eine Viertelstunde. Eine Stunde, eine Viertelstunde. Laufen, Pause, Laufen, Pause. Die lange Litanei des Vorankommens. Immer mehr reißen wir uns an den Dorngewächsen auf. Hemden und Rucksäcke sind durchgeschwitzt, wie die Hutränder, die langsam eine schwarze Färbung annehmen.

Nachdem wir einen wenige Meter breiten Wasserlauf durchquert haben, erreichen wir einen kleinen Elefanten-Pfuhl. Seit heute morgen gehen wir den Tieren aus dem Weg, sobald das Knacken von Ästen ihr Näherkommen ankündigt. Ein schwarzer Rücken taucht zehn Meter vor uns auf und verschwindet im Bogen. Die laufen also auch vor uns weg.

In mir entsteht der unangenehme Eindruck, daß uns diese Tiere, von denen es in der Gegend buchstäblich wimmelt, auf allen Seiten umgeben. Ein Gefühl der Einsamkeit zu viert, der Bedrohung von überallher, das die anderen übrigens mit mir teilen.

Ein kurzes, heftiges Unwetter bricht über uns herein. Wir setzen uns unter unseren Ponchos neben einen Baum und warten, daß es vorübergeht. Doch als wir wieder aufbrechen, tropft das Wasser noch so lange pausenlos von den Blättern, daß uns die nasse Kälte bis ins Mark dringt.

Urwald- und Kassie-Gebiete wechseln miteinander ab. Und wo die Kassien wachsen, können wir unseren Hunger mit ein paar N'dolong-Dolos überlisten.

Wir warten bis zum Nachmittag, um unser Gilberte-Lager aufzuschlagen. Doch kaum haben wir unsere Rucksäcke abgestellt, kommen Affen herbei, um uns zu belästigen, sicher, in ihrer Höhe von dreißig Metern über dem Boden von uns nicht angegriffen zu werden.

Philippe beweist ihnen das Gegenteil, indem er einen von ihnen direkt über uns erlegt. Er fällt vor seine Füße hin und steht drohend auf, fletscht das Maul und entblößt dabei seine spitzen Eckzähne.

Wir müssen Munition sparen. Hughes greift ihn deshalb mit dem Buschmesser an, aber das Tier springt auf ihn zu und verfehlt ihn ganz knapp. Philippe erledigt ihn also lieber mit einem zweiten Schuß, damit nicht einer von uns noch auf diese Weise verletzt wird.

Ich nehme den Affen auseinander, und er ergibt zwei volle

Blechnäpfe Fleisch ohne Knochen. Unterdessen bemüht sich Jean-François, mit dem nassen Holz Feuer zu machen. Viele Seiten unserer Tagebücher müssen daran glauben. Wir beschließen, von nun an jeden Morgen Holzkohle vom vorherigen Feuer in einer wasserdichten Büchse mitzunehmen. Keiner von uns hat große Lust, rohes Fleisch zu essen. Insbesondere, da die Affen mit Fadenwürmern gespickt sind.

Wir fühlen uns wie erschlagen. Nichts erschöpft einen Menschen schneller, als dieser verflixte Dschungel, und ein Viertel Affe pro Tag und Person genügt nicht, um wieder zu Kräften zu kommen.

Und wir haben kaum mehr als neun, zehn Kilometer zurückgelegt, trotz unserer täglichen acht bis zehn Stunden Fußmarsch. Jean-François besitzt von uns allen den größten Optimismus. Er ist sicher, daß wir bald das Land der Kaboungas erreichen. Ich versuche, die Lage realistischer zu sehen und unsere Chancen abzuwägen.

Abgesehen von der allgemeinen Schwäche, aufgeschürften Händen, und Füßen, deren Zustand auch nicht viel besser ist, fühlen wir uns noch verhältnismäßig gut.

Ein Raubtier nutzt die Nacht aus, um das Gerippe des Affen zu benagen, das wir ungefähr fünfzehn Meter von unserem Lager liegengelassen haben. Niemand rührt sich. Wir verscheuchen es nicht.

Ginette-Lager, 8 Uhr 30

Nach einem Becher Tee zum Frühstück verlassen wir das Gilberte-Lager. Mehr wird es bis zum Abend nicht geben. Wir müssen unsere Vorräte streng rationieren. Ein zweiter Gedanke verfolgt uns jetzt bis zur Besessenheit: Töten um zu essen.

Im Laufe des Vormittags leiden wir immer stärker unter Durst. Wir haben kein Wasser mitgenommen, denn im allgemeinen stoßen wir während des Marsches ständig auf irgendwelche Rinnsale. Doch heute begegnen wir keinem einzigen. Und wir schwitzen so ausgiebig in diesem feuchten Treibhausklima, daß wir ununterbrochen das Bedürfnis haben zu trinken.

Als wir endlich einen Wasserlauf entdecken, fallen wir richtig in Trab, um endlich den Kopf hineinzustecken und gierig ein paar Schlucke der schlammigen Flüssigkeit zu uns zu nehmen.

Kurz danach verletzt sich Philippe an einem spitzen Stück Holz das Auge. Ein großer Blutfleck hindert ihn am Sehen, und wir fabrizieren ihm einen provisorischen Verband, der ihm das Aussehen eines Piraten gibt. Er geht jetzt als Dritter mit der wasserdichten Kamerahülle. Und wir sind nur noch drei, um uns den Weg mit dem Buschmesser freizuhauen.

14 Uhr

Gerade haben wir ein Kassien-Gebiet verlassen und stehen nun vor einer Mauer aus Dorngewächsen und zahllosen Schlingpflanzen, die in allen nur denkbaren Richtungen auseinander- und zusammenwachsen. Sie besitzen eine unglaublich hinterhältige Eigenschaft, denn sie hängen sich an jeder Unebenheit des Körpers oder des Rucksacks wie lebendige Tentakeln fest. Nur zu zweit gelingt es, sich von ihnen zu befreien. Drei Stunden für zweihundert Meter, ohne zu essen. Wir sind am Rand der Erschöpfung.

Dann stecken wir wieder im Sumpf. Gerade, als wir ihn schlammbedeckt verlassen, taucht direkt vor mir eine schöne Antilope auf. Ich schreie: „Das Gewehr!" So etwas von ungeschickt: Sie entwischt mir, mit dem Bauch fast am Boden schleifend, und verschwindet, behende den Hindernissen ausweichend, im Dickicht. Jean-François, der das Gewehr trägt, blieb nicht genügend Zeit, um anzulegen.

Ein Stück weiter bauen wir unser Lager auf. Hughes und Philippe säubern die Stelle vom Gestrüpp, damit wir die Hängematten befestigen können. Jean-François und ich versuchen unser Glück mit der Jagd. Doch eine seltsame Stille herrscht im Urwald, und wir sehen nicht einmal einen Vogel.

Es gibt also wieder nur etwas Reis. Eine Handvoll pro Tag und pro Person. Das ist reichlich wenig nach den Anstrengungen des Marsches und dem ständigen Kampf mit den Insekten.

Wir beschließen, daß in Zukunft das Nahrungsproblem den Vorrang vor allem anderen haben muß. Wir fühlen, daß wir mit einer kleinen Portion Reis am Tag in dieser Hölle niemals durchhalten können. Wir wollen das erstbeste Tier, das vorbeikommt, egal zu welchem Zeitpunkt, erlegen, es ausschlachten und nur das fertig präparierte Fleisch mitnehmen.

Wir sind verdreckt und abgerissen. Unsere Wunden fangen an zu eitern, und an den Rändern bildet sich grünlicher Schimmel. Philippes Auge bereitet uns aber größere Sorgen. Er sieht immer noch nicht, doch der Blutfleck scheint sich zu resorbieren.

Nachdem wir unsere magere Mahlzeit gegessen haben, bauen wir einen behelfsmäßigen Schutz für das Feuer und sinken in die Hängematten.

3 Uhr

Ein Unwetter bricht los. Ich stehe mit schmerzendem Körper auf und bedecke die Rucksäcke mit meinem Poncho. Der Schutz über dem Feuer hält dem Regenguß stand. Für morgen ist die Holzkohle gerettet.

★

Aline-Lager

Schon in der Morgendämmerung haben sich die Gorillafliegen versammelt, um uns das Leben noch schwerer zu machen. In unserer Wut erschlagen wir ganze Hände voll, doch das scheinen sie überhaupt nicht zu bemerken . . .

Völlig durchnäßt versuchen wir äußerst vorsichtig ein Feuer zu entzünden, denn auch der kleinste Reisigzweig ist mit Wasser vollgesogen wie ein Schwamm. Wir essen schweigend unser Häufchen Reis und begeben uns dann, nachdem wir die Hängematten zusammengelegt haben, weiter auf unseren mühseligen Weg.

Der Nahrungsmangel macht sich immer unangenehmer bemerkbar. Die überladenen Rucksäcke zehren an unseren Kräften, aber eigensinnig besteht jeder darauf, den gesamten Inhalt weiterzuschleppen und auch keinen einzigen Gegenstand mehr zu opfern.

Wenn unsere Schätzung der zurückgelegten Kilometer stimmt, müßten wir heute abend den „trockenen" Urwaldkorridor erreichen, der zum Land der Kaboungas führt. Damit hätten wir in fünf Tagen 18 bis 20 Kilometer geschafft. Auf einer Straße bräuchte man dazu nicht einmal vier Stunden.

Unsere Angst, in diesem Korridor überschwemmtes Urwaldgebiet vorzufinden, wächst. Wir versuchen, beim Laufen an etwas anderes zu denken und nach Eßbarem Ausschau zu halten.

Wir werden bis auf die Haut durchnäßt, als wir am Vormittag durch einen kleinen Fluß waten. Eine Affenherde zankt sich kreischend über unseren Köpfen und läuft dann weiter. Jean-François und ich versuchen ihnen zu folgen und müssen voller Verzweiflung mit ansehen, wie sie sich schneller als wir von Ast zu Ast schwingen, während wir uns durch das Unterholz quälen.

Doch bald halten sie an, um sich weiter zu streiten. Sorgfältig ziele ich auf den, der mir am nächsten ist, und drücke ab. Der Schuß löst eine wilde Flucht aus, und mein Affe klammert sich verzweifelt an seinen Ast. Die Hälfte der Kugel hat das Holz getroffen.

Wir warten, daß er herunterfällt, um unsere Munition zu sparen. Er tut uns leid, und wir würden gern seinen Todeskampf verkürzen. Doch jede Patrone bedeutet für uns Hoffnung auf Überleben. Und können wir zögern, wenn es um sein Schicksal oder das unsere geht?

Die anderen Affen kommen, angelockt von den schrillen Schreien ihres verwundeten Artgenossen, bald zurück. Von ihren Bäumen herab beschimpfen sie uns und schwingen ihre Fäuste. Wir glauben, daß sie uns einschüchtern wollen, aber danach steht ihnen keineswegs der Sinn. Etwa zwanzig von ihnen umstellen Hughes und Philippe, die bei den Rucksäcken geblieben sind und uns um Hilfe rufen müssen, um die Tiere zu vertreiben.

Der angeschossene Affe hängt immer noch an seinem Ast.

„Dem müssen wir ein Ende machen", meint Jean-François.

„Stimmt. Dann haben wir eben eine Patrone weniger."

Ich schieße, und er fällt Jean-François vor die Füße, der ihm mit dem Buschmesser den Gnadenstoß gibt. Wer im Dschungel lebt, muß sich seinem grausamen Gesetz beugen: Töten, um zu existieren.

Wir schleppen das Tier zu den Rucksäcken und beginnen mit dem Ausschlachten. Sobald wir mit dieser Metzgerei fertig sind, packen wir das Fleisch in die Kamerahülle und marschieren weiter.

Um die Mittagszeit bricht ein neues Unwetter über uns los. Wir laufen mit übergezogenen Ponchos, bucklig, im Schlamm watend, rutschend, fallend, von den Freunden aus dem Dreck gezogen.

Doch bald müssen wir uns von der Heftigkeit des Gewitters

geschlagen geben. Aneinandergedrängt an einen Baumstamm gepreßt, warten wir auf das Ende des Regens.

Trotz des Schutzes durch unsere Ponchos zittern wir nach kurzer Zeit vor Kälte. Ich zünde unter meiner Kapuze eine Zigarette an und inhaliere genußvoll die ersten Züge. Dann zerfällt sie, vom Regen aufgeweicht, in kleine Krümel.

Als sich das Unwetter etwas beruhigt, brechen wir wieder auf, denn wir wollen endlich diesen Tag hinter uns bringen und uns in die Hängematten legen.

Doch am Spätnachmittag bewahrheitet sich das, was wir so sehr gefürchtet haben. Vor uns breitet sich schwarzes, stehendes Wasser aus, aus dem sich derselbe undurchdringliche Urwald erhebt.

„Vielleicht handelt es sich gar nicht um den Korridor zum Land der Kaboungas", sagt einer von uns. „Vielleicht befinden wir uns zu weit im Norden oder im Süden, und dann müßten wir ja eigentlich hier auf überschwemmtes Urwaldgebiet stoßen."

Das finden die anderen auch, und wir beschließen, weiterzulaufen.

Und so betreten wir diese neue Hölle; das Wasser steht uns erst bis zu den Knöcheln, dann bis zu den Knien und schließlich bis zu den Hüften; weiter scheint es nicht zu steigen. Was uns sofort auffällt, ist das Fehlen der Tiere. Kein Schrei mehr, kein einziges Geräusch. Nur ein unendliches Schweigen. Wir sehen uns an, ohne ein Wort zu sagen. Wenn wir überhaupt keine Gelegenheit mehr haben, uns etwas zum Essen zu beschaffen, so bedeutet das unser Ende!

Und dann stellen wir noch etwas anderes fest: Wir können unsere Route für einen eventuellen Rückweg praktisch nicht mehr markieren.

Jeder Schritt wird uns jetzt zur Qual, und sobald wir ausrutschen, sind wir durchnäßt und zittern vor Kälte in dieser düsteren

Wir waten bis zu den Knien im Sumpf

Höhle. Wir halten uns ständig an den Schlingpflanzen fest, die von den Bäumen baumeln, doch immer mit der Furcht, gleichzeitig auch ein Insekt oder eine dieser widerlichen Spinnen in die Finger zu bekommen, die wir mit den Hieben unserer Buschmesser ins Wasser schleudern.

Kurz vor Einbruch der Dunkelheit überfällt uns die Angst vor der Nacht, ohne Schutz vor dem eisigen Wasser, das uns von allen Seiten umgibt. Als einzigen Unterschlupf finden wir schließlich ein winziges Erdfleckchen zwischen den Wurzeln eines riesigen Baumes. Wir passen alle vier gerade darauf und versuchen, Feuer zu machen, um unser Fleisch zu kochen.

Doch trotz aller unserer Bemühungen will es nicht angehen. Wie soll man auch nur die kleinste Flamme in dieser „Wasserwelt" entzünden?

Wir strengen uns nicht mehr weiter an, sondern steigen wieder in die Kloake, um die Hängematten zwischen den Bäumen über dem schwimmenden Kosmos zu befestigen, der alles in seine flüssige Schwärze einsaugt.

Wir ziehen uns völlig aus und klemmen unsere Lumpen in die Gurte der Hängematten. Stumm und mit leerem Magen legen wir uns schlafen.

Armèle-Lager

Eine eisige Nacht, nach der wir nicht sehr erholt erwachen. Die Feuchtigkeit dringt uns bis in die Knochen, und eine Möglichkeit, warm zu werden, gibt es nicht.

Kurz nach Sonnenaufgang machen wir uns wieder auf den Weg. Wenn man das schwache Licht, das bis zu uns durchdringt, überhaupt als Sonne bezeichnen kann. Wir gehen langsam. Es herrscht ein solches Gewirr an Wasserpfaden, daß wir mehrmals einander fast verlieren. Es kommt uns vor, als befänden wir uns in einer düsteren Grotte mit tausend verräterischen, irreführenden Abzweigungen.

Wir fürchten uns vor den Stellen, wo der Fuß keinen Grund mehr findet, oder wo man lange nach einem begehbaren Durchlaß suchen muß. Ich bin mir jetzt ziemlich sicher – soweit man in einer solchen Umgebung überhaupt sicher sein kann –, daß wir sehr wohl in dem winzigen Korridor stecken, der zum Land der Kaboungas führt, aber daß die seit zwei Wochen andauernden sintflutartigen Regenfälle ihn, wie wir fürchteten, überschwemmt haben.

Mehrmals am Tag versuchen wir einen Vorstoß nach Norden oder nach Süden, doch überall treffen wir nur auf eine noch dichtere Vegetation und noch tieferes Wasser.

Unseren Augen bieten sich manchmal unvergeßliche Anblicke: Ich wate an der Spitze bis zum Bauch im Wasser und zertrenne gerade ein Lianengewirr, da bleibe ich einen Augenblick wie erstarrt stehen: eine lange Kolonne riesiger roter Ameisen überquert die Brühe zwischen zwei Bäumen. Jedes Tier hat sich am Unterleib des vor ihm befindlichen festgebissen, und alle zusammen bilden eine etwa handbreite, lebende Brücke, über die ihre Artgenossen krabbeln. Das Knacken der Kiefer ist beeindruckend. Eine leichte Welle, die durch einen herabfallenden Zweig entsteht, schlägt gegen diese Brücke, die schwankt, aber nicht zusammenbricht. Faszinierend!

Das Leben hier scheint nur aus den Insekten zu bestehen, die das kleinste Blatt, die unbedeutendste Schlingpflanze bevölkern, sich auf uns fallen lassen, wenn wir vorbeigehen, stechen und beißen.

Es kommt uns vor, als könnten wir hier wochenlang herumirren, ohne einen einzigen Lichtstrahl, ein einziges Tier zu sehen. Je weiter wir gehen, desto tiefer und undurchdringlicher erweist sich der überschwemmte Urwald.

Zwischen den Wurzeln eines riesigen Baumes, die das Wasser nicht erreicht, versammeln wir uns zu einer richtigen kleinen Beratungsrunde und beschließen, zur N'Doki zurückzukehren. Jeder von uns erkennt, daß der vollständige Mangel an Nahrung, die fast übermenschliche Anstrengung, um auch nur einen Schritt zu machen, und das Ausmaß der überschwemmten Urwaldfläche überhaupt keine andere Wahl lassen. Wir entschließen uns, den Rest unserer Kräfte dafür zu verwenden, unsere Haut zu retten, denn wir haben auch mit dieser Entscheidung noch einiges vor uns. Zumindest eines können wir mit Sicherheit sagen: Pygmäen leben in diesem Gebiet nicht, es ist ein demographisches Vakuum.

Wir möchten unser Glück versuchen. Nur noch ein einziges Mal. Und so waten wir den Rest des Tages ostwärts. Bloß um endgültig zu prüfen, ob es sich tatsächlich um den Korridor zum Land der Kaboungas handelt.

Aber bei Anbruch der Nacht können wir uns freuen, daß wir noch nicht schwimmen müssen, um weiterzukommen.

Wie gestern errichten wir unser Lager zwischen den Wurzeln eines Baumes. Es kostet uns unendliche Mühe, das Feuer zu entzünden, aber endlich haben wir etwas Fleisch zu essen.

Und dann holt Hughes seine Dose Kondensmilch heraus. Ihr Inhalt reicht für uns vier nicht sehr weit, aber es bereitet uns ungeheueres Vergnügen, an unserer jeweiligen Portion so lange herumzulutschen, wie es geht.

In unseren wieder über dem Wasser befestigten Hängematten versuchen wir, etwas Kraft zu sammeln. Ich zittere vor Kälte und entscheide mich bei der Wahl zwischen zwei Übeln dafür, das Moskitonetz abzumachen und es als Decke zu benutzen.

Überleben

Gehe, gehe weiter, dein Herz wird immer mit dir gehen.
Kongolesisches Sprichwort

Francette-Lager

Wir kauen an dem bißchen Fleisch, das vom Vorabend übriggebliebeben ist. Wir haben alle stark geschwollenes Zahnfleisch, das uns beim Essen weh tut. Affe gehört eindeutig nicht zu den besten Fleischsorten.

Philippes Auge scheint es besserzugehen. Das Blut resorbiert sich. Das bedeutet für uns alle eine große Erleichterung. Insbesondere, da wir von der Angst, daß einem von uns etwas zustoßen könnte, manchmal richtig verfolgt werden. Schon ein gebrochenes Bein hieße für uns alle die Katastrophe.

Auf unserer „Insel" aus einigen Quadratmetern Erde und Wurzeln finden wir etwas Frieden. Wir drängen uns halbnackt um das Feuer, um soviel Wärme wie möglich zu speichern. Dann müssen wir die durchnäßten Kleider wieder anziehen und bis zum Bauch in diese unvorstellbare Kloake steigen.

Unsere Ausrüstung, die seit drei Monaten nicht geschont wurde, fängt an, ihren Geist aufzugeben. Die Riemen von Jean-François' Rucksack reißen, die von der Feuchtigkeit und dem Schimmel stark mitgenommenen Kleider zerfetzen bei der geringsten Berührung mit Dorngewächsen. Die Stiefel verlieren ihre

Absätze, und das Leder bricht wie mit einem Messer durchtrennt auf. Moskitonetze und Plastikplanen bekommen Löcher und Risse, die Ledergurte platzen. Mit Schnurstücken versuchen wir alles, so gut es geht, zu flicken.

Jetzt beschäftigt uns nur noch eins: nach Westen weiterzugehen und diesem überschwemmten Urwald, dieser Hölle zu entfliehen.

Den ganzen Tag bewegen wir uns halb schwimmend in einem Wasser, in dem alles, was hineinfällt, in Verwesung übergeht, während von oben die Regenfluten der Unwetter auf uns niederprasseln. Beim Waten halten wir uns an den Schlingpflanzen und den Dorngewächsen fest, die uns die Hände aufreißen. Wir gehen weiter und versuchen unsere Richtung, den Westen, einzuhalten in der Hoffnung, irgendwann N'Dalo zu erreichen.

Wir bauen unser Francette-Lager wieder zwischen den Wurzeln eines riesigen Baumes. Mit einer Handvoll Reis im Bauch legen wir uns in die Hängematten über dem Wasser. Meine ist völlig durchnäßt. Ich zittere vor Kälte. Große Stämme stürzen mit einem Höllenlärm in der Nähe von uns um. Wir hören das Trompeten der Elefanten. Wann erreichen wir das Ende der Sümpfe?

Wendy-Lager, 7 Uhr 45

Wir waten weiter in diesen verdammten Sümpfen. Das Gefühl, jeden Morgen wieder in diese ekelerregende Brühe zu steigen, ist alles andere als angenehm. Doch heute früh geht es uns besser. Wir müssen so schnell wie möglich in nicht überflutete Gegenden gelangen, um endlich etwas Nahrung aufzutreiben.

Wir merken, wie das Wasser langsam von der Taille zu den Schenkeln, den Knien und schließlich bis zu den Knöcheln sinkt.

Und dann taucht vor uns ein sehr dichtes Kassien-Gebiet auf. Wir haben endlich die Überschwemmungszone verlassen.

Wir finden ein paar armselige N'dolong-Dolos und stürzen uns auf die Früchte. Wir fallen um vor Erschöpfung, aber die Angst in den Sümpfen sind wir los.

Der Marsch geht weiter, und sehnsüchtig erwarten wir jede Ruhepause. Immer, wenn der erste in der Reihe den Halt verkündet, überfällt uns unbeschreibliche Erleichterung.

Jeder sinkt neben seinem Rucksack zu Boden, nimmt den durchschwitzten Hut ab, schließt die Augen und bewegt sich nicht mehr, selbst nicht, um die Insekten abzuwehren. Und jedesmal gelingt es nur mit größter Willensanstrengung, wieder aufzustehen, die Buschmesser zu schärfen, sich in der Marschordnung abzulösen und loszugehen.

Wir kommen nur sehr langsam voran. Sich einen Weg durch besonders dichtes Gebiet zu bahnen, dauert oft bis zu einer Stunde. Es zerrt an den Nerven, wenn man sich umdreht und nichts sieht, nichts außer dem Dschungel, der sich bereits wieder hinter der frisch gehauenen Schneise schließt.

Mit dem Urwald ist auch die Tierwelt wieder aufgetaucht. Eine Affenhorde hüpft in unserer Nähe vorbei. In diesem Augenblick verzehnfacht sich unsere Energie. Wir springen auf, um sie zu verfolgen, während Hughes bei den Rucksäcken bleibt, um uns, wenn wir zurückkommen, mit Rufen den Weg zu weisen.

Die Affen haben angehalten, um Obst zu futtern. Wir gleiten so leise, wie es uns die Vegetation erlaubt, an den Bäumen entlang.

Als erster schießt Philippe auf einen der Affen, der tot vor unsere Füße fällt. Er nimmt ihn sofort mit, Jean-François und ich gehen weiter. Wir wollen ein wahres Schlachtfest veranstalten, essen, nur essen. Uns überkommt eine Art Rauschzustand. Ein Rausch, der uns in der Zeit des Tötens alle unsere Kräfte wiedergibt.

Etwas weiter weg erlege ich einen zweiten Affen. Er klammert sich noch verzweifelt an seinen Ast, dann stürzt er herunter. Wir können keine Spur von ihm entdecken. Er ist wohl verletzt geflohen. Aber wir verfolgen ihn hartnäckig mit der Nase auf der Erde, von Blutfleck zu Blutfleck. Wir würden sonstwohin gehen, um ihn zu finden.

Und dann entdecken wir ihn, auf dem Rücken liegend mit gekreuzten Armen. Er ist gerade verendet. Am liebsten hätten wir ein Triumphgeheul angestimmt. Das beunruhigt uns, denn wir merken, wie wir langsam zu gnadenlosen Wilden werden, zu allem bereit, um zu überleben.

Als wir bei unseren Rucksäcken anlangen, fühlen wir uns wie ausgelaugt. Der Selbsterhaltungstrieb hat sich in dem Moment, als wir ihn brauchten, voll durchgesetzt. Doch jetzt verlassen uns sämtliche Kräfte, und ich falle fast besinnungslos auf den Boden.

Nach einer kurzen Ruhepause, ausgestreckt auf der Erde und völlig abgestumpft gegenüber den Bissen der Ameisen, müssen wir aufstehen und die beiden Affen ausweiden.

Nach dieser Arbeit sind wir mit Blut besudelt, das sich an den Händen mit unserem eigenen vermischt. Wir packen das Fleisch in die Kamerahülle und brechen auf.

14 Uhr 30

Wir laufen schon seit einiger Zeit auf einem Grat, der ziemlich von unserer Richtung abweicht. Doch unterhalb befindet sich überfluteter Urwald, und die Angst, darin herumwaten zu müssen, schnürt uns die Kehle zu. Wir würden alles tun, um nicht wieder die Klauen des eisigen Wassers auf unserem Körper und das wachsende Gewicht des Dschungels auf unseren Schultern zu spüren. Wirklich alles, um nicht noch einmal der erstickenden

Atmosphäre dieser Hölle ausgesetzt zu sein.

Wir geben der Angst nach. Wir sehnen uns so danach, endlich einmal im Trocknen zu schlafen! Und wir fühlen, daß unsere Beine nicht mehr die Kraft hätten, sich aus dem Saugnapf des Sumpfes zu ziehen, um weiterzulaufen.

Wir errichten unser Lager auf dem Grat. Im Feuermachen sind wir jetzt Könige, wie Jean-François sagt. Die Holzkohle vom Vortag kommt in einen Blechnapf, und wir entfachen die Glut, indem wir ununterbrochen so lange hineinpusten, bis uns schwindelig wird. Sobald sie richtig rot ist, kippen wir sie auf den Boden und entzünden das eigentliche Feuer. Es dauert eine gute Stunde, bis die erste Flamme emporzüngelt, denn wir haben nur nasses Holz zur Verfügung. Aber wir schaffen es. Und dann machen wir uns über das Essen her, trotz des schmerzenden Zahnfleisches. Was für ein wunderbares Gefühl, etwas in den Magen zu bekommen!

Jean-François hat Pilze gefunden. Er glaubt, es sei eine Art Pfifferling. Wir vertrauen seinen Kenntnissen und essen davon, bis auf Hughes, der sich vorsichtigerweise nicht daran beteiligt. Seltsam, die Gefahr, mich zu vergiften, kommt mir nebensächlich, fast unwirklich vor. Anscheinend entwickeln wir einen etwas übertriebenen Fatalismus.

Brigitte-Lager

In der Nacht träumen wir von den üppigsten Festessen. Ich sehe Berge von Fleisch, Pasteten und Gebäck vor mir. Ich verschlinge alles, was mir unter die Finger kommt, und schlage mir den Bauch voll bis zum Platzen. Plötzlich wache ich schweißgebadet, aber vor Kälte zitternd und mit pelziger Zunge aus diesem trügerischen Traum auf. Auch von einer nur halbwegs anständigen Mahlzeit sind wir noch weit entfernt, aber diese Zwangsvorstellung wird uns jetzt jede Nacht verfolgen.

Heute bleibt uns keine andere Wahl, wir müssen wieder hinein in den überschwemmten Urwald. Wir fallen nun immer öfter hin. Dann reißt auch ein Riemen meines Rucksacks. Ich flicke ihn mit einem Stück Fallschirm-Fangleine, das mir schon ziemlich bald in die Schulter schneidet.

Den ganzen Tag wechseln Sumpfflächen mit Urwaldzonen ab. Die kleinen, in Bodensenken eingebetteten Wasserläufe werden immer zahlreicher. Es sieht so aus, als hätten wir den größten Teil der Überschwemmungsgebiete hinter uns. Die einzige Hoffnung, die uns während des Marsches noch aufrechthält.

Auf unserem Weg stoßen wir von Zeit zu Zeit auf Elefantenskelette, verstreut in einem Umkreis von etwa zehn Quadratmetern. Der Anblick ist eindrucksvoll, aber wir nehmen das alles kaum wahr.

Unsere Reflexe werden von Tag zu Tag schwächer. Wenn vor uns ein Wildschwein in seiner ganzen schmutzig-braunen Größe auftaucht, reagieren wir mit einer so hoffnungslosen Trägheit, daß dem Tier genügend Zeit bleibt, die Flucht zu ergreifen.

Wir fangen auch an, hinter nicht vorhandenen Affen herzujagen. Überall glauben wir ihr Kreischen zu hören, doch wenn wir ankommen, finden wir nichts.

Wir errichten unser Lager am Spätnachmittag kurz vor einem Kassien-Gebiet.

Eine Handvoll Reis, von dem nicht mehr viel da ist und den wir körnerweise essen, und wir sinken in die Hängematten. Der Aufbau des Lagers bringt uns jedesmal an den Rand der Erschöpfung.

Catherine-Lager, in der Morgendämmerung

Ein Gorilla treibt sich in der Nähe des Lagers herum. Hughes will sich diesen Fleischberg nicht so einfach entgehen lassen. Er steht auf und läuft in seine Richtung. Aber bis er das Tier erreicht, ist es schon längst verschwunden.

Wir gehen weiter bis mittags und treffen auf eine Horde Affen. Ich erlege einen. Wir sind ausgehungert und kochen ihn sofort, nachdem wir ihn geschlachtet haben.

Ein neues Unwetter bricht über den Urwald herein. Wir nehmen unsere restlichen Kräfte zusammen, um zum Schutz des Feuers einen Unterstand zu bauen. Bis auf die Knochen durchnäßt, bemühen wir uns, es am Brennen zu halten.

Wir essen alles, die Fettstücke, das Blut und das Wasser, in dem das Fleisch gekocht hat. Trotzdem recht wenig für uns vier.

Wir verbringen nochmals eine Nacht über dem Wasser, das langsam in den Urwald eindringt. Das Ausmaß des überschwemmten Urwaldgebiets erstaunt uns jetzt nicht mehr, denn innerhalb eines Tages steigt uns die Nässe bereits bis an die Waden.

Eisige Kälte. Zum Schlafen rolle ich mich in mein Moskitonetz und stecke die Beine in ein Hemd.

Eve-Lager

In der Morgendämmerung tropft der Dschungel ab, und wir brechen, immer noch völlig durchnäßt, auf. Irgendwann verliert Jean-François seine Hose, die sowieso nur an wenigen Stellen hielt. Mein Hemd ist vom Kragen bis nach unten durchgerissen.

Was wir auf dem Körper tragen, besteht aus Lumpen.

Zum erstenmal haben wir etwas Glück, denn wir stoßen auf ein paar Elefantenpfade, die nach Nordwesten und Südwesten führen. Wir benutzen sie, sooft es geht, obwohl sie von unserer Richtung abweichen. Doch wir können hier etwas besser laufen und legen heute mindestens fünf Kilometer zurück, eine gute Leistung im Vergleich zu den vorhergehenden Tagen.

Am späten Nachmittag marschieren wir wieder über einen Grat in nordsüdlicher Richtung, als plötzlich von neuem ein überschwemmtes Urwaldgebiet auftaucht, doch dieses Mal handelt es sich um die Sümpfe, die an die N'Doki grenzen.

Wir steigen den mit großen Felsbrocken bedeckten Abhang hinunter und errichten unser Lager am Rand der Wasserfläche auf einer kleinen, ebenen Lichtung.

Es regnet, und wir müssen nochmals einen Schutz für das Feuer bauen, bevor wir uns in den Hängematten ausruhen können.

Unserer Ansicht nach müßte sich die N'Doki hinter diesem überfluteten Gebiet befinden. Hundert Meter oder einen Kilometer entfernt, wir wissen es nicht. Und außerdem dürften wir nicht sehr weit von N'Dalo weg sein. Wir beschließen, am nächsten Tag die Gegend zu erkunden. Denn das Schwierigste bleibt noch zu tun, nämlich ein Floß zu bauen, um die 150 Kilometer auf der N'Doki zurückzulegen.

Am nächsten Morgen gehen Hughes und ich den überschwemmten Urwald entlang nach Süden, während die beiden anderen den Norden erforschen. Wir sind auf der Suche nach einer Spur oder Fahrrinne, die zum Fluß führt. Wir haben das Gewehr bei uns, aber ich verfehle zwei Affen, da ich nicht mehr die Kraft besitze, sie zu verfolgen. Und unser Erkundungsstreifzug erweist sich als Mißerfolg. Der überflutete Dschungel bleibt undurchdringlich. Jean-François und Philippe geht es im Norden nicht anders.

Trotzdem machen wir uns daran, ein langgestrecktes, schmales Floß zu bauen, um auf diese Weise die N'Doki zu erreichen. Doch schon ein Hieb mit dem Buschmesser bedeutet für uns eine unglaubliche Anstrengung. Wir probieren die gehauenen Hölzer aus. Keines schwimmt. Wir brauchen Bambus oder N'kombo-N'kombo. Aber die wachsen nicht hier in der Gegend.

Am späten Vormittag verlassen uns die Kräfte, und wir bleiben im Eve-Lager. Überall wimmelt es von Bienen und Gorillafliegen. Wie schwarze Trauben kleben die Ameisen an unseren Hängematten. Wir werden völlig mutlos.

Jean-François findet seltsame rote, etwa kirschgroße Früchte. Sie sehen köstlich aus, und wir wagen es, sie zu essen.

Kaulquappen schwimmen in einem nahen Tümpel. Wir fangen sie mit dem Hut und essen sie zu den drei Handvoll Reis, die noch übrig sind und unsere erste „Mahlzeit" seit zwei Tagen bilden.

Die Kaulquappen haben einen widerlich bitteren Geschmack. Doch wir schlucken sie mit geschlossenen Augen und verkrampftem Magen hinunter.

Ein heftiges Unwetter prasselt auf uns herab. Die Wassermassen schwemmen unseren Unterstand wie einen Strohhalm weg. Eingerollt in unseren Hängematten, zusammen mit den Ameisen, verbringen wir den Rest des Nachmittags.

Wir geben den Gedanken an ein Floß auf. Nach langer Diskussion beschließen wir, lieber schwimmend den überfluteten Urwald zu erkunden. Zwei von uns sollen mit den wasserdichten Büchsen als „Rettungsringe" aufbrechen. Falls sie die N'Doki erreichen und nichts Brauchbares für den Bau eines Floßes vorfinden, wollen sie versuchen, den Fluß hinab zu schwimmen. Wenn sie sich oft genug an den Ästen festhalten, um sich auszuruhen, müßte das möglich sein. Trotz der Flußpferde und der Krokodile ist das unsere letzte Chance. Gleich am nächsten Tag soll es losgehen.

Wir losen die beiden, die sich auf den Weg machen, mit Hälmchen aus. Philippe und ich ziehen die kürzeren.

Wir machen uns sogleich daran, die „Rettungsringe" zu fabrizieren. Wir durchbohren die Büchsen an den Griffen und ziehen Riemen durch, damit wir sie um die Hüften binden können. Eine Büchse vorne, eine Büchse hinten, in der Hoffnung, daß die Deckel dem Wasserdruck standhalten.

17 Uhr

Bald bricht die Dunkelheit herein. Die fertigen Rettungsringe liegen in einer Ecke. Ich ruhe mich in meiner Hängematte aus. Jean-François reinigt das Gewehr, dessen Zustand uns langsam Sorge bereitet.

Peng!

Bei dem Knall schrecke ich auf. Ihm folgt ein heiserer Schrei, und im Lärm brechender Äste höre ich einen dumpfen Fall. Wie eine Fleischmasse, die mit vollem Gewicht auf einem Stein aufschlägt.

Dann ertönt Philippes Stimme. Eine Stimme, die Erregung verrät.

„Ich hab ihn erwischt! Es ist ein Gorilla. Ich zielte auf einen Tukan, der sich gerade auf einem Ast niederließ, als ich ihn sah. Eine riesige schwarze Masse. Im Dunkel konnte ich ihn schlecht erkennen. Ich dachte, es wäre ein großer Affe."

Der Gorilla liegt zehn Meter entfernt. Er ist mit gekreuzten Armen auf einen der Felsbrocken gefallen. Er röchelt tödlich getroffen, und wir stehen in respektvollem Abstand um ihn herum.

„Er ist noch nicht tot", sagt Philippe. „Wir müssen ihn erledigen."

„Gib mir das Gewehr!"

Ich nehme die Waffe, hole die Patronen heraus und ersetze sie durch Brenneke-Geschosse.

„Vorsicht", ruft Hughes, „paß auf!"

Ich gehe auf den Gorilla zu, bereit, bei der geringsten feindseligen Bewegung zu schießen. Doch er röchelt nur, mit dem Gesicht nach unten.

Aus drei Metern Entfernung mache ich ihm mit zwei Kugeln in den Kopf den Garaus. Wir betrachten ihn jetzt ganz aus der Nähe, völlig hingerissen von dieser Menge Fleisch.

Es ist ein Flachlandgorilla mit einem enormen Bauch und einer Länge von etwa 1,80 Metern. Wir ziehen ihn bis zum Fuß des Abhangs und holen sofort unsere Fahrtenmesser hervor, um ihn zu zerlegen. Die Gier nach Essen beherrscht uns total.

In wenigen Minuten ist die Haut aufgeschlitzt, und wir schneiden in das Fleisch, um Leber, Magen, Lunge, Herz und Nieren herauszuholen, die wir sofort kochen, um unseren Hunger zu stillen. Wir fangen auch das Blut auf und erwärmen es in einem Napf. Das ergibt dann so etwas Ähnliches wie eine Blutwurst.

Wir brauchen drei Stunden, um das Tier auszuschlachten. Eine an einem Ast aufgehängte Taschenlampe beleuchtet das Gemetzel. Noch völlig blutverschmiert stürzen wir uns auf den rettenden Fleischberg.

Um Mitternacht klettern Philippe und ich in die Hängematten, um uns vor unserem morgigen Abenteuer noch etwas auszuruhen. Jean-François und Hughes bleiben die Nacht auf, um das Fleisch zu kochen, das wir mitnehmen sollen.

Ich schlafe unruhig, gestört von dem Trompeten der Elefanten und dem Badegeplätscher der Flußpferde. Doch das kümmert uns nicht. Wovor wir uns fürchten, ist das Auftauchen eines Krokodilmauls während unserer Schwimm-Expedition.

★

Mittwoch, 1. Oktober, 7 Uhr

Philippe und ich stehen uns in der Badehose gegenüber und beschmieren uns gegenseitig mit dem restlichen Gewehrfett. Das Wasser scheint uns eisig, und wir tun unser möglichstes, um uns gegen die Kälte zu schützen.

Wir schlucken auch alle Fetteile hinunter, die wir aus dem Gorillafleisch gelöst haben. Das bißchen, das wir seit zwei Wochen essen, besteht fast ausschließlich aus Fleisch ohne großen Wärmewert. Und Wärme werden wir brauchen.

Wir ziehen uns unsere letzten trockenen T-Shirts über und legen uns die Rettungsringe um. Das Fahrtenmesser bleibt im Gürtel, das Buschmesser befestigen wir uns am Handgelenk. In einem wasserdichten Beutel nehmen wir uns einen Kompaß, eine Schachtel Streichhölzer und ein paar Stücke Holzkohle mit. In einen anderen stecken wir das Fleisch.

Einen dritten Beutel schneiden wir schließlich in feine Streifen, um die wir Nylonschnur zum Festmachen wickeln. Wir müssen unsere Spur für den Rückweg markieren.

Philippe schlüpft in unser einziges Paar Tennisschuhe und übernimmt die Spitze. Kaum sind wir im Wasser, steigt die eisige Kälte in uns hoch und umklammert uns die Brust wie ein Schraubstock. Ein paar Meter weiter verlieren wir den Boden unter den Füßen. Das schreckliche Schwimmen beginnt.

Es ist das Schlimmste, was wir überhaupt durchmachen. Die nackten Beine reißen sich an den Dorngewächsen blutig, die im Gewässer treiben. Wir müssen schwimmen, auf umgestürzten Stämmen laufen, über Schlingpflanzengestrüpp beinahe klettern, weiterschwimmen . . .

Über uns die Bäume, durch die Affenhorden huschen.

Philippe und Patrice bereiten sich darauf vor, schwimmend die Ufer des N'Doki zu erkunden

Ich zittere vor Kälte und klappere mit den Zähnen. In wenigen Sekunden haben wir völlig die Orientierung verloren, so hinterhältig ist dieser Dschungel. Wir verlassen uns auf die roten Plastikstückchen, die wir alle zwanzig Meter an den Bäumen befestigen.

Unter dem Druck dringt durch die Deckel langsam Wasser in die Büchsen ein. Sie sind unser einziger Halt, und wir fragen uns, was passiert, wenn sie vollaufen.

Dieses Martyrium dauert nun schon eine Stunde, und nichts läßt darauf schließen, daß wir uns der N'Doki nähern. Wir können keinen Bambus, keinen N'kombo-N'kombo entdecken.

Uns wird klar, daß wir in unserem Zustand den Fluß unmöglich auf diese Weise erreichen können. Wir würden früher oder später unweigerlich absaufen.

Unter denselben, fast unerträglichen Bedingungen schlagen wir den Rückweg ein und erreichen schließlich das Eve-Lager. Bei unserer Ankunft bin ich blau vor Kälte und brauche die Klapse und Faustschläge, mit denen Hughes mich eindeckt, um mich aufzuwärmen.

Ein einziger Ausweg bleibt uns jetzt, um uns aus dieser Lage zu befreien, das heißt in Richtung Süden am überschwemmten Urwaldgebiet entlangzulaufen. Irgendwo müßten wir dort auf eine Gegend treffen, in der wir das für den Bau eines Floßes geeignete Material finden, um vielleicht nach N'Dalo zu gelangen.

Wenn wir jedoch nichts finden, so heißt das vier bis fünf Wochen Fußmarsch, bevor wir das erste erwiesenermaßen bewohnte Dorf erreichen. Und wir fühlen, daß die Chancen, es bis dorthin zu schaffen, nicht allzu gut sind.

Deshalb verschieben wir den Aufbruch auf den nächsten Tag, um genügend Zeit zu haben, noch soviel wie möglich von unserem Gepäck auszusortieren. Wir gehen sehr streng vor, und die Auswahl dauert mehrere Stunden. Alles, was wir nicht unbedingt brauchen, wie Wasserflaschen oder Blechnäpfe, bleibt auf der Strecke. Wir verzichten selbst auf zwei ganze Schlafausrüstungen. Wir müssen uns eben zu zweit, Kopf an Fuß, in eine Hängematte legen. Aber wir opfern keinen einzigen Film.

Donnerstag, 2. Oktober

Aufbruch bei Sonnenaufgang in der morgendlichen Kälte. Schneckentempo beim Aufstieg zum Grat und beim Marsch in Richtung Süden.

Wir ahnen noch nicht, was uns bevorsteht

Die Plackerei geht weiter. Die Pausen dehnen sich unverhältnismäßig in die Länge. Wir sind am Rand der völligen Entkräftung und der Besinnungslosigkeit. Vor jedem Hindernis schließen wir eng auf und gehen den „Gegner" im Block an. Das ist die unbedingte Voraussetzung, wenn man bei einem solchen Kampf ums Überleben Sieger bleiben will. Man muß immer denjenigen stützen, der einen Augenblick ausfällt oder dessen Kräfte plötzlich versagen. Man muß den, der sich verletzt, behandeln, das Essen miteinander teilen, sich beim Wasserholen, Feuermachen, Holzsammeln ablösen . . . Jede Schwierigkeit verfestigt unsere Freundschaft. Doch da sich die Reaktionen jedes einzelnen unter den gegenwärtigen Bedingungen im Vergleich zu normalen Zeiten ändern, hätte sich unser Team vielleicht bereits aufgelöst, wenn wir es nicht gewöhnt gewesen wären zusammenzuleben. Man muß lernen, die Eigenheiten, Ticks und Schwächen des anderen zu ertragen. Zu begreifen, daß sich jemand aus einem momentanen Unvermögen heraus um eine anstrengende Arbeit drückt, daß er aus einer kurzen Gereiztheit heraus ein scharfes Wort sagt. Und dann haben wir zumindest die Genugtuung, mehr über uns selbst zu erfahren, als in den zwanzig vergangenen Jahren seßhaften Daseins! Ein großer Trost.

Am Abend essen wir einen Teil des Gorillafleisches, das wir mitgenommen haben. Es wimmelt bereits von Maden, aber das kümmert uns wenig. Wir betrachten sie fatalistisch einfach als zusätzliche Nahrung . . .

Zu zweit in einer Hängematte zu schlafen, erweist sich als ein gewagtes Unterfangen. Das ist die Kehrseite der Medaille.

Freitag, 3. Oktober

Wir gehen immer noch am Rand des überschwemmten Urwaldgebiets entlang. Wir bekommen häufig Schwindelanfälle und sinken ohnmächtig um. Vor Erschöpfung bleiben wir oft lange Minuten auf dem Boden liegen und versuchen verzweifelt Kräfte zu sammeln, um wieder aufzustehen. Alles ist jetzt nur noch eine Frage des Willens und des Wunsches zu überleben. Und wir stehen auf, weil der Drang, der tödlichen Umklammerung des Urwalds zu entfliehen, in uns stärker ist. Hier erkennen wir die Hinfälligkeit des Lebens.

Es war nicht vergeblich, daß wir uns noch einmal aufgerafft haben. Am späten Vormittag taucht endlich das Lager von N'Dalo vor uns auf, wie wir im stillen gehofft hatten. Fast fallen wir einander in die Arme. Der Bambuswald liegt nicht weit entfernt. Wir können uns also tatsächlich ein Floß bauen.

Um unsere Stimmung noch mehr zu heben, pflücken wir Blätter, die so ähnlich wie Maniok aussehen, und essen davon, bis uns übel wird. Und dann, als wir uns klarmachen, wieviel jede Minute in unserem Kampf gegen die Entkräftung bedeutet, entschließen wir uns, sofort mit dem Bau des Floßes zu beginnen.

Wir gehen zum „Bambustempel", durch den wir am ersten Tag auf unserem Weg zum Ubangi gekommen sind, und fangen an zu fällen. Doch um zwanzig Stück Bambus zu schneiden, brauchen wir den ganzen Rest des Tages. Und die müssen wir dann durch den Dschungel bis zum Lager schleppen. Das gelingt uns auch in einem letzten Gewaltakt, und als die Nacht hereinbricht, stapeln sich die Stämme vor einer der beiden Hütten des Lagers.

Wieder geht ein heftiges Unwetter auf uns nieder. Völlig erschöpft sinken wir auf dem Boden einer Hütte in Schlaf.

Samstag, 4. Oktober

In der Morgendämmerung heißt es aufstehen, obwohl sich der gesamte Körper nach Ruhe sehnt, sich mit sausenden Ohren erheben, um mit dem Bau des Floßes zu beginnen.

Wir ziehen die Leinen aus meiner Hängematte heraus, um sie als Taue zum Zusammenbinden zu benutzen. Wir verschnüren die Bambusstämme zu drei dicken Bündeln, auf denen wir kleinere Stücke befestigen, die das „Deck" bilden. Wir bemühen uns, so gut wie möglich zu arbeiten, aber die Knoten festzuziehen, die

Das Bambusfloß ist unsere letzte Hoffnung auf Rettung

Bambusstämme zu heben, ja zu gehen, strengt uns unbeschreiblich an.

Während wir schuften, murmele ich beschwörend vor mich hin: „Hoffentlich schwimmt es richtig, hoffentlich trägt es uns!"

Um zehn Uhr wissen wir es. Der „Stapellauf" läßt nichts zu wünschen übrig.

Philippe klettert auf das Floß. Es sinkt etwas ein.

Jean-François steigt zu. Es liegt noch etwas tiefer.

Hughes folgt den beiden. Jetzt sinkt es endgültig.

Einen Augenblick glauben wir, daß das unser Ende bedeutet. Wir sind der Verzweiflung nahe. Es gibt keinen Ausweg mehr. Warum noch gegen das Schicksal ankämpfen?

Doch schon kurze Zeit später weigern wir uns, aufzugeben, alles auf uns zukommen zu lassen. Unsere Kräfte reichen nicht mehr aus, um noch ein Floß zu bauen. Das, was wir haben, trägt zwei. Dann müssen wir eben nur zu zweit versuchen, die Sangha zu erreichen und Pirogen aufzutreiben.

Eine andere Lösung gibt es nicht. Die erneute Trennung macht uns schwer zu schaffen. Wir fühlen uns so stark verbunden, daß es uns undenkbar erscheint, unser Schicksal nicht mehr miteinander zu teilen.

Wieder soll das Los entscheiden. Ich mache die vier Hälmchen zurecht und halte sie meinen Freunden hin. Hughes und Philippe ziehen die kürzeren. Sie beide müssen sich also auf die mühevolle Fahrt begeben.

„Wenn alles gutgeht", sage ich, „dann dauert es höchstens drei Tage, bis ihr Mobala erreicht, wo es sicherlich Jäger gibt. Wenn ihr in sechs Tagen nicht zurück seid, dann heißt das . . ., daß ihr es nicht geschafft habt. Danach versuchen Jean-François und ich, wenn wir können, auf dem Landweg bis zur Sangha zu kommen. Eine andere Möglichkeit sehe ich nicht."

„Sechs Tage", meint Hughes träumerisch. „Ja, das läßt uns

genügend Spielraum. Wir sind rechtzeitig wieder da, verlaßt euch darauf."

Mit geschlossenen Augen legen sie sich unter den Windschirm: sie konzentrieren sich auf ihre Aufgabe. Wir respektieren ihr Schweigen.

11 Uhr 10, Aufbruch

Unsere Kehlen sind wie zugeschnürt, als wir uns am Wasser die Hand zum Abschied geben. Hughes und Philippe tragen nur Badehose und T-Shirt und ihr Fahrtenmesser im Gürtel.

„Gut", erkläre ich. „Ihr habt eure Pfeifen. Wenn ihr die erste Biegung passiert habt, dann gebt ihr uns die verabredeten Zeichen. Einmal pfeifen heißt alles in Ordnung, wir fahren weiter. Zweimal pfeifen, es klappt nicht besonders, aber wir fahren trotzdem weiter. Dreimal pfeifen, wir kommen überhaupt nicht klar, und dann unternehmen Jean-François und ich alles, um euch zu helfen. Das heißt, nicht viel."

„Einverstanden mit dem Code. Gut . . . na dann, wir fahren jetzt los."

Sie gehen „an Bord" und entfernen sich langsam auf ihrem zu drei Vierteln unter Wasser schwimmenden Floß.

Ich rufe ihnen nach: „Übrigens, wir haben das Floß überhaupt nicht getauft. Wie wollt ihr es nennen?"

Hughes dreht sich um. „*Carole!* Das bringt uns Glück, ich bin sicher!"

Das Floß verschwindet hinter einer Biegung. Wir hören zweimaliges Pfeifen.

„Ihr Schicksal und unseres liegt jetzt in ihren Händen", sage ich zu Jean-François.

„In guten Händen, wir werden es alle vier schaffen."

Hughes und Philippe machen sich auf die Reise ins Ungewisse

Carole

Philippe läßt die Pfeife sinken. Die Würfel sind gefallen. Sie fahren weiter. Das Floß hält sich schlecht in der Balance. Sie beugen sich hinunter, um das Gleichgewicht wiederherzustellen. Sie staken mit ihren Bambusstangen, um das Floß aus dem undurchdringlichen Pflanzengewirr zu schieben, an dem sie vorbeifahren, und um nicht in die dort entstehenden Strudel der Gegenströmung zu geraten.

„Vorsicht!"

Das Floß kentert. Sie klammern sich fest, drehen es um, klettern hinauf, bemühen sich, es wieder ins Gleichgewicht zu bringen, und schaffen es auch schließlich.

Das Floß fängt an, wie ein Korken auf dem Meer zu kreisen, von einem Ufer zum anderen zu treiben.

Dann bleibt es in einem Dornengestrüpp hängen. Ein ungeschickter Ruck befreit es zu plötzlich. Philippe und Hughes rutschen ab, das Floß treibt weg. Verzweifelt schwimmen sie ihm nach, um es festzuhalten, bekommen es vor Kälte zitternd wieder zu fassen, und setzen sich bis zum Bauch im Wasser rittlings auf die Bambushölzer.

Die Kriebelmücken blasen zum Angriff. Zu Tausenden fallen sie über die nackten, leicht verletzbaren Körper her, umschwirren sie in dichten Schwärmen. Die beiden müssen die Attacken mit stoischer Ruhe erdulden, denn sie dürfen sich nicht bewegen, damit das Floß nicht aus der Balance gerät.

Den ganzen Tag drehen sich die beiden so auf dem Fluß, fallen unversehens ins Wasser, mühen sich ab, um das Floß vom Ufer wegzuziehen, wo es sich verhakt.

Dann kommt die Nacht. Die Angst vor der Dunkelheit. Die Stunde, in der die Krokodile und Elefanten auftauchen.

Sie suchen sich einen großen Baum aus, klammern sich an ihm fest, klemmen das Floß zwischen Schlingpflanzen und versuchen, sich auf einem Ast, zum Schutz vor der Kälte eng aneinandergedrängt, etwas auszuruhen.

N'Dalo

„Wir dürfen nicht mit verschränkten Armen dasitzen und auf sie warten", sage ich zu Jean-François. „Sonst können wir nach zwei Tagen nicht einmal mehr aufstehen. Wir gehen einer nach dem anderen auf die Jagd. Ich fange an, dann bist du an der Reihe."

Ich verlasse das Lager mit umgehängtem Gewehr und entdecke mehrere Ölpalmen. Aber mir fehlt die Kraft, hochzuklettern und eine Portion Nüsse zu pflücken. Ich begnüge mich mit denen, die die Affen nachlässig angeknabbert und fallen gelassen haben.

Und das ist wenig genug. Jean-François hat einen Moment völliger Leere und weigert sich, einen Schritt zu machen. Ihn erfaßt bereits die Angst des Wartens. Ich lege mich neben ihn, und fast sofort folgt mein Geist dem Fluß und dem Floß, malt sich die Schwierigkeiten aus, auf die meine Freunde stoßen können, und noch alles mögliche andere . . .

An so was darf ich nicht denken, sage ich mir, das hat überhaupt keinen Zweck.

Sonntag, 5. Oktober, Carole

Schon im Morgengrauen verlassen Philippe und Hughes ihren Ast und lassen sich auf dem Floß ausgestreckt und völlig erschöpft vor Hunger von der Strömung treiben.

In den Bäumen hüpft eine Affenhorde vorbei und beobachtet sie aus wenigen Metern Entfernung . . . Zum Verrücktwerden, daß man keinen erlegen kann.

Die ersten umgestürzten Bäume tauchen im Fluß auf. Seit unserer Fahrt die N'Doki hinauf ist das Wasser über einen Meter gestiegen, und die Stämme, die sie sehen, werden bereits von ihm überflutet.

Meine beiden Freunde springen in den Fluß und versuchen, die *Carole* über den Stamm zu ziehen.

„Das geht nicht", meint Hughes.

„Dann unten durch", erklärt Philippe. Sie drücken das Floß unter Wasser.

Sie tauchen und nehmen die *Carole* mit. Sie schieben sie unter dem Stamm durch und kommen zusammen auf der anderen Seite wieder an die Oberfläche.

Da stößt Hughes einen verzweifelten Schrei aus: „Mein Fuß! Mein Fuß!"

Er hat sich in zwei Bambushölzern eingeklemmt, und er schafft es nur mit größter Mühe, den Kopf über Wasser zu halten. Philippe schwimmt ihm zu Hilfe, löst den Fuß und zieht seinen halbtoten Freund an die Oberfläche.

Doch das Floß ist weitergetrieben. Mit letzter Kraft können sie sich noch an ihm festhalten. Da bemerken sie, daß einige Bambusstangen dieser rauhen Behandlung nicht widerstanden haben. Sie sind an manchen Stellen geplatzt, die Hohlräume füllen sich mit Wasser, und die *Carole* sinkt noch tiefer.

Sie packen einen kleinen Stamm, der an ihnen vorbeischwimmt, legen ihn über den Bambus und setzen sich rittlings darauf.

In den folgenden langen Stunden der Einsamkeit machen sie nicht einmal den Mund auf, so sehr konzentrieren sie sich darauf, sich unter schwierigsten Bedingungen auf dem Wasser zu halten, um weiter flußabwärts zu kommen.

Ein Unwetter bricht los. Die Kriebelmücken verschwinden sofort, aber die Regengüsse, die auf die beiden niederprasseln, erfüllen die Atmosphäre in wenigen Augenblicken mit eisiger Kälte. Bis auf die Knochen durchgefroren halten es unsere Freunde eine Stunde lang in dieser Sintflut aus und legen dann am Rande der Besinnungslosigkeit am Ufer an.

Ein paar Stunden später fahren sie weiter. Eine Stange zerbricht in den Schlingpflanzen. Die andere rutscht Philippe aus der Hand, und er muß wieder schwimmen, um sie zu erwischen.

„Wieviel Kilometer haben wir wohl bis jetzt geschafft?" fragt Hughes.

„Das kann man überhaupt nicht sagen. Aber mit ein bißchen Glück müßten wir morgen in Mobala ankommen."

Wieder nähern sie sich einem umgestürzten Baum mitten im Fluß. Sie überwinden das Hindernis auf die gleiche Weise wie am Vortag. Die *Carole* wird unter dem Stamm hindurchgeschoben und die Fahrt auf der N'Doki bis zum Einbruch der Dunkelheit fortgesetzt.

Sie legen an. Die Kriebelmücken sind verschwunden, dafür werden sie von anderen Mücken abgelöst. Mit ihren Fahrtenmessern trennen die beiden ein paar größere Zweige ab und breiten sie auf zwei dicken Ästen über dem Wasser aus. Sie legen sich nebeneinander hin und warten auf die Ankunft des Morgens.

N'Dalo

Wir müssen essen, um durchzuhalten. Uns bewegen, um nicht ständig an unsere Freunde zu denken, die uns selbst im Traum als Ersatz für unsere Freßorgien verfolgen ...

Ich verlasse das Lager und gehe in Richtung der Sümpfe, die den Fluß nach Norden hin säumen. Dort befindet sich ein kleiner Fluß, und ich will mich auf die Lauer legen. Wenn es sein muß, den ganzen Tag.

Ich krieche auf einem dicken Ast entlang, der die Kloake überragt, und warte im Dunkeln auf meine Stunde.

Einige Tukane fliegen vorbei. Einer läßt sich auf einem Baum nieder. Er ist weit weg, ich kann ihn kaum erkennen. Ich versuche mein Glück. Ich schieße. Er stürzt in den Schlamm. Voller Hoffnung springe ich in die Brühe. Das Wasser reicht mir bis zur Brust, ich gehe mit dem Gewehr über dem Kopf weiter, sinke ein, komme nicht mehr frei. Ich klammere mich an Lianen, um mich aus den Klauen des Sumpfes zu befreien. Ich mache noch ein paar

Schritte, packe einen Ast, klettere hinauf. Der Tukan ist weg, auf Nimmerwiedersehen.

Ich könnte heulen vor Wut. Ununterbrochen murmele ich vor mich hin: „Einen erlege ich, einen erlege ich."

Am Rande des Zusammenbruchs sitze ich immer noch auf meinem Ast und warte. Ein zweiter Tukan taucht etwa zehn Meter vor mir auf.

„Langsam, rede ich mir zu. Verfehle ihn nicht, hebe das Gewehr, ziele und schieße. Lang . . . sam . . ."

Die Waffe scheint Tonnen zu wiegen. Der Schuß knallt kurz und trocken. Der Vogel fällt nur wenige Meter von mir entfernt in den Sumpf.

Wenn ich die Kraft hätte, würde ich jetzt ein Freudengeheul anstimmen. Ich springe noch mal in die Dreckbrühe, packe das Tier, stecke mir seinen Kopf durch den Gürtel, schwimme, bis ich festen Boden unter den Füßen habe, und klettere die Böschung hoch. Es ist mir gelungen.

Jean-François steht auf, als er den Tukan sieht, den ich triumphierend schwenke. Er kommt mir entgegen, und wir rupfen ihn schnell, um dann eine um so größere Enttäuschung zu erleben. Ohne Federn bleibt nicht mehr viel übrig. Kaum die Hälfte eines Hühnchens.

Das hindert uns nicht, ihn zu kochen und heißhungrig zu verschlingen. Ohne irgend etwas übrigzulassen. Weder die Augen noch die Klauen, noch die Eingeweide. Und auf den Knochen kauen wir so lange herum, bis wir alles, was sie enthalten, herausgesaugt haben.

15 Uhr

Das Unwetter bricht los. Wir flüchten uns in die Hütte und schließen so gut es geht die Breschen im Dach, dann holen wir uns gegenseitig die Zecken heraus, die sich in unserem Rücken festgekrallt haben.

Die Untätigkeit erschwert uns das Warten noch viel mehr. Ständig denken wir an unsere Freunde. In unserer Sorge stellen wir uns alle möglichen Gefahren vor, die sie bedrohen könnten, und wir beißen die Zähne zusammen.

Montag, 6. Oktober, Carole

Auf dem Floß zusammengekauert, kämpfen Philippe und Hughes weiter gegen die Widrigkeiten der N'Doki. Sie versuchen, sich in der Mitte des Flusses zu halten, denn mehrere Wasserpythons haben sich schon fast auf das Floß fallen lassen, und sie besitzen nur noch ihre Fahrtenmesser zur Verteidigung.

Am späten Vormittag geht wieder ein heftiges Unwetter auf sie herab. Ein Wind kommt auf, der das Floß mit sich reißt, das sich immer häufiger um sich selbst dreht. Blitze zucken über den Himmel, und jeder Donnerschlag läßt das Trommelfell dröhnen. Bis ins Mark durchgefroren und von den Stichen der Kriebelmükken gequält, bleiben Philippe und Hughes noch ein paar Stunden auf dem Fluß. Doch als sie merken, daß sie bald ohnmächtig werden und zu ertrinken drohen, legen sie an, ziehen sich auf einen Baum hoch und warten lange Stunden zwischen große Blätter gedrängt im Rauschen des Regens.

Am Abend läßt das Unwetter nach und hört schließlich ganz

auf. Sie klettern vom Baum und hauen sich mit ihren Fahrtenmessern eine kleine Plattform zwischen den Wurzeln frei.

Sie unterhalten sich lange. Über Frankreich, über ihre Familien, über die Zeit, die sie noch durchhalten können, über den Weg, den sie während dieser schrecklichen Odyssee auf der *Carole* zurückgelegt haben.

„Gut! Legen wir uns jetzt hin und versuchen zu schlafen", beendet Philippe das Gespräch. „Morgen müssen wir weiterfahren."

Die ganze Nacht stören die Geräusche der Krokodile und der Kröten ihren Schlaf. Sogar um sich Sorgen zu machen, fehlt ihnen die Kraft.

N'Dalo

Es regnet fast den ganzen Tag. Um etwas zu essen, versuche ich, die Schalen von M'bilas zu knacken und die innere Nuß herauszuholen. Ohne viel Erfolg.

Am späten Abend zieht das Unwetter weiter. Wir verlassen unseren Unterschlupf und machen uns auf Nahrungssuche. Wir entdecken einen kleinen Termitenhügel. Ich zerstöre ihn mit einem Fußtritt, und wir verzehren die Insekten lebend.

Etwas weiter weg sammeln wir ein paar von den Affen halb angefressene M'bilas auf und kehren ins Lager zurück.

Am Fluß versuchen wir mit dem „Netz" zu fischen, das heißt mit unserem letzten, durch Bleigewichte beschwerten Moskitonetz. Absolut ohne Ergebnis, denn wir können uns nicht weit genug vom Ufer entfernen. Schon gestern hatte ich vom Ast eines großen Baumes aus, der über die N'Doki ragte, eine Leine ausgeworfen. Doch kein einziger Fisch biß an.

Am Abend fliegen Tukane über den Fluß. Auf dem Boden vor

der Hütte liegend, beobachte ich, wie sie vorbeikommen. Da ist einer. Ich drücke auf den Abzug. Das Gewehr klemmt.

Ich lasse die Patrone herausfallen und schiebe die nächste in den Verschluß.

Der Schlagbolzen funktioniert nicht.

Mit den zwei letzten Patronen habe ich genauso wenig Erfolg.

Ich rase vor Wut. Aber das hilft mir auch nichts. Das Gewehr hat in den letzten drei Monaten so stark gelitten, daß ich mich über diese „Arbeitsverweigerung" nicht wundern darf.

Ich reinige es und probiere es ohne Patronen aus. Es funktioniert wieder. Jean-François nimmt es und legt sich seinerseits auf die Lauer. Ein Tukan fliegt in seiner Nähe vorbei. Er schießt. Der Rückstoß schmeißt ihn fast um. Doch der Vogel ist getroffen und fällt am Ufer der N'Doki auf den Boden.

Jean-François rafft sich auf, läuft hin und bringt ihn zurück. Die Nacht bricht herein, wir zerlegen und kochen ihn in der Dunkelheit. Dann legen wir uns in der Hütte hin, mitten im Ungeziefer; wir fühlen, wie wir immer schwächer werden und unsere Gedanken ständig um unsere beiden Freunde kreisen. Die psychische Belastung ist kaum noch zu ertragen.

Dienstag, 7. Oktober, Carole

In der Morgendämmerung hängt dichter Nebel über dem Fluß. An die Bambusstämme des Floßes geklammert, nehmen Hughes und Philippe ihre langsame Fahrt wieder auf. Es ist der vierte Tag, an dem sie absolut nichts zu essen bekommen.

Ununterbrochen beobachten sie das linke Ufer, um die Fahrrinne nicht zu verpassen, die zum Lager von Mobala führt. Alle zehn Minuten geben sie laute Rufzeichen.

Und dann, plötzlich, am frühen Nachmittag geschieht etwas,

das sie neue Hoffnung schöpfen läßt. Ihre Rufe werden beantwortet. Eine schmale Fahrrinne taucht im Urwald auf. In der Ferne bemerken sie eine Piroge.

Auf die Gefahr hin, das Floß zum Kentern zu bringen, richtet sich Philippe auf und winkt heftig mit den Armen. Die Piroge kommt auf sie zu und stoppt etwa zwanzig Meter von ihnen entfernt.

Es ist Terry, der Gefährte von Raphael. Er erkennt sie nicht, erschrickt, steht einen Augenblick wie erstarrt. Er glaubt zwei Weiße auf dem Wasser laufen zu sehen. Er will zur Flucht ansetzen, besinnt sich aber eines Besseren, als er die verzweifelten Rufe von Philippe und Hughes hört, die fürchten, daß ihre letzte Chance dahinschwindet.

Er nähert sich vorsichtig, und schließlich wird ihm klar, wer die beiden sind. Er zieht sie in sein Boot. Die Odyssee hat ein Ende. Sie brechen auf dem Boden zusammen. Ihr Körper, ihre Nerven geben nach. Philippe verbringt die Fahrt in einem Zustand fast völliger Besinnungslosigkeit.

Im Lager treffen sie Raphael und die beiden anderen Elefantenjäger, die sie vor einigen Monaten am Djaka-See kennengelernt haben. Auch eine Frau befindet sich dort. Man gibt ihnen zu essen, versorgt und verwöhnt sie.

Hughes spricht mit Raphael.

„Morgen müssen wir unbedingt mit einer Piroge nach N'Dalo fahren, um Patrice und Jean-François zu holen. Die sind nämlich noch dort."

Terry und Raphael nicken zustimmend. Sie wollen um 4 Uhr früh mit einer kleinen Piroge aufbrechen. Und erreichen sollen sie uns genau zu dem Zeitpunkt, den wir uns für unseren eigenen Abmarsch gesetzt haben . . .

N'Dalo

„Da ist er. Fang ihn!"

Ich schlage mit einem Stock zu, doch ich verfehle die Eidechse, die sich in dichtes Gestrüpp flüchtet.

„Wir müssen eine andere erwischen", erklärt Jean-François. „Wir müssen eine andere erwischen."

„Warte, da hinten sind Heuschrecken."

Ich stürze hin und schnappe mir zwei. Damit kehren wir zum Feuer zurück, legen die Tiere ein paar Sekunden in die Flammen und verschlingen sie dann gierig.

Den ganzen Tag essen wir die bedauernswerten Insekten, die an uns vorbeikommen. Egal welche, Hauptsache wir fangen sie. Jean-François leidet unter schrecklichen Magenkrämpfen. Ich habe seltsamerweise überhaupt keinen Hunger. Ich fühle nur sehr klar, wie mich meine Kräfte langsam verlassen.

Uns aufzurichten, fällt uns inzwischen ungeheuer schwer. Uns erfaßt ständig so starker Schwindel, daß wir jedesmal völlig am Ende zusammenbrechen.

Angst überkommt uns, wenn wir an unsere Freunde auf dem Fluß denken.

„Glaubst du, es hat sie erwischt?" fragt Jean-François.

„Woher soll ich das wissen. Auf der N'Doki kann alles passieren."

„Dann müssen wir also auch dran glauben?"

„Ja, vielleicht."

„Eigentlich schade."

„Hmm, ärgerlich."

Wir haben uns mit unserem Schicksal abgefunden. Jede Sekunde überzeugt uns mehr von dem Tod unserer Freunde, was auch unseren eigenen bedeutet. Wir spüren, daß wir hier sterben werden, in diesem verfluchten Dschungel, aber wir sprechen davon, als ob das alles völlig Unbekannte beträfe, als ob wir mit diesem Abenteuer nichts zu tun hätten. Ein seltsames Gefühl!

„Wann denkst du, daß es soweit ist?" erkundigt sich Jean-François.

„Bei den Leuten, die in den Hungerstreik treten, dauert es manchmal vierzig Tage. Wir sind erst bei der Hälfte."

„Das schon, aber das läßt sich nicht vergleichen. Die liegen, ohne sich zu rühren."

„Na, wollen wir es abwarten. Leiden werden wir auf alle Fälle nicht."

Mittwoch, 8. Oktober, Mobala

Terry und Raphael fahren bei Anbruch des Tages los. Hughes und Philippe haben sich in einer Hütte ausgestreckt und genießen die Ruhe, das wohltuende Gefühl, nicht ständig ums Überleben kämpfen zu müssen. Doch am frühen Nachmittag kommen die beiden Bantus mit glänzenden Augen zurück.

„Wir haben einen Elefanten erlegt", erklärt Terry. „Drei Stunden von hier. Wir wollen nur die Beile holen, um ihn zu zerlegen, bevor die Krokodile da sind."

„Aber ihr müßt doch nach N'Dalo fahren!" schreit Hughes. „Und zwar jetzt! Morgen ist es zu spät."

„Wir können den Elefanten nicht liegenlassen", antwortet Raphael mit gesenktem Blick.

Eine lange Diskussion beginnt. Hughes ist der Ansicht, daß sie auch zu dritt das Tier ausschlachten können.

„Raphael, los. Ich komme mit dir", sagt Hughes. „Wir beide wollen sie holen. Einverstanden?"

Ein Ausdruck des Bedauerns huscht über das Gesicht des Schwarzen.

„Na gut. Die anderen holen sich das Fleisch. Und ich fahre weg, um die Weißen zu retten."

„Also, dann komm. Wir brechen sofort auf."

Sie klettern ins Boot, und die lange Fahrt flußaufwärts beginnt.

N'Dalo, mittags

Wir haben uns den ganzen Vormittag nicht gerührt. Um zu trinken, müssen wir wie die Tiere auf allen vieren zum Fluß kriechen.

Jean-François und ich reden noch weiter.

„Heute ist der sechste Tag", sage ich, „und sie sind noch nicht da. Ich glaube, es hat sie diesmal tatsächlich erwischt."

„Warten wir noch etwas, bevor wir losgehen. Die Kraft zum Laufen fehlt uns sowieso."

Uns überkommt unendliche Lethargie. Ein grenzenloses Bedürfnis, nur noch dazuliegen und zu warten, nicht mehr zu kämpfen, uns zu bewegen. Die Gedanken schweifen ab in die Erinnerung. Uns bedrückt die Vorstellung, daß wir keine neuen Länder mehr entdecken werden.

Den ganzen Tag verbringen wir ausgestreckt unter unserem Dach. Doch gegen Abend regt sich in mir plötzlich heftiger Widerstand. Was, denke ich mir, wir sollen hier wie die Hunde verrecken, ohne etwas zu unternehmen, nach allem, was wir bis jetzt durchgemacht haben? Das darf nicht sein! In meinem Innern entbrennt ein stürmischer Kampf. Sollen wir uns friedlich ausruhen und auf das Ende warten oder aufstehen und den von vorneherein verlorenen Kampf in dieser verdammten Hölle wiederaufnehmen?

Der Regen prasselt auf das Palmendach der Hütte. Die Nacht legt sich über den Fluß.

„Hör mal, Jean-François, wenn sie morgen früh nicht da sind, müssen wir aufbrechen. Mit ein bißchen Anstrengung rappeln wir uns schon hoch. Aber wenn wir noch ein, zwei Tage warten, schaffen wir es nicht mehr. Wir nehmen das Buschmesser, die Hängematte, das Gewehr und die Patronen mit und gehen nach Süden. Mit etwas Glück erlegen wir einen Affen, das gibt uns Kraft, und wir kommen durch, hörst du, auch wenn wir monatelang kriechen müssen. Machst du mit?"

„Klar mache ich mit. Wir gehen morgen früh los. Und wir kommen durch."

Mitternacht

„He! He!"

Ich fahre hoch und drehe mich um. Eine Taschenlampe blendet mich.

„Ich bin's, Hughes. Wir haben es geschafft. Ich bringe eine Piroge mit. He, Jean-François, ich bin's!"

Jean-François setzt sich auf. Wir schauen uns an, und es dauert einige Minuten, bis wir begreifen. Auch in unserem Kopf haben sich die Reaktionen verlangsamt.

„Was? Du bist's, Hughes?"

Ja, es ist Hughes. Der Alptraum hat ein Ende. Die Piroge liegt am Fluß. Wir sind gerettet. Wir grinsen, ohne recht zu wissen, was das bedeutet.

Raphael kommt und holt ein paar Stücke Magen von dem erlegten Elefanten aus einem Blechnapf. Wir essen gierig und fangen an, ungeheuer erleichtert zu lachen.

Wir können doch wieder zu neuen Gegenden aufbrechen.

„Jetzt schlafen", sagt Raphael. „Morgen fahren wir los."

Hughes und er fallen sofort in tiefen Schlaf. Jean-François und ich lachen weiter bis zum Morgengrauen.

Es ist vorbei.

Donnerstag , 9. Oktober

Die Sonne schleudert ihre Strahlen auf den Fluß. Auf dem Boden der Piroge ausgestreckt, genießen wir das wunderbare Gefühl, sich treiben zu lassen. Raphael paddelt. Ich betrachte Hughes' Arme. Sie sind buchstäblich mit Stichen von Kriebelmücken übersät. Ein gutes Dutzend pro Quadratzentimeter.

Kurz vor Mobala treffen wir auf Terry und die beiden anderen Jäger neben dem Elefanten. Das Tier wurde am Rand des Wassers erlegt und ist bereits kaum mehr als ein Gerippe. Die Pirogen füllen sich mit riesigen Fleischstücken. Endlich rauche ich wieder eine richtige Zigarette. Ein Hauch von Zivilisation.

Mobala, 20 Uhr

Wir essen. Die Elefantenfleischstücke türmen sich auf einer großen Räucherstelle wie zu einem Berg. All diese Nahrung zu sehen, macht mich verrückt. Wir essen. Unsere Bäuche blähen sich. Unsere Mägen krampfen sich unter wütenden Schmerzen zusammen. Die ganze Nacht stöhnen wir auf unserem Blätterlager. Die Bantus behandeln uns mit Baumrinde, doch das hilft nicht. Mindestens zwanzigmal in der Nacht stehen wir auf, um ein dringendes Bedürfnis zu erledigen. Hughes blutet sehr stark.

Im Morgengrauen brechen wir vier mit Raphael in Richtung Sangha wieder auf. Den ganzen Tag löst ein Regenguß den anderen ab. Im Süden, im Gebiet des schwimmenden Grases, können wir einige Biegungen der N'Doki abschneiden, so hoch steht das Wasser im überschwemmten Urwald. Wie ein Geisterfährmann taucht Raphael, der sich die große Kapuze eines unserer Ponchos übergezogen hat, das Paddel mit sicheren, kräftigen Bewegungen in den Fluß.

„Ich bin nach N'Dalo raufgefahren", sagt er, „weil ein Mann sechs Tage ohne Essen auskommt. Dann stirbt er. Bei der Frau dauert es neun Tage."

11. Oktober, Ikelemba

Vor zwei Tagen sind wir im Dorf angekommen. Ohne unsere Hütte zu verlassen, verbringen wir die Tage mit Essen und der Begrüßung der Bewohner, die, sobald sie unsere körperliche Verfassung sehen, uns ununterbrochen neue Gerichte heranschleppen.

Uns ist bereits speiübel. Aber essen macht solchen Spaß!

15. Oktober, Ikelemba

Ein Schubboot kommt am Dorf vorbei. Wir klettern in die Pirogen, und die Männer paddeln wie wild, um es noch zu erreichen. Ich blicke ein letztes Mal auf das Dorf zurück und etwas weiter weg auf die Mündung des Flusses, der tabu ist, und der uns um ein Haar besiegt hätte. Und in diesem Augenblick weiß ich, daß ich eines Tages wiederkommen werde.

20. Oktober, Brazzaville

Wir erscheinen mit unseren verdreckten Lumpen in der Botschaft. Fünf Tage sind wir in Begleitung einer ganzen Bande malerischer Schmuggler, die mit der Polizei nicht auf allerbestem Fuß steht, auf der *Bimbo* gefahren. Fünf Tage zusammen mit ihnen im Rumpf des Schubboots, und essen, ohne aufhören zu können! Fünf Tage, an denen wir uns vor Schmerzen den Bauch hielten!

Alle wollen uns jetzt behandeln, uns verwöhnen. Fabienne Lecerf umgibt uns mit rührender Fürsorge. Wir speisen fürstlich beim Botschafter, stopfen uns voll, kommen wieder zu Kräften und sind bereits wieder soweit, daß wir Einladungen ablehnen . . . Wir genießen auch das kleinste Vergnügen, den Geschmack von Brot mit Butter, die Kühle schöner weißer Leintücher, das Bummeln in den Straßen.

26. Oktober

Unter den Flügeln unserer Maschine zieht langsam das gewellte Grün des Dschungels vorüber. In 8000 Metern Höhe überfliegen wir die Gebiete der Sangha. In wenigen Stunden werden wir zu Hause ankommen. Das ist unser einziger Wunsch. Nur noch nach Hause.

3. November 1975

Montparnasse-Bienvenue, Métro-Linie Porte d'Orléans – Porte de Clignancourt.

Hughes und ich rucken auf unseren Klappsitzen aus Plastik. Die U-Bahn hält an: Saint-Placide. Die Türen öffnen sich. Eine gehetzte Menschenmenge drängt sich in den Waggon. Bleiche, traurige, müde Männer und Frauen.

Wir stehen auf. Es ist 18 Uhr. Die schweigende Masse drückt uns in eine Ecke. Ich schließe die Augen. Ich denke an einen See, einen See, verloren im Herzen des Urwalds, einen See, der sein Geheimnis noch nicht preisgegeben hat. Ich denke an den Dschungel, an die Freiheit, die er bedeutet, an das Leben im Busch.

Hughes stößt mich mit dem Ellbogen an.

„Na, alter Kumpel, wann geht's wieder los?"

„Nicht vor acht Monaten. Wir machen die Examen und dann fliegen wir ab."

„Und wohin?"

„Na, an der Auswahl fehlt's bestimmt nicht."

„Was hältst du von ... äh ... mal überlegen ... Was hältst du davon, noch mal ins Amazonasgebiet zu gehen?"

„Ins Amazonasgebiet?"

Eine ganze Weile bleibe ich stumm und träume vor mich hin. Die Menge schubst mich, stößt mich. Aber es ist der Dschungel, der erhabene, faszinierende Dschungel, der an meinen Augen vorüberzieht.

Reisetips

Land und Bevölkerung

Fläche

Im Kongo leben 1,5 Millionen Menschen auf einer Fläche von 342 000 qkm. Die Bevölkerungsdichte ist ebenso wie in anderen äquatorialafrikanischen Ländern sehr gering. Bei einem Durchschnittswert von 4,4 Einw./qkm zeigt die Verteilung jedoch erhebliche regionale Unterschiede. Im Südwesten leben 75 % der Gesamtbevölkerung konzentriert auf einem Drittel der Landesfläche.

Einwohner

Rassisch, sprachlich und kulturell sind die Bewohner des Kongo größtenteils zu den Bantu zu zählen. Dieses Volk, dessen größte im Kongo lebenden Stämme die Vili, Bakongo, Bateke, Mbochi und Sangha sind, fühlt sich gegenüber den Pygmäen als Herrenrasse. Die Folge ist die Ausbeutung und teilweise Versklavung der Kleinwüchsigen.

Ethnologen befürchten, daß bis zur Jahrtausendwende die Zivilisierung der Bantu und ihre Eingliederung in den Industrieprozeß abgeschlossen sein wird. Parallel zu dieser Entwicklung vollzieht sich der Verfall eines alten Kulturgutes mit seinen Traditionen und Stammessitten. Schlimmer noch aber sind die

Zukunftsaussichten der Pygmäen: Durch ständige und immer rasanter erfolgende Rodung verkleinert sich ihr Lebensraum und ihr Jagdgebiet, womit ihnen die Grundlagen der Ernährung entzogen werden. Durch die Tauschgeschäfte mit den Bantu kommen die Pygmäen mit der Zivilisation in Berührung. Es ist damit zu rechnen, daß sie nach und nach dem verlockenden Talmiglanz der angebotenen Waren erliegen werden und somit auch diese Kultur in absehbarer Zeit zugrunde gehen wird.

Geschichte

Der Kongo, benannt nach seinem Herrscher, dem Muschikongo, war einst ein großes Negerreich, das weit über die heutigen Grenzen von Zaire und der Volksrepublik Kongo hinausreichte. Als die Europäer im 15. Jahrhundert die Schiffahrt nach Afrika begannen, stand das Kongoreich in seiner höchsten Blütezeit. Es war vor allem die damalige Seemacht Portugal, die unter der Leitung von Prinz Heinrich dem Seefahrer die Atlantikküste Afrikas erforschte. 1501 errichteten die Portugiesen am Kongodelta den Handelsstützpunkt Mpinda. Begehrte Güter aus dem Kongoreich waren Elfenbein und Edelsteine; ein florierendes Geschäft aber ergab sich vor allem aus dem Sklavenhandel. Bis etwa 1750 hielt sich dieser zwar in Grenzen, erlebte aber mit der Kolonisierung Nordamerikas und der Entwicklung der Plantagenwirtschaft einen ungeheuren Aufschwung. Für West- und Zentralafrika bedeutete der Sklavenhandel eine nicht abreißende Kette von Kriegen, gefolgt von Elend, Verwüstung und Vernichtung ganzer Völker und Stämme. Die an der Küste verkauften Schwarzen waren meist Gefangene aus den Stammesfehden oder wurden in Raubzügen der Küstenstämme erbeutet und verkauft.

Erst im Zuge der europäischen Aufklärung erhoben sich erste

Proteste gegen den Sklavenhandel, der erst 1865, mit dem Ende des amerikanischen Bürgerkriegs, abgeschafft wurde.

Bis zu diesem Zeitpunkt war die Geschichte der europäisch-afrikanischen Beziehungen durch den Handel an der Atlantikküste bestimmt. Nun aber übernahmen die europäischen Staaten die Handelsstützpunkte, die bisher von Privatgesellschaften getragen worden waren. Europas imperialistische Ära begann.

Im Auftrag von Leopold II. von Belgien sicherte der legendäre Afrikaforscher Sir Stanley seiner Regierung große Gebiete südlich des Kongoflusses. Nördlich des Flusses gelang es 1880 dem Franzosen Graf Savorgnan de Brazza, in mehreren Expeditionen das Land zu erforschen und für Frankreich in Besitz zu nehmen. Er hinterließ eine kleine Militärstation und hißte die Trikolore an dem Ort, wo heute die Hauptstadt Brazzaville liegt. Den Beginn der französischen Kolonisierung des Kongo markiert de Brazzas Protektoratsvertrag mit dem König der Bateke.

Zwischen 1910 und 1946 verwaltete Frankreich „Französisch-Kongo" durch einen Generalgouverneur der Fédération Afrique-Equatoriale-Française, dessen Sitz Brazzaville war. Der Kolonialmacht gelang der Aufbau einer Verwaltung und die verkehrsmäßige Erschließung des Hinterlandes durch den Bau einer Eisenbahnlinie, die die Hauptstadt und den Hafen Pointe Noire verbindet. Während des 2. Weltkrieges unterstützte der Kongo die Regierung de Gaulles. 1958 erhielt das Land den Status einer unabhängigen Republik und gewann 1960 die volle Unabhängigkeit.

Während der 1. Präsident Fulbert Youlou noch einen politischen Kurs der engsten Anlehnung an Frankreich verfolgte, leitete bereits das nächste Staatsoberhaupt die Wende zum Sozialismus ein. In der Folgezeit wurden vor allem mit sozialistisch und kommunistisch regierten Regimes freundschaftliche Beziehungen aufgenommen. 1969 wurde die Volksrepublik Kongo proklamiert.

Wie sehr der Staat noch auf der Suche nach einer eigenen Identität ist, beweist die Tatsache, daß die Verfassung seit der Unabhängigkeit mehrmals neu entworfen wurde und sich die Regierungswechsel durchwegs gewaltsam vollzogen.

Seit 1979 ist Denis Sasson-Nguesso Staatspräsident der Volksrepublik. Er ist Anhänger des Marxismus-Leninismus. 1981 schloß er mit der UdSSR einen Freundschaftspakt.

Soziales und Kultur

Den französischen Kolonisatoren ist es zu verdanken, daß der Kongo heute – im Vergleich zu anderen afrikanischen Ländern – über ein gut organisiertes Sozialwesen verfügt. Am französischen Modell orientiert und für afrikanische Verhältnisse geradezu vorbildlich organisiert sind das Schulsystem und der Bildungssektor. Für Kinder zwischen dem 6. und 16. Lebensjahr ist der Schulbesuch obligatorisch und gratis. Weiterführende Schulen befinden sich meist in der Hauptstadt. Gegenwärtig versucht man, in einer als „Ecole du Peuple" konzipierten Schulreform den Unterricht den spezifischen Bedingungen des Landes anzupassen und der praktischen, vor allem der landwirtschaftlichen Ausbildung mehr Raum zu geben.

Wirtschaft

Seit dem Ende der siebziger Jahre ist ein starker Aufschwung zu verzeichnen, der insbesondere auf die Erschließung neuer Erdölfelder und die Steigerung der industriellen Produktion um 80 % zurückzuführen ist. Der Anstieg der Exporte von Rohöl, Holz, Diamanten und landwirtschaftlichen Gütern sowie der wachsende

Zustrom ausländischen Kapitals führte 1980 zu einem beträchtlichen Handels- und Zahlungsbilanzüberschuß. Dieser Aufschwung wurde durch den weltweiten Fall des Erdölpreises gedämpft. Als Folge davon mußte das Industrialisierungsprogramm gedrosselt werden.

Kurzer ethnologischer Abriß über das Volk der Pygmäen

Die im vorliegenden Buch erwähnten Pygmäen benennen sich selbst mit den Begriffen Binga oder Babinga. Die markanteste rassische Eigenart der Pygmäen ist der Zwergwuchs. Sie selbst halten sich für die ältesten Bewohner des tropischen Regenwaldes.

Die Armut an materiellen Kulturgütern ist auffällig im Leben der Pygmäen. Sie ist wohl als Folge des nomadisierenden Wildbeutertums zu sehen. Die Gruppe verlegt ihren vorübergehenden Wohnort jeweils an eine Stelle, wo der Erwerb von Nahrung am wahrscheinlichsten ist. Ein Reichtum an Gegenständen wäre bei einer solchen Lebensart nur hinderlich.

Die Pygmäen sind Sammler und Jäger, der Nahrungserwerb wird geschlechtlich geteilt bewältigt. Die Frauen gehen in von Kindern begleiteten Gruppen in den Wald, um Früchte, Knollen, Blattpflanzen sowie Feuerholz zu sammeln, und versorgen die Familie mit Wasser. Auch bauen sie die Hütten, die als ihr Eigentum gelten. Die Männer gehen der Jagd nach und stellen Waffen und Hausgeräte her. Die Jäger werden oftmals von Hunden begleitet und scheuen sich nicht, mit ihren federlosen Pfeilen und Speeren mitunter sogar Büffel oder Elefanten anzugreifen. Die Verteilung des erbeuteten Wildes obliegt einem der Sippenältesten.

Den Kern eines pygmäischen Gesellschaftsverbandes bildet die

Jagdschar, die von einem Ältesten angeführt wird. Eine Jagdschar setzt sich sowohl aus Blutsverwandten wie auch aus eingeheirateten Mitgliedern der Sippe zusammen und stellt insgesamt eine Wirtschaftsgemeinschaft dar. Es sind die jungen Mädchen, die bei der Heirat in die Jagdschar des Mannes wechseln und nach dem Tod ihres Mannes wieder in die Schar des Vaters zurückkehren. Eine Schar besteht aus zehn bis zwölf Familien, die in Einzelhütten leben. Die Hütten sind halbkreis- oder kreisförmig um einen Platz angeordnet. Als Schlafgelegenheiten dienen Gerüste aus Stangen und Palmblattrippen oder Rutenbänke, die mit Blättermatten bedeckt sind.

Obgleich Nomaden, verfügt jede Schar über ein bestimmtes Gebiet, dessen Grenzen bei der Jagd in der Regel nicht überschritten werden. Ein Verstoß gegen die Territorialgrenzen kann Anlaß zu einer kriegerischen Auseinandersetzung sein.

Die Ehe schließen die Pygmäen, indem sie zwei Mädchen oder Frauen zwischen den Scharen austauschen, wobei jeweils eine Frau einer bestimmten Tauschfrau entspricht. Setzt eine Frau also die Trennung von ihrem Mann durch, so löst sich dadurch auch die Ehe der ihr entsprechenden Tauschfrau auf.

Reisetips

Reisezeit

Auf keinen Fall während der Regenzeit im September und Oktober reisen, weil der Dschungel des Kongo in den gewaltigen Wassermassen zu ertrinken droht!

Anreise

Günstige Flüge nach Brazzaville werden über Reiseagenturen, wie z. B.: Äquator, Bücher – Ausrüstung – Reisen GmbH, Hohenzollernstr. 93, 8000 München 40, Tel. (0 89) 2 71 13 50 gebucht. Es lohnt sich aber auf jeden Fall, bei mehreren Reisebüros nachzufragen.

Für Reisende aus Deutschland sind im Grunde nur 2 Fluglinien interessant:
– Aeroflot ab Frankfurt via Moskau
sowie
– UTA ab Paris,
wobei die Reisen mit UTA nur zeitlich begrenzt und vergleichsweise teuer angeboten werden. (Im Januar 1986 inserierte Äquator Frankfurt–Moskau–Brazzaville und zurück für DM 1790,–.)

Dokumente

Für einen Aufenthalt bis zu drei Monaten genügt der Reisepaß. Für längere Aufenthalte benötigt man ein Visum von der Botschaft Kongo, Rheinallee 45, 5300 Bonn II, Tel. (02 28) 35 70 85.

Vor der Einreise in das Urwaldgebiet sollte man den Paß sowie die anderen wichtigen Dokumente (Impfausweis, Internationalen Führerschein, ggf. Internationalen Studentenausweis und eventuelle Empfehlungsschreiben) fotokopieren und in der Botschaft des Heimatlandes hinterlegen, für den Fall, daß die Unterlagen auf der Reise verlorengehen.

Amtssprache

Französisch (daneben werden verschiedene Stammessprachen gesprochen). Englisch hilft kaum weiter!

Gepäck

Die Gewichtsgrenze von 10–12 kg sollte vor allem bei langen Märschen nicht überschritten werden. Spezielle Expeditionsausrüstung ist in den darauf spezialisierten Geschäften erhältlich, von denen man auch Kataloge anfordern kann:

Globetrotter- und Expeditionsausrüstung, Weisestr. 34, 1000 Berlin 31, Tel. (0 30) 6 21 75 59

Globetrotter-Service, Konstanzer Str. 50, 1000 Berlin 31, Tel. (0 30) 87 11 54

Globetrotter-Ausrüstung, Wandsbeker Chaussee 41, 2000 Hamburg 76, Tel. (0 40) 2 50 44 03

Trans Globe, Weyerstr. 33, 5000 Köln 1, Tel. (02 21) 23 93 98

Sine GmbH, Homburger Str. 26, 6000 Frankfurt/Main 90, Tel. (06 11) 77 77 23

Äquator GmbH, Hohenzollernstr. 93, 8000 München 40, Tel. (0 89) 2 71 13 50

Lauche & Maas, Alte Allee 28a, 8000 München 60, Tel. (0 89) 88 07 05

Därr Expeditions-Service, Theresienstr. 66, 8000 München 2, Tel. (0 89) 28 20 32

In diesen Geschäften erhalten Sie auch wichtige Veröffentlichungen wie z. B.:

Roland Hanewald, Das Tropenbuch, Jens Peters Publikation, Berlin

Globetrotter-Handbuch, Christina Dodwell, F. Schneider Verlag, München.

Ausrüstung

Wasserdichter Rucksack
wasserdichte Planen, wie Kajakfahrer sie benutzen
Hängematte (im Kongo übrigens unbekannt)
Leinendecke
Moskitonetz
Plastikhaut gegen Regen
eine komplette Garnitur Aluminium-Kochgeschirr
viereckige Plastikdosen für Filme und zerbrechliche Gegenstände
Messerschleifstein
Wegwerffeuerzeuge (auch beliebt als Geschenk)
Machete
Koppel
Dolch
Taschenmesser
Feldflasche
Eisendraht
Nägel
Kompaß
gutes Kartenmaterial
Winkelmesser
Seile, Schnüre, Schnürsenkel
Angelausrüstung, Netze zum Fischfang
Wasserfilter
Steigeisen und Riemenscheiben zum Überqueren
von Wasserläufen
Taschenlampen und Batterien

Beile
Trageschienen
Trillerpfeifen zur Standortbestimmung
Tabak und andere Kleinigkeiten zum Verschenken oder Bezahlen
Jagdgewehr Kaliber 12 und mehrere hundert Schuß Kartuschen

Reiseapotheke

Thermometer
Desinfizierungsmittel
Antibiotika
Verbandsmull
sterile Gaze
flüssige Antiseptica
Antihistamine (gegen Allergien, Wespenstiche)
Pflaster
entzündungshemmende Mittel
spezielle Medikamente gegen Sumpffieber und Diarrhöe
Entkeimungstabletten
Salztabletten für den Fall, daß man zuviel geschwitzt hat.

Impfungen

Tetanus und Polio:	überprüfen, ob der Schutz noch gewährleistet ist.
Gelbfieber:	10 Tage vor der Abreise zu impfen. Der Schutz hält 10 Jahre lang an (das Zertifikat kann bei der Einreise verlangt werden).
Hepatitis-A-Schutz:	Gammaglobulin wird für Reisende unter 40 Jahren dringend empfohlen. Der Schutz hält 3 Monate lang an.

Malariaprophylaxe: gegenwärtig wird empfohlen, vorbeugend (als Erwachsener) 2 Tabletten Resochin wöchentlich einzunehmen. Im Falle einer akuten Malaria bei erstem Fieberanzeichen 1 × 3 Tabletten Fansidar einnehmen (obgleich dieses Mittel umstritten ist, gibt es als Mittel zur Akutbehandlung bisher noch keine Alternative).

Diese Tips sind nur als Anregungen zu verstehen. Ausführlichere sowie aktuelle Informationen erhalten Sie bei den Tropeninstituten wie z. B. beim Tropeninstitut München, Leopoldstr. 5, 8000 München 40, Tel. (0 89) 33 33 22.

Automatischer Telefonbeantworter, der alle wichtigen Impffragen beantwortet: (0 89) 33 33 69.

Kleidung

Kunststoffe wie Nylon, Perlon etc. und Beengendes vermeiden! Wir haben Armeematerial benutzt; es ist strapazierfähig und den Bedingungen des Dschungels angepaßt. Feste Stiefel, Tennisschuhe für die Freizeit, Leinensocken. Weite Hosen mit großen Taschen aus festem Stoff, Shorts für große Hitze und Ruhepausen, aber nicht in dorniger Umgebung oder in Gebieten der Stechmücke anziehen! T-Shirts aus Baumwolle, Leinenhemden und Taschen, Pullover, Buschhut gegen Sonne und Insekten, wasserdichter Poncho, der auch den Rucksack bedeckt.

Lebensmittel

Reis und Teigwaren haben einen hohen Kalorienwert und sind haltbar. Nudeln lassen sich außerdem schnell zubereiten. Trokkenmilch, Schokolade, Zucker und militärische Überlebensrationen. Wir hatten wenig Vorräte mit, da wir uns von der Jagd ernährten. In jedem Fall ist es ratsam, sich vor der Reise in der Jagd zu üben und sich über die Lebensgewohnheiten der Dschungeltiere zu informieren.

Fotoausrüstung

Filmkameras, Spiegelreflexkamera und Objektive. Filme verschiedenster Empfindlichkeitsgrade – wegen der ständigen Dämmerung im Urwald sind Filme mit 200 bis 400 ASA zu empfehlen. Wegen der Feuchtigkeit sollte man die Kameras und die Filme so oft und so lange wie möglich in den dafür bestimmten Taschen aufbewahren und ein Entfeuchtungsmittel dazugeben. Filme so schnell wie möglich entwickeln. Wir haben viele Filme und Fotos verloren, weil wir diese Punkte nicht beachtet haben. Eine kleine Polaroid-Kamera leistet gute Dienste, um mit den Eingeborenen in Kontakt zu kommen.

Die größte Plage

sind die Insekten und das mörderische Klima. Obwohl kaum jemals mehr als 35° erreicht werden, kann die Hitze hier erdrükkend wirken. Der Grund dafür ist die extrem hohe Luftfeuchtigkeit. Man muß sich schon an den ständigen Durst, den Moder und die Ausdünstungen, die die Atmosphäre zu verpesten scheinen, gewöhnen. Insbesondere aber die Insekten können den Dschungel zur Hölle machen, da man sich nicht wirksam genug gegen sie schützen kann. Fliegen, Stechmücken, Bienen und Ameisen bilden einen Kosmos, der teilweise an einen Alptraum grenzt. Es ist keineswegs eine Schande, im Kampf gegen die gefräßigen Insektenmassen zu unterliegen. Oder es bleibt einem nichts anderes übrig, als die unvermeidlichen Zecken, Flöhe, Milben und anderes Ungeziefer zu ertragen. Aber bitte nicht vergessen, daß dadurch entstehende Wunden gereinigt werden müssen.

Zusammenstellung der Gruppe

hat entscheidenden Einfluß auf Erfolg bzw. Mißerfolg der Expedition! Enthusiasmus für die gemeinsame Sache, eiserner Wille und persönliches Engagement sind die wichtigsten Kriterien bei der Auswahl der Mannschaft. Jeder Teilnehmer muß vor der Abfahrt genau wissen, welche Schwierigkeiten das Dschungelleben mit sich bringt. Am günstigsten ist es, wenn sich alle Teilnehmer schon lange vorher kennen und gewohnt sind, miteinander zu arbeiten.

Die ideale Gruppe besteht aus drei Mann. Bei mehr als fünf Teilnehmern ergeben sich leichte Schwierigkeiten. Zweier- oder Vierergruppen laufen Gefahr, sich in zwei Lager zu spalten. Zu empfehlen wäre auch, daß jeder Teilnehmer eine oder mehrere Pflichten zum Wohle der ganzen Gruppe zu erfüllen hat. Will man die Ergebnisse der ganzen Reise später auswerten, sollte die Rolle des einzelnen vorher bestimmt werden.

Im Notfall

kann man fast immer mit der Hilfe der Missionen rechnen. Missionen gibt es in Ouesso, Boundji, Mossaka, Souanké, Kellé, Makona, Pikounda, Fort Rousset, Ewo, Impfondo, Gambona, um nur einige zu nennen. Die Missionare werden Hilfe nicht verweigern, aber man sollte ihre Gastfreundschaft natürlich auch nicht ausnützen.

In dieser Reihe sind erschienen:

Aubert/Müller, Panamericana
Coquet, Kolibris und Krokodile
Cropp, Alaska-Fieber
Cropp, Schwarze Trommeln
Deglmann-Schwarz, Traum-Trips
De Roos, Segeln in der Arktis
Dodwell, Globetrotter-Handbuch
Dodwell, Im Land der Paradiesvögel
Engels, Haie!
Franceschi, Vier Männer gegen den Dschungel
Harder/Müller-Esterl, Annapurna I
Hermann, Heiße Tour Afrika
Hermann, Von Thailand nach Tahiti
Höppner, Cowboys der Wüste
Jenkins, Das andere Amerika
Jones, Sturzfahrt vom Everest
Keiner, Quer durch den roten Kontinent
Kirner, Meine Freunde – die Kopfjäger
Kühnel, Rätselhaftes Indien
Kugelmann, Trip in die Steinzeit
Lerche/Straube, In einem fremden Land
Rox-Schulz, Der Ruf des Condor
Stejskal, Malediven – Das Mädchen Robinson
Tasker, Eishölle am Everest
Veszelits, Brasilien
Zierl, Highway-Melodie